**일제,
식민지,
근대 한국**

근대한국학 대중 총서 07

일제, 식민지, 근대 한국

초판 1쇄 인쇄 2023년 12월 22일
초판 1쇄 발행 2023년 12월 29일
–
엮은이 연세대학교 근대한국학연구소 인문한국플러스(HK+) 사업단 지역인문학센터
펴낸이 이방원
책임편집 이희도   **책임디자인** 손경화
마케팅 최성수·김 준   **경영지원** 이병은
–
펴낸곳 세창출판사
신고번호 제1990-000013호 **주소** 03736 서울시 서대문구 경기대로 58 경기빌딩 602호
전화 02-723-8660 **팩스** 02-720-4579 **이메일** edit@sechangpub.co.kr **홈페이지** http://www.sechangpub.co.kr
블로그 blog.naver.com/scpc1992 **페이스북** fb.me/Sechangofficial **인스타그램** @sechang_official
–
ISBN 979-11-6684-289-4 94910
978-89-8411-962-8 (세트)

_ 이 책은 2017년 정부(교육부)의 재원으로 한국연구재단의 지원을 받아 수행된 연구임(NRF-2017S1A6A3A01079581)

근대한국학 대중 총서 07

일제,
식민지,
근대 한국

연세대학교 근대한국학연구소
HK⁺ 사업단 지역인문학센터

세창출판사

인간은 언제부턴가 현상의 이유를 알고 싶어 하는 물음, 즉 '왜'라는 질문을 하기 시작했다. 어떤 철학자는 이 질문과 더불어 비로소 인간이 된다고 한다. 자연스럽게 경험되는 현상을 그 이유(reason)부터 알고자 하는 것, 그것이 곧 이성(reason)의 활동이고 학문의 길이다. 이유가 곧 이성인 까닭이다. '존재하는 모든 것에는 충분한 이유가 있다(충족이유율)'는 학문의 원칙은, 따라서 '존재는 이성의 발현'이라는 말이며, '학문에의 충동이 인간의 본성을 이룬다'는 말이기도 하다. 최초의 철학자들이 자연의 변화 이유를 알고 싶어 했었는데, 이내 그 모든 물음의 중심에 인간이 있음을 알게 된다. 소크라테스의 "네 자신을 알라"는 말은 물음의 방향이 외부에서 내부로 이행되었음을, 인간에게 가장 중요한 물음이자 답하기 어려운 물음이 인간 자신에 대한 물음임을 천명한다.

자연과학이 인간에 대한 물음에 간접적으로 관여한다면 인문학(Humanities)은 인간을 그 자체로 탐구하고자 한다. 자연과학의 엄청난 성장은 인문학 역시 자연과학적이어야 한다는 환상을 심어 주었다. 대상을 객체로 탐구하는, 그래서 객체성(객관성)을 생명으로 하는 과학은, 주체성과 상호주체성으로 특징지어지는 인간의 세계뿐만 아니라 인간 역시 객체화한다. 인간이 사물, 즉 객체가 되는 순간이며, 사람들은 이를 인간성 상실이라고 말한다.

우리는 다시 묻는다. 나는 누구이며 인간은 무엇인가? 이 물음은 사물화된 인간에 대한 반성을 담고 있다. 인간이 이처럼 소외된 데는 객체화의 원인이라는 이유가 있을 것이다. 그것을 찾고자 인문학이 다시 소환된다. 자신의 가치를 객관적 지표에서 찾으려 동분서주했던 대중 역시 사물화된 자신의 모습에 불안해한다. 인간은 객관적 기술이 가능한 객체라기보다 서사적 존재이고, 항상적 본질을 반복적으로 구현하는 동물이라기보다 현재의 자신을 끊임없이 초월하고자 하는 실존적, 역사적 존재이다. 인간에게서는 실존이 본질을 앞선다. 문학과 예술, 역사, 그리고 철학이 사물화된 세계에서 호명된 이유이다.

한국연구재단은 이러한 사명에 응답하는 프로그램들을 내놓았다. 그것들 중에서도 "인문한국(HK, HK+)" 프로그램은 이 문제에 가장 직접적으로 대면한다. 여전히 성과, 즉 일종의 객체성에 의존하는 측면이 있기는 하지만 인문학자들의 연구활동과 대중의 인문 의식 고양에 획기적인 프로그램으로 자리 잡았다.

연세대학교 근대한국학연구소는 2017년 11월부터 한국연구재단으로부터 "근대한국학의 지적기반 성찰과 21세기 한국학의 전망"이라는 어젠다로 인문한국플러스(HK+) 사업을 수주하여 수행하고 있다. 사업단

내 지역인문학센터는 연구 성과 및 인문학 일반의 대중적 확산에 주력하고 있다. 센터는 강연과 시민학교, 청소년 캠프 및 온라인 강좌 등을 통해 전환기 근대 한국의 역동적인 지적 흐름들에 대한 연구소의 연구 성과들을 시민들과 공유하고 있다. 출간되는 대중 총서 역시 근대 한국의 역사, 문학, 철학 등을 인물별, 텍스트별, 주제별, 분야별로 대중에게 보다 폭넓게 다가가기 위해 기획되었다. 이 시리즈들을 통해 나와 우리, 즉 인간에 대한 물음에 함께하기를 기대한다.

연세대학교 근대한국학연구소
인문한국플러스(HK+) 사업단 지역인문학센터

차례

자괴감과 자부심 사이
—일제강점기 초등교원으로 살다

김광규
한국교육과정평가원 부연구위원

한국 사회에서 초등교원은 많은 사람이 선망하는 직업 중 하나다. 일제강점기에도 초등교원은 지금보다 훨씬 되기도 어려웠고, 사회경제적 지위와 대우 면에서 본인은 물론 가족들도 충분히 자부심을 가질 만한 직업이었다. 그럼에도 초등교원은 자신의 일이나 사회적 존재감에 대한 자괴감에서 자유로울 수 없었다. 이는 초등교원이라는 직업의 본질적 특성에서 비롯된 것일 수도 있고, 일제강점기의 교육 정책이 갖는 특수성에 기인한 것일 수도 있다. 지금부터 자괴감과 자부심 사이, 아슬아슬한 줄 위에 서 있던 일제강점기 초등교원의 삶을 들여다보자.

1. 초등교원이 되기까지

우선 당시의 학교제도를 살펴보자. 일제강점기 학교제도는 강점 직후인 1911년 조선총독부가 공포한 조선교육령에 따라 처음 마련되었다. 조선교육령은 이후 1922년, 1938년, 1943년 세 차례 개정되는데, 학교제도상 큰 변화가 있었던 것은 1922년 개정이므로 【표 1】과 같이 1910년대와 1920년대 이후로 구분하여 살펴보는 것이 좋겠다.

【표 1】일제강점기 학교제도

	초등	중등	고등
1910년대	보통학교(4년)	고등보통학교(4년) 여자고등보통학교(3년) 실업학교(2~3년)	전문학교(3~4년)
1920년대 이후	보통학교(4~6년)	고등보통학교(5년) 여자고등보통학교(4년) 실업학교(3년 또는 5년)	전문학교(3년 이상) 대학(예과 2년, 본과 3년)

　【표 1】에서 눈에 띄는 것은 현재와 다른 학교 명칭과 교육 기간이다. 1894년 갑오개혁으로 근대 교육이 시작될 때 초중등교육 단계의 학교 명칭은 소학교, 중학교, 고등학교로 설정되었다. 당시 일본도 마찬가지였다. 그런데 1905년 을사늑약 후 통감부는 소학교를 '보통학교'라고 개칭하고, '고등보통학교'(이하 고보)라는 명칭으로 중고등학교를 합쳐 버렸다. 각 학교의 교육 기간을 단축시킨 것은 물론이다.

　현재 우리나라에서 초등교원이 되려면 교육대학교 또는 초등교육과를 졸업하여 교원자격증을 취득해야 한다. 마찬가지로 일제강점기에도 초등교원이 되려면 교원자격증이 필요했고, 이를 위해서는 교원 양성 기관을 졸업해야 했다. 우리나라는 갑오개혁 당시부터 소학교와 함께 소학교 교원 양성을 위한 '사범학교'를 설립·운영해 왔다. 그러나 강점 직후 조선총독부는 재정 부담 등의 이유로 사범학교를 폐지해 버리고, 대신 고보·여고보에 교육 기간 1년의 '사범과'라는 양성 과정을 부설했다. 사범학교는 1920년대에 부활하여 1921년 서울에서 조선총독부 직할의 경성사범학교가 개교했고, 각 도에 1교씩 공립사범학교가 설립되어 초등교원 양성을 재개했다. 그러나 10년이 채 안 된 1929년, 조선총독부는 교원 수요가 적다는 이유로 공립사범학교를 모두 폐지하고 경상북도·평안남도사범학교만 관립 대구·평양사범학교로 개편하여 기존의 경성사범학교와 함께 일제 말까지 운영하였다.[1]

1910년대의 사범과, 1920년대 이후의 사범학교는 【표 1】에서 어디에 해당할까? 고보·여고보를 졸업한 후 입학하는 사범과는 1년짜리 과정이기 때문에 고등교육에 해당하지 않는다. 따라서 사범과 출신 초등교원의 최종 학력은 중등학교 졸업이었다. 한편, 사범학교는 매우 애매한 위치에 있었다. 【그림 1】에서 보듯이, 사범학교 교육과정이 단일하지 않았기 때문이다.

규정상으로는 보통과-연습과 6년 과정이 원칙이었고, 고보·여고보 졸업 후 연습과에 바로 진학하는 것도 가능했다. 문제는 연습과가 경성사범학교에만 설치되어 있었다는 것이다. 1920년대 각 도 공립사범학교에는 특과와 강습과만 존재했다. 1929년 이후 관립 사범학교 제도하에서도 경성사범학교를 제외한 다른 사범학교는 특과란 명칭을 심상과로 바꾸고 교육 기간을 5년으로 연장했을 뿐이다. 즉 경성사범학교 졸업생은 고보·여고보 졸업과 동등한 학력을 가진 것으로 인정받을 수 있었지

---

1 1930년대 중반에 들어서면서 다시 초등교원 수요가 증가하자, 조선총독부는 사범학교를 증설하지 않을 수 없었다. 1935년 경성여자사범학교를 시작으로 1944년까지 전국에 남자 사범학교 10교, 여자 사범학교 2교가 신설되었다.

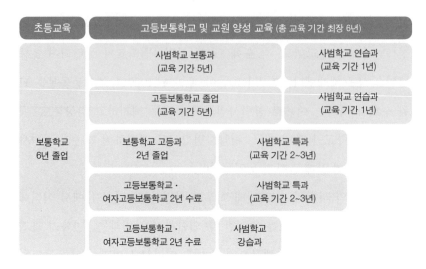

초등교육	고등보통학교 및 교원 양성 교육 (총 교육 기간 최장 6년)	
보통학교 6년 졸업	사범학교 보통과 (교육 기간 5년)	사범학교 연습과 (교육 기간 1년)
	고등보통학교 졸업 (교육 기간 5년)	사범학교 연습과 (교육 기간 1년)
	보통학교 고등과 2년 졸업	사범학교 특과 (교육 기간 2~3년)
	고등보통학교· 여자고등보통학교 2년 수료	사범학교 특과 (교육 기간 2~3년)
	고등보통학교· 여자고등보통학교 2년 수료	사범학교 강습과

【그림 1】 1922~1928년 사범학교 교육과정

만, 다른 사범학교 특과·심상과 졸업생은 그렇지 않았다.

이와 같이 사범학교 내에서도 보통과, 연습과, 특과, 강습과 등 명칭과 교육 기간, 입학 시 학력 조건이 다른 여러 종류의 과정이 존재했다는 것, 사범학교 교육과정이 연습과-특과·심상과-강습과 순으로 서열화되었고 그에 따라 교원 자격과 대우에 차이가 있었다는 것은[2] 일제강점기 사범학교 제도의 가장 큰 특징이었다. 중요한 것은 사범학교 서열의 가장 높은 곳에 있는 경성사범학교가 교원·학생 모두 일본인이 주류인 학교였다는 점이다. 바로 여기에 교원 양성 제도의 식민성이 있다. 모든 사

---

2 경성사범학교가 아닌 다른 사범학교 졸업생들은 상급학교에 진학하려면 중등학교 졸업 검정 시험을 치러야 했고, 초임 봉급도 더 적었다.

범학교는 조선인·일본인 공학이었지만 사범학교 특과·심상과에 입학하는 일본인은 극소수였고, 【그림 1】에서 총 교육 기간이 가장 짧고 대우도 낮았던 공립사범학교 강습과는 조선인만 입학하게 되어 있었다. 반면, 경성사범학교는 일본인 학생이 80% 이상을 차지했다.[3] 입학생 선발 시 조선인·일본인 정원을 정해 놓고 각각 따로 선발했기 때문이다. 조선총독부는 경성사범학교를 초등교육계의 리더(교장, 교원단체 임원 등)를 양성하는 기관으로 계획하고[4] 조선인의 입학을 제한했던 것이다.

일제강점기는 초등교육조차 의무교육도, 무상교육도 아니었기 때문에 돈이 없으면 말 그대로 학교 문턱도 밟을 수 없던 시기였다. 게다가 학령인구에 비해 학교 수가 충분하지 않았기 때문에 돈이 있다고 쉽게 취학할 수 있는 것도 아니었다. 일제 말인 1942년 당시에도 보통학교 취학률은 학령인구의 48.2%(남자 67.2%, 여자 29.0%)에 불과했다.[5] 이런 시대에 경성사범학교 연습과든, 기타 사범학교의 특과·심상과든, 강습과든 사범학교를 졸업했다는 것은 대단하다고 할 수 있는 일이다. 또한 사범학교 입학을 위해서는 치열한 입학 경쟁을 통과해야 했으니[6] 본인의 학

---

3 김광규, 「1920년대 경성사범학교 졸업생의 교직 생활」, 『한국교육사학』 제40권 4호, 2018.12., 25~27쪽.
4 조재호, 『남은 생애도 교육에』, 양헌수상집간행위원회, 1986, 163쪽.
5 김부자, 조경희·김우자 옮김, 『학교 밖의 조선여성들』, 일조각, 2005, 부표 4.
6 사범학교의 입학 경쟁률은 매우 높았다. 예를 들면, 1923년 충청북도 공립청주사범학교는 특과, 강습과 합쳐 60명을 모집하는데 지원자가 모집 인원의 9배나 되었다는 기사가 있고(「농촌청년의 교육열」, 『매일신보』, 1923.4.14.), 경성사범학교의 경우 1924년 신입생 100명을 모집하는 데 4,000명이 지원하여 40대 1이라는 경쟁률을 보였다(「경성사범의 입학지원자 초과」, 『매일신보』, 1924.2.21.). 1930년대에도 경성·대구·평양사범학교 모두 입학 지원자는 계속 증가하고 있었다(朴永奎, 『植民地朝鮮における教員養成に關する研究』, 九州大學博士學位論文, 2005, 107쪽). 경성사범학

업 능력에 대해서도 자부심을 가질 만했다.

조선총독부는 사범학교에 대해 '급비제'라고 하여 학비를 면제하는 대신, 졸업 후 일정 기간 반드시 교직에 근무하는 의무복무제를 시행했다. 따라서 어느 사범학교의 어떤 과정을 나왔는가에 따라 교원 자격과 대우에 차이는 있었지만, 아무튼 사범학교를 졸업하면 바로 전국 각지의 공립보통학교에 발령을 받을 수 있었다. 현재는 교원자격증이 있더라도 임용시험에 합격해야 정규직 교원으로 임용될 수 있지만, 일제강점기에는 사범학교 합격 증서가 곧 교원 임명장이었던 것이다.

즉 집안의 경제력과 교육열을 기반으로 보통학교 6년을 졸업하고, 본인의 노력을 더해서 사범학교 입학시험에 합격하면 초등교원이 되는 결승선 바로 앞에 선 것이나 다름없었다. 단 몇 걸음을 앞두고 결승선에 골인하지 못한 몇몇 사범학교 학생들의 이야기는 마지막 장에서 하기로 한다.

2. 왜 초등교원이 되려 했나

1929년 평양사범학교 심상과 입학생 신집호(申集浩)와 1931년 대구사범학교 심상과 입학생 진두현(陳斗鉉)은 당시 합격의 기쁨을 각각 다음과 같

교 재학 중 해방을 맞은 정범모는 "내가 지망했을 때 경쟁률이 52대 1이었던 것을 지금도 기억한다"라고 회고했다(정범모, 『회상과 수상—그래, 이름은 뭔고?』, 나남, 2007, 182쪽).

이 회고했다.

1931년 3월 10일은 난생 처음 겪는 감격의 날이었다. 내 이름 석자가 명백히 신문지상에, 대구사범 심상과 합격자로서 활자화되어 있었기 때문이다. 뼈를 깎듯 고된 농사일에만 여념이 없었던 부모님은 물론, 삼촌이며 동생, 아니 온 동네가 축하에 젖었다. 3월말 버들상자에 이불과 옷 몇 가지를 담고 대구로 향할 때에는 5년 뒤면 '42원짜리 판임관 훈도'가 될 것이고, 그리만 되면 존경받는 선생이 됨과 동시에, 가난에 찌든 우리집 형편도 풀리게 되리라는 희망에 부풀어 있었던 것이다.[7]

입학식에 참석한 감격과 기쁨을 어찌 다 표현할 수 있겠는가. 시대는 일제치하의 압박과 가난의 굴레에서 벗어나지 못하던, 더구나 세계공황 중의 불경기에 취직난이 심한 때였으니, 사회적으로 존경과 대우를 받는 교사직이 보장되는 사범학교에 입학되었다는 것은 다행이요 기쁨이 아닐 수 없었다.[8]

두 사람의 회고에서 원하는 학교에 합격했다는 기쁨을 넘어, 자신과

7 진두현, 「제3기생 독서클럽사건의 회고」, 『대구사범심상과지』, 대구사범심상과동문회 편집
   위원회, 1991, 211쪽.
8 신집호, 「60년 전 모교 개교의 그 날을 회상하며」, 『평양사범: 개교60주년기념지』, 평양사범
   학교동창회, 1990, 65쪽.

가족의 더 나은 미래를 보장받았다는 안도감도 느낄 수 있다.

　물론 어쩔 수 없이 사범학교에 진학한 경우도 있었다. 1937년, 1939년 평양사범학교 강습과를[9] 나와 초등교원이 되었던 김윤환(金潤煥), 신현덕(申鉉德)의 회고를 보자.

> (함경북도) 경성고보 5학년 때 상급학교에 진학할 형편이 못되어서 만철에 가려 했으나 조선사람은 안되겠다고 해서 할 수 없이 평양으로 가게 되었다. 그때 평양사범을 나오면 판임관 대우로 초급이 42원이라 당시의 월급으로는 좋은 편이라고 해서 동기생 100명 중 21명이 평양사범에 갔다.[10]

> 고등보통학교를 졸업하였으면 대학예과, 고등학교, 전문학교 등에 진학해야 마땅한 것이나 가정형편상 진학을 단념하고 취직을 결심하였는데, 특별히 위대한 장래를 내다본 구도가 있어서 민족과 국가사회에 이바지하겠다는 굳은 의도에서 출발한 것이 아니어서 부끄럽지만 당시의 취직의 길은 금융조합서기, 철도원, 도·군서기, 각 회사의 서기직 등을 들 수 있는데, 이들보다는 1년간의 수련기간은 있으나 학비가 덜 들고 보수가 이들보다는 월등히 높고 사회적으로도 대우받는 직업이 되어 선택한 것이 솔직한 심정이다.[11]

9　1930년대 고보 졸업생은 교육 기간 1년의 사범학교 강습과에 입학할 수 있었다.
10　김윤환, 「강습과 1년의 추억」, 『평양사범: 개교60주년기념지』, 145쪽. 인용문에서 '만철'은 남만주철도주식회사를 가리킨다.

두 사람 모두 고보를 졸업한 후 상급학교에 진학할 형편이 안 되어 취직을 해야 하는 상황에서, 자신에게 가능한 취직처 중 사회적 대우와 봉급이 개중 낮기 때문에 초등교원이 되기로 한 것이다.

일본인에게서도 이와 비슷한 회고가 보인다. 일본에서 중학교를 졸업하고 조선으로 건너와 1928년 경성사범학교 연습과에 입학했던 하라 다케오[原武雄]는 그 동기가 교육자가 되겠다는 사명감이나 열정은 아니었다며, 다음과 같이 고백했다.

> 쇼와 초기는 심한 불경기였다. 대학을 나와도 취직을 못 하는 시대였다. 경제적으로 여유가 있는 가정이면 모를까, 특별한 재산도 없이 일개 샐러리맨 가정에서 당시 남자 3명을 5년, 3년, 1년 차례로 중학교에 보내고 있는 우리 아버지는 입 밖으로 말을 꺼내진 않으셨지만 정말 어려웠을 거라고 생각한다. 앞으로 어떻게 할까 고민하고 계셨을 것이다. 장남인 나는 가정 경제도 어느 정도 알고 있었기 때문에, 이제까지 가슴에 품고 있던 나의 진로를 감히 고집할 용기가 희박해졌고, 중학교 졸업이 다가오면서부터는 가장 빨리 견실한 취직이 가능한 길을 진지하게 고민하지 않을 수 없었다. 충분한 고민 끝에 빠듯하게 경성사범 연습과의 길을 선택한 것이 사실이다.[12]

이와 같이 일제강점기 사범학교 출신의 입학 동기에 대한 회고에는 졸

---

11 신현덕, 「나의 평사시절」, 『평양사범: 개교60주년기념지』, 157쪽.
12 靜化會 編, 『京城師範學校史 大愛至醇』, 日本, 靜化會, 1987, 331~332쪽.

업 후 취직이 보장되어 있다는 것과 봉급에 대한 이야기가 거의 빠지지 않는다. 현재도 직장을 선택하는 기준 1위가 연봉이니,[13] 그럴 법한 일이다.

그렇다면 일제강점기 초등교원의 봉급은 어느 정도였을까? 당시에도 공립학교 교원은 지금과 마찬가지로 공무원, 즉 조선총독부의 관료 신분이었다. 당시 관료는 크게 상층의 고등관, 하층의 판임관으로 구분되는데, 초등교원은 판임관이었다. 관료 신분이니 「판임관봉급령」(1910.3.28. 칙령 제135호)에 따라 봉급을 받았는데, 1910년대 초임 봉급은 15~20원 정도였다. 1917년 임용되어 10여 년 근속했던 김기용(金基鏞)은 자신의 초임 봉급이 15원이었는데 당시의 물가에 비추어 "그 봉급이 그다지 적은 것이 아니었다"라고 회고했다.[14] 1910년대 순사의 초임 봉급이 10원 이하, 평균 봉급이 8~16원이었으며[15] 1919년 경성일보사 기자의 초임 봉급이 10여 원이었다고 하니,[16] 김기용의 말대로 1910년대 교원의 봉급이 적은 것은 아니었다.

1920년 「판임관봉급령」 개정에 따라 교원의 봉급도 조정됐는데, 초임 봉급은 최하 11호봉(40원) 또는 11호봉과 10호봉 사이의 중간 42원이었다. 대구사범학교 졸업생 신집호가 '42원짜리 판임관 훈도'라고 한 것은 이 때문이다. 경성사범학교 출신은 1920년대에는 52원, 1930년대에는

---

13 「직장 선택 기준 1위는 '연봉'」, 『잡코리아』, 2021.1.7. https://www.jobkorea.co.kr/goodjob/tip/view?News_No=18579, 검색일: 2022.11.24.
14 「십년을 하루같이」, 『동아일보』, 1926.1.1.
15 『조선총독부관보』, 1913.5.24.
16 유광렬, 「기자생활 십년 비사, 조선 신문의 초창시대」, 『동광』 37, 1932.

47원으로 이보다 많았다. 승급은 구체적인 규정이 없었기 때문에 지역에 따라 승급 기간은 일정하지 않았으며, 호봉이 올라가는 것이 아니라 2~3원 정도씩 봉급이 인상되는 방식으로 이루어졌다. 조선인 평교원은 대체로 6호봉 정도가 승급 상한이었다.

【표 2】 1920년대 이후 「판임관봉급령」의 호봉과 봉급

호봉	1	···	4	5	6	7	8	9	10	11
봉급	160원		100원	85원	75원	65원	55원	50원	45원	40원

1924년 경성부에서 경성 거주 4인 가족의 1개월 생계비를 9등급으로 나누어 최저 16원부터 최고 56원으로 설정했는데, 이에 따르면 당시 초등교원은 초임 봉급으로도 최소한 중상에 해당하는 생활을 할 수 있었다.[17] 1931년 경성사범학교를 졸업하고 교원 생활을 시작한 김인수(金麟洙)는 자신의 가계 운영을 다음과 같이 기억했다.

> 당시의 순경이라든지 면사무소 직원 같은 이가 약 10년 다녔으면 1개월 봉급이 30원쯤 되는데, 나는 초임급이 47원이었고, 다음 해에 50원이 되었었다. … 나는 매월 5원씩은 의무저금을 하고, 본가에 5원을 매월 보내드리고 37원 가지고 생활하니까 과히 궁색을 느끼지 않고 지냈다. 매월 잡지, 신문, 이발, 목욕, 담배 등 잡비 조로 7원, 나머지 30원

---

17 기진, 「경성의 빈민─빈민의 경성」, 『개벽』 48, 1924, 104쪽.

을 가지고 충분히 지낼 수 있었다. 1개월에 백미 1가마 6~7원(당시 가정부 아이 1명과 나의 사촌 여동생을 데리고 있어서 1가마는 먹었다), 반찬값에 10원, 연료 3~4원, 병원비 2원, 의복비 5~6원, 외식비 2~3원. 저금한 것과 상여금 탄 것으로 휴가때 일본에 공부하러 가는 경비로 쓰고도 별로 부족을 느끼지 않고 지냈다.[18]

1930년 당시 5인 가족의 1년 최저 생활비가 200원이었다.[19] 김인수는 "월 30원의 수입이 있는 사람이면 자녀 2~3명 양육하고라도 절약 생활을 하면 그런대로 빚지지 않고 지낼 수 있었다"라고[20] 했는데, 그는 초임 봉급이 47원, 2~3년마다 승급하여 1939년에는 60원을 받고 있었다.

1930년대 후반부터 물가가 폭등하면서 교원의 생활고와 이직 문제가 신문지에 오르내리기도 했지만,[21] 초임 봉급 42원은 "당시 관청직원들이 17~20원을 받은 것에 비하면 파격적인 대우였다"라는 회고도 있다.[22] 【표 3】에서도 알 수 있는바, 초등교원의 초임 봉급은 전문학교·대학 졸업자에는 미치지 못했지만, 다른 중등학교 졸업생의 취직처에 비하면 그리고 같은 판임관으로서 경찰 관료인 순사, 행정 관료인 면직원에 비해

---

18 김인수, 『한 교육자의 삶: 自傳』, 한울, 1985, 55쪽.
19 『동아일보』, 1930.10.23.
20 김인수, 앞의 책.
21 「냉대받는 교원, 순사 이중고난의 신세」, 『조선일보』, 1937.5.1.; 「농촌에 탁아소 설치와 농촌진흥책 추궁」, 『동아일보』, 1940.3.5.
22 평양사범학교를 졸업하고 1939년 교원 생활을 시작했던 유성연(劉成淵)의 회고이다(유성연, 「성실, 일진」, 『평양사범: 개교60주년기념지』, 198쪽).

서도 많은 편이었다.

【표 3】 1931년 중등학교 졸업 이상 학력 남성의 직업별 초임 봉급[23]

최종 학력	직업	초임 봉급	최종 학력	직업	초임 봉급
상업학교 졸업	은행원	40원	대학 졸업	중등교원	95원
고등상업학교 졸업	은행원	50원	대학 졸업	동아일보 기자	70원
전문학교 졸업	동아일보 기자	50원	고등문관시험 합격	행정 관료	6호봉 75원
전문학교 졸업	중등교원	75원			

게다가 사범학교는 학비만 면제인 것이 아니라 전(全)학생 기숙사 생활이 원칙이었다. 기숙사 제도는 단체 생활을 통한 훈육, 일상생활의 통제라는 의도에서 시행된 것이지만, 아무튼 집에서 통학할 수 없는 학생 입장에서는 방값과 식비 걱정을 없애 주는 제도였다. 또한 교복과 모자, 구두, 체육복, 교과서와 학용품, 심지어 용돈도 지급했다. 완전한 '무상교육'인 셈이다. 요컨대 적어도 경제적인 측면에서 보면, 사범학교 입학생은 학비 걱정 없이 학교를 다니고, 발령을 받으면 집안 형편이 나아질 거라는 희망을 가질 수 있었다. 사범학교가 가난한 수재들이 가는 학교라는 담론은 바로 여기서 비롯된 것이다.

한편, 조선 사회는 교육자를 존중하는 전통이 있었고 이에 더하여 관료라는 신분에서 비롯되는 사회적 권위를 누릴 수 있었다는 점, 같은 조

---

23 『삼천리』 4~9, 1932, 42~47쪽.

선총독부 관료라 하더라도 경찰이나 행정 관료와 달리 교원의 교육활동은 지역민에 대한 직접적인 폭력·수탈 행위가 아니었다는 점도 중요하다. 봉급도 괜찮은 편인데 사회적 인식까지 높다면 더할 나위 없지 않겠는가?

3. 초등교원이 되었지만

1) 학생 교육만 할 수 없는 교직 생활

당연한 말이지만 교원의 책무는 학생 교육이고, 그 기본이자 가장 중요한 일은 수업(준비 과정 포함)과 학급 운영이라고 할 수 있다. 그러나 조선총독부는 교원이 그에 집중할 수 있도록 놔두지 않았다.

일제강점기에 사범학교 교재로 사용되었던 『(사범학교)조선학교관리법』이라는 책이 있다.[24] 이 책은 교원이 해야 할 직무를 ① 학급 담임과 아동의 교수·훈련 및 학급에 속한 사무, ② 학교 내외에서 아동의 감독·단속, ③ 학교 사무, ④ 학교장이 명한 교수와 사무 처리, ⑤ 당직과 숙직 근무 등 다섯 가지로 구분하고 있다.[25] 교원의 직무로서 가장 기본이라고 할 수 있는 수업과 학급 운영은 ①에 포함되는데, 그에 해당하는 사무만

---

24 高橋濱吉, 『(師範教科)朝鮮學校管理法』, 日本, 日韓書房, 1936. 다카하시 하마키치[高橋濱吉]는 1913년 조선에 건너와 여러 학교의 교원, 조선총독부 시학관을 지냈다. 이 책은 그가 경성여자사범학교 교장으로 있을 때 저술한 것이다.
25 위의 책, 149쪽.

도【표 4】와 같이 많았다.【표 4】에서 교원이 작성·관리해야 하는 무수한 장부들, 각종 조사·관리·통제 행위들을 확인할 수 있을 것이다.

【표 4】 초등교원의 '학급 담임과 아동의 교수·훈련 및 학급에 속한 사무'[26]

아동에 관한 사무	교실에 관한 사무	교수에 관한 사무
- 개성 조사 - 급장·당번 선정 - 출석 조사 및 독려 - 학적부 조제·정리·보관 - 불취학자·퇴학자·졸업자 보고	- 아동 좌석 안배 - 설비 수선에 관한 청구 - 교실 내 기구들 정비 - 교사 좌석·학급문고·실내 장식·청결법의 집행	- 학급용 교수세목 조제 - 교수 실시, 과외 교수 - 지도안 작성 - 교변물(教辨物) 정리 - 학용품 조달, 성적물 처리 - 과외 독서·학예회·기타 회합 지도 - 학업 성적표·통지표 조제
훈련에 관한 사무	**양호에 관한 사무**	**기타**
- 훈련 요목 작성, 훈련 시설 실시 - 조행 조사, 복장 검열, 상벌 실시 - 자치회 지도, 아동 간호, 작업 분배 지도, 가정 방문, 부형 간담회 개최 - 불취학자·퇴학자·졸업자 보고	- 신체검사 - 학급 위생 실시, 위생 세목 조제 - 일상 보건법 장려	- 향토 조사 - 가정과의 연결 - 학교 내 각 기관과의 관계 - 학급일지·기타 장부 기입과 보관

③과 ④에는 학교 교육과정 운영과 관련된 교무 업무도 해당되지만, 학생 교육과 직접 관계가 없는 행정 사무가 적지 않았다. 당시 보통학교

---

26 위의 책, 155~156쪽.

에는 행정 관료를 따로 두지 않았기 때문에 수업료 수납,[27] 물품 구입, 행정·재정 사무 등 지금의 학교 행정실에서 하는 모든 일을 교원이 해야 했다.

각종 행정 사무에 교외 지도까지 하다 보면 19~20시까지 근무하는 일이 많았고, "교장 개인의 열성 여하에 따라서" 근무 시간이 더 길어지기도 했다.[28] 이는 대체로 도시보다 농산어촌 지역의 학교가 더 심했다고 하는데, 그 이유는 바로 이른바 '실업교육' 때문이었다. 조선총독부는 강점 초부터 일관되게 실업교육을 강조했고, 1929년에는 '실업'을 '직업'으로 개칭하고 필수 과목으로 지정했다. 문제는 실업·직업교육이란 것이 별도의 교과서도 교육과정도 없었다는 것이다. 대부분의 학교에서 실업·직업교육은 '실습'이라는 명목으로 이루어진 학생의 농업 노동이었다. 강점 직후인 1912년 조선총독부는 보통학교 교장들이 모인 자리에서 "보통학교는 교화의 중심이다. 공립보통학교의 경영은 총독부로서 가장 중시하는 바이니 일본말을 잘하고 성실 근면 노역을 싫어하지 않는 충량한 신민을 양성하기 바란다"라고[29] 훈시한 바 있다. 실업·직업교육 강조는 바로 그러한 조선총독부 교육 정책의 본질을 구현하는 것이었

---

27 수업료는 매달 현금으로 내야 했기 때문에 월사금이라고도 했다. 하층민과 현금 확보가 어려운 농민들에게는 이것이 큰 부담이었고, 도·군 당국에서는 수업료가 교육재정에서 상당 부분을 차지했기 때문에 학급별·학교별 수업료 징수 실적을 비교하면서 교원을 압박했으니, 내는 쪽도 걷는 쪽도 정말 괴로운 일이었다. 당시 신문 기사를 보면, 수업료 때문에 학교 현장에서 일어나는 불상사를 쉽게 확인할 수 있다.
28 「교원의 건강이 문제」,『동아일보』, 1937.8.19.
29 「1912년 보통학교교장강습회 조선총독부 내무부장 훈시」,『조선총독부관보』, 1912.5.18.

다. 보통학교에서는 학생을 동원하여 직접 개간하거나 개인에게 빌리는 방법으로 농토를 마련하여 농작물을 재배했다. 양계, 양잠, 양돈, 풀 베기, 퇴비 제조, 가마니 짜기, 짚신 짜기를 하는 학교도 많았다. 이렇게 해서 얻은 생산물을 판매해서 수업료, 수학여행비, 기타 학교 경비에 충당하라는 것이 조선총독부의 방침이었다. 학생들이 노동할 때 교원이 교무실에 앉아 있을 수는 없지 않겠는가? 교원의 농업 노동은 '솔선수범'이라는 이름으로 강요되었다.

일제강점기 교원의 책무에서 중요한 특징은 이러한 실업·직업교육을 재학생만이 아니라 졸업생, 학부모, 지역민 모두를 대상으로 해야 했다는 점이다. 이를 '사회교육' 또는 '사회교화'라고 했다. 교원은 청년회, 청년단 등 단체를 조직하거나 모임을 꾸리기도 하고, 취직을 알선하는 등 보통학교 졸업생을 비롯한 지방 청년을 지도했다. 또한 학부모 포함 지역민 전체를 대상으로 교화 사업을 수행했다. 강연회, 간담회 등 각종 행사 개최, 강습회나 야학 등 교육 시설 운영, 학부모 단체나 지역민 대상의 다양한 단체 조직 등 방법은 다양했다. 모두 교원의 일이었다.

당시에도 학교라면 보통학교 외에도 중등학교, 전문학교, 대학이 있고, 각급 학교마다 교원도 당연히 있으며, 현재의 행정복지센터, 시군구청에 해당하는 행정기관과 관료들도 있었다. 그런데 왜 초등교원에게 이런 책임이 지워진 것일까? 기본적으로 중등 이상 학교의 보급과 기타 사회교육 시설이 미비했기 때문이다. 보통학교는 학교 중에서도 그 수가 가장 많고 하층민중이 가장 가깝게, 직접 접촉하는 관공서 중 하나이며 교실과 운동장, 각종 교구 등의 공간과 시설이 갖춰져 있다. 게다가 초등교원은 조선총독부의 하급 관료 신분이었다. 즉 조선총독부로서는 보통학교와 교원을 동원하면 아무런 추가 비용을 들이지 않고서도 사회교화사업을 운영할 수 있었다. 교원이 학생 교육과 수업 연구에 집중하지 못하고 학생에게는 노동을 시키고 졸업생과 지역민의 생활에까지 관여해야 하는 것, 그것도 자발적인 노력과 헌신이 아니라 강제적인 책무로서 부과되었다는 것이야말로 일제강점기 초등교원이라는 직업에 씌워진 식민지성이었다.

2) 벗어날 수 없는 민족 차별

초등교원이 조선총독부의 관료 신분이었다고 해서 민족 차별에서 자유로운 것은 아니었다. 식민지에서 민족 차별이란 마치 공기처럼 너무나 당연히 존재하는 것이지만, 구체적으로 어느 영역에서 어떻게 작용하는지 세세하게 들여다볼 필요가 있다. 여기서는 교원뿐 아니라 모든 직장인에게 가장 큰 관심사일 발령, 봉급, 승진 세 가지를 중심으로 살펴보자.

첫째, 발령에서는 기회의 차별이 있었다. 조선총독부는 조선인 교육은 【표 1】의 학교제도에, 재조선 일본인 교육은 일본의 학교제도에 따라 분리해서 운영했다. 따라서 조선인 학교는 보통학교, 일본인 학교는 소학교로 학교 명칭도, 교육과정은 물론 사용하는 교과서도 달랐다. 그런데 일본인 교원은 소학교와 보통학교 어디서든 근무할 수 있었지만, 조선인 교원이 소학교에 발령받는 일은 없었다. 아무리 초등학생이라도 일본인이 조선인에게 배울 수 없다는, 지배 민족으로서 우월감의 발로라고 할 수 있겠다.

둘째, 봉급에서는 같은 교원이라도, 심지어 최종 학력과 경력이 같더라도 일본인만이 받을 수 있는 수당이 따로 있었다. 가봉과 숙사료가 그것이다. 두 가지 모두 매달 지급되는 월급이었다. 가봉은 본봉의 60%나 되었고, 벽지 근무자에게는 본봉의 10~20%가 또 추가되었다. 숙사료는 주거비 지원이라고 할 수 있는데, 조선 전역을 1~3급지로 나누어 차등 지급했다. 그러니 일본인 교원은 같은 경력의 조선인 교원보다 거의 2배에 가까운 월급을 받는 셈이다.

경성사범학교 연습과 1회 졸업생인 사쿠라이 아사지[櫻井朝治]는 일본 군마사범학교 4학년 재학 중 "조선에서의 급료는 일본 내지의 2배라고 해서 빈핍 생활로부터의 탈출은 조선으로 건너가는 것뿐이라고 생각하여"[30] 망설이지 않고 즉시 원서를 냈다고 회고했다. 1927년 경성사범학교 연습과를 졸업하고 강원도로 초임 발령을 받은 일본인 다카키 고지[高木幸次]는 "본봉 52원, 가봉 6할, 숙사료 등으로 월급 90여 원, 부임 수당 200원을 받고 놀랐다. 하숙이 다다미 6장에 세끼 식사 10원이던 시절이었다"[31]라고 하며 첫 월급의 순간을 기억했다. 왜 일본인들이 조선의 초등교원이 되려고 했는지 충분히 짐작할 수 있을 것이다. 같은 학교에 근무하면서 최종 학력과 경력도 똑같고 임용 과정도 동일한데, 성과급도 아니고 오로지 민족이 다르다는 이유로 옆자리 동료가 월급을 내 두 배

---

30 稻葉繼雄, 「京城師範學校 '演習科' 第1期生について」, 『九州大學大學院敎育學硏究紀要』, 第9号, 2006, 44쪽.
31 醇化會 編, 앞의 책, 308쪽.

로 받는다면 자연 울분이 치밀지 않겠는가? 가봉은 조선인 교원들로 하여금 "한 달에 한 번씩은 월급날마다 함께 책상을 마주하고 있으면서 '우리는 식민지 백성이다'라는 느낌을 갖게 하는 원인"이 되었다.[32]

셋째, 승진에서는 조선인 교원에게 아예 기회를 주지 않거나 아주 제한된 기회만을 제공하는 방법으로 차별했다. 교직에서 승진이래야 교장이 되는 것인데,[33] 강점 후 조선총독부는 전국 모든 관공립보통학교의 교장을 일본인으로만 임명하였다. 교장은 학교 내에서 전권을 가진 존재였으니, 학교의 주도권을 일본인이 장악하게 하려는 의도였다. 1919년 3.1운동 직후에야 이른바 '신정(新政)'이라 해서 조선인 교장 임명을 허용했는데, 그것도 조선인 교장 정원을 정해 놓고 각 도에 몇 명씩 배치하는 방식이었다. 1925년 당시 조선인 교장 정원을 전국 공립보통학교 수의 약 5%에 해당하는 59명으로 정해 놓았지만, 1930년대 들어서도 그 정원조차 채워지지 않았다.[34] 학교가 아무리 증설되어 교장 자리가 늘어나도 도별 조선인 교장의 정원이 고정되었으므로 조선인 교원은 현직 조선인 교장이 사망하거나 퇴직하거나 타도로 전출하지 않는 한, 교장이 될 수 없었다. 게다가 조선인 교장은 대도시의 규모가 큰 학교에 발령받는 경우는 거의 없었고, 주로 군(郡), 농산어촌 지방 학교에 임용되었다.[35] 교장 외에 다른 승진으로는 지금의 장학사에 해당하는 시학이 되는 길도 있었

---

32 「가봉, 사택료 지출은 조선인 교원에게도 주라」, 『동아일보』, 1936.3.20.
33 일제강점기에 교감 직위는 없었다.
34 「천팔백여 곳 보교에 조선인 교장 불과 사십」, 『동아일보』, 1932.9.20.
35 「교육자의 솔직한 절규」, 『동아일보』, 1939.11.29.

지만, 조선인 교원에게는 교장 승진보다 더 좁은 문이었다.

4. 새로운 삶의 모색―전혀 다른 두 방향

1) 개인적 성취·상승 지향의 교원들

최근 임용 후 1년 이내에 퇴직하는 교원이 증가하는 추세에 있으며, 그중에서도 절반 이상이 초등교원이라는 보도가 나온 바 있다.[36] 임용시험 합격까지 어려운 관문을 통과하고서도 중도 퇴직하는 교원이 늘어나는 이유를 분석하여 대책을 마련해야 한다는 지적이 뒤따랐다. 근속 기간은 그 직업의 근무 조건, 사회경제적 지위와 인식 등에 관련된 것이며, 당사자의 직업에 대한 의미 부여를 엿볼 수 있는 지표이기도 하다. 일제 강점기가 아무리 초등교육조차 받기 어렵고 취직하기 힘든 시대였다지만, 당시에도 일찍 교단을 떠난 교원들이 있었다. 그 이유는 무엇일까?

박종홍형과 나는 2년 사이를 두고 평양고보 사범과를 졸업, 대구에서 보통학교 훈도로 제2의 해후를 하게 됐다. 우리는 2년 동안 한 집에서 하숙을 하면서 돈이 없어 진학을 못한 울분을 삼키며 꾸준히 공부를 했다. 2년 후 당시 조선사람으로는 하늘의 별따기라던 1종교원시

---

36 「최근 5년간, 1년 이내 그만둔 교원 316명. 절반이 초등교사」, 『에듀프레스』, 2022.10.6. http://www.edupress.kr/news/articleView.html?idxno=9596

험(전문학교 입학자격시험)에 나란히 합격했다. 당시 신문들이 "조선의 두 천재" 운운하는 내용을 화제기사로 크게 다룬 기억이 지금도 생생하다.[37]

위 회고의 주인공은 영훈초등학교, 영훈국제중학교 등이 속한 학교법인 영훈학원의 설립자 김영훈(金泳薰)이다. 김영훈은 평양고보 졸업 후 1년 과정의 사범과를 마치고 경상북도 관내 보통학교에서 교원 생활을 하다가 히로시마고등사범학교에[38] 진학했다. 1931년 3월 유학을 마치고 귀국한 김영훈은 충청남도 시학으로 학무 관료 생활을 시작했고, 1942년 고등관인 군수가 되었다. 8.15 해방 이후에도 그는 여러 중등학교 교장으로 재직했고 초대 서울시교육감까지 역임했다. "돈이 없어 진학을 못한 울분을" 해소하고 초등교원 이상의 상승을 이룬 셈이다.

김영훈처럼 새로운 삶의 기회를 모색하는 초등교원에게 진학 외의 선택지는 시험이었다. 대표적으로 지금의 고시에 해당하는 고등문관시험(이하 '고문')과 '문부성 사범학교·중학교·고등여학교 교원검정시험'(이하 '문검')을 들 수 있다. '문검'은 그 명칭에서 알 수 있듯이, 중등교원 자격시험이었다. 지금과 달리 중등교원이 되는 것도 초등교원에게는 사회적 상승이었다. 일제강점기에는 초등과 중등이라는 학교급의 차이가 단계가 아니라 위계 서열로 인식되었기 때문이다. 초등교원과 중등교원 사이에

---

37 김영훈, 「사우 잊을 수 없는 그때 그 친구」, 『경향신문』, 1979.10.15.
38 고등사범학교는 근대 일본 정부가 중등교원 양성을 목적으로 설립·운영한 관립학교로 남학교는 도쿄·히로시마고등사범학교, 여학교는 도쿄·나라여자고등사범학교 각 2교씩 있었다.

는 무엇보다 학력(실제 교육 기간)의 차이가 존재했다. 초등교원은 보통학교만 마쳐도 짧게는 1년 정도의 양성교육을 받고 임용될 수 있었지만, 중등교원은 고등교육을 이수하지 않으면 불가능했다. 학력의 차이는 곧 임용 시 대우(봉급과 관등)의 차이, 사회적 지위·인식의 차이로 이어졌고, 초등교원과 중등교원은 각각 '훈도'와 '교유'로 명칭도 달랐다.[39] 따라서 '문검'은 고등사범학교나 기타 전문학교, 대학을 나오지 않고서도 중등교원이 될 수 있는 통로가 되었다.

자고로 직장을 다니면서 공부를 하는 것은 힘든 일이고, 공부에는 물론 시험에 응시하는 데도 돈이 들기 마련이니 진학도, '고문'이나 '문검' 응시도 성공 사례는 매우 적었다. 바늘구멍을 뚫은 극소수의 초등교원 3명의 사례를 이하에서 출생 연도순으로 소개한다. 첫 번째 인물은 김영훈과 같이 교원 생활을 하면서 "돈이 없어 공부를 못 한 울분을 삼키며 꾸준히 공부"했던 박종홍이다. 그는 1926년 조선인 최초 '문검' 합격자가 되었다. 대구 수창보통학교 훈도에서 대구고보 교유가 된 박종홍은 멈추지 않고 공부를 계속해서 1929년 경성제국대학에 입학했다. 졸업 후 경성제국대학 법문학부 조수, 이화여자전문학교 교유 등을 지냈고, 해방 후에는 서울대학교 철학과 교수, 20세기 한국 철학의 중심인물로서 권위와 명성을 누렸다. 두 번째는 '문검'과 '고문'에 연달아 합격한 한성수(韓聖壽)다. 그는 초등교원 생활 7년 만인 1935년 '문검'에 합격하

---

39 이러한 점에서 일제강점기 초등교원과 중등교원은 하나의 범주로 묶기 어렵다. 일제강점기 중등교원의 사회적 지위와 인식은 지금의 대학교수에 해당한다고 볼 수 있다.

여 전라북도 전주사범학교 교유가 되었다. 그 후 1942년 '고문' 사법과에 합격하여 사법관시보로 임명되었고, 해방 후에는 대법원 판사까지 역임했다. 한성수는 본인의 직계가족으로 '3대 법조가족'을 이루었고,[40] 15~17대 대선에 출마했던 대법관 출신 정치인 이회창의 장인으로도 유명한 인물이다. 마지막 인물은 1937년 대구사범학교를 졸업하고 경상북도 문경보통학교에 부임했다가 만주국 육군군관학교에 지원하여 교단을 떠난 박정희(朴正熙)다. 그는 일본군 장교로 복무하다 해방을 맞았다. 해방 후 대통령까지 역임했으니, 이직에 성공한 초등교원 중 최고로 입신양명했다고 할 수 있겠다.

2) 가진 것을 포기하고 저항의 길에 나선 교원들

강점 초기부터 일제 측의 자료에 "상당히 나쁜", "발칙한 자", "국권 회복과 같은 것을 꿈꾸고 부질없는 것을 말하는", "형편없는 것을 통신하고 있는", "온건하지 않은 사상을 품고 있는"이라고 기록된 교원들이 있었다. 3.1운동 당시에도 전국 각지에서 많은 교원이 만세 시위에 동참했으며, 1920년대에는 조선인 교원으로서의 사명감을 갖고 조선어, 조선사 교육을 연구하고 실천하는 교원들도 등장했다.[41]

1930년대가 되면, 각지에서 교원 조직 사건이 많이 일어난다. 이 시기

---

40 이에 대해서는 「법조약전 / 고 한성수변호사(1910-1988)」, 『대한변협신문』, 2001.1.15. http://news.koreanbar.or.kr/news/articleView.html?idxno=368 참조.

41 장인모, 「조선총독부의 초등교원 정책과 조선인 교원의 대응」, 고려대학교 박사학위논문, 2018, 200쪽.

의 교원 조직 운동은 사회주의 사상에 공명하여 지역의 좌익운동과 관계를 맺고 활동하기도 했고, 민족의식과 함께 계급의식을 고취하는 활동을 전개했기 때문에 '적색교원 사건'으로 불렸다. 일제강점기에 지주·자본가를 비판하는 계급의식을 고취한다는 것은 식민 지배로 인한 곤궁한 현실을 설명하고 그에 대한 비판의식·저항의식을 갖게 하는 것이므로, 마땅히 반일운동·민족운동으로 볼 수 있다.[42] 일례로, 1932년 충청북도 '적색교원 사건'의 주인공 중 한 사람이었던 박인섭(朴仁燮)의 문제의식을 보자.

교육기관이라고 한다면 보통학교가 유일하다. 그것도 작년 '자선적으로' 1면 1교로 한다고 했지만 그것조차 경비 관계로 중지하고 있다. 설령 실현되어도 누가 배울까. 일등국 일본제국의 일시동인 대우를 받는 식민지 조선에서 초등학교조차 수업료는 최저 60전부터 최고 1원이다. 초등교육이라도 받을 수 있는 자는 선택받은 자이다. 그것도 1학년부터 6학년까지 사이에 반수는 중도퇴학이고 남는 자는 지주의 아이들뿐이다. 우리를 무지로 하여 밑바닥으로 떨어뜨리는 것임이 분명하다. … 보통학교 수업료는 바야흐로 사회문제까지 되고 있다. 그런데 최근 총독부에서 수업료 4할 감하안을 작성했다고 한다. 그 대신 호세를 증세한다고 한다. 조삼모사. 도리어 빈농의 부담은 늘어날 뿐이다.[43]

---

42 김광규, 『일제강점기 초등교육정책』, 동북아역사재단, 2021, 355~356쪽.

【그림 2】 1930년 12월 '교육노동자조합 사건'으로 수감된 경성사범학교 학생 조판출(趙判出)(좌),
1932년 충청북도 '적색교원 사건'으로 수감된 교원 박인섭(朴仁燮)(우)[44]

　박인섭과 같이 1930년대 교원 조직 운동에 참여했던 교원들은 아동들
이 초등교육조차 제대로 받기 어려운 현실, 그 와중에 수업료를 걷는 데
급급하며 조선총독부 교육 정책을 실행하는 교원의 모습에 대해 통렬한
비판의식을 갖고 있었다. 이들은 민족해방·계급해방을 통해 이를 타개
할 수 있다고 생각하고 교육 운동을 실천한 것이다.

　수업 시간 틈틈이 조선어와 조선사를 가르치거나, 현실의 모순을 꼬집
고 식민 통치 정책을 비판하는 등 개별적으로 생활 속 저항을 실천한 교
원들도 많았다. 예를 들면, 강원도 관내 초등교원 홍순창(洪淳昌)은 일제

---

43 「공립보통학교훈도의 치안유지법위반사건 검거에 관한 건」, 『사상에 관한 정보』 5, 1932.

44 일제감시대상인물카드(한국사데이터베이스). https://db.history.go.kr/ '교육노동자조합 사건'은
　　일본인 교원 조코 요네타로[上甲米太郞]가 일본의 반제국주의·반자본주의 교육 운동 단체 신흥
　　교육연구소와 연계하여 조선에 교육노동자조합 지부를 결성하려 했던 사건이다. 조판출은
　　보통학교 시절 조코에게 배웠던 학생이었다. 그는 이 사건으로 경성사범학교에서 퇴학당했
　　다. 충청북도 관내에서 근무했던 교원 박인섭도 일본 신흥교육연구소와 연대하였고, 학생들
　　에게 사회비판의식·계급의식을 고취하는 데 노력했다. 그는 신흥교육동맹준비회 조선지부
　　를 조직하고자 동지를 규합하던 중 검거되어, 징역 3년 형을 확정 판결받았다.

【그림 3】 1941년 치안유지법 위반으로 수감된 홍순창[45]

의 서슬이 사납던 1938~1939년 수차례에 걸쳐 역사 시간에 교과서 내용을 비판하고, 민족의식을 자극하는 역사 이야기를 했다. 그는 교과서의 진구황후 관련 서술은 허위이며 조선에도 위인과 훌륭한 문화가 있다고 일러 주었고, 일본인 교장이 자기 아들과 조선인 학생이 싸웠을 때 일방적으로 조선인 학생을 구타하자 학생들 앞에서 눈물을 흘리며 "너희들도 지금 일본인 교장이 조선인 아동을 구타하는 것을 보았을 것이다. 이것이 슬프지 않으면 무엇이 슬프겠는가? 나는 너희들의 장래를 생각하여 우는 것이다"라고 하였다. 홍순창의 교육은 학생들이 교장을 비판하는 벽보를 붙이고, 교실에 "조선 독립"이라고 '불온한 낙서'를 하는 행동을 하도록 이끌었다.[46]

이렇게 민족운동, 사상 사건에 관계된 교원들은 거의 모두 출판법, 보안법, 치안유지법 등의 위반으로 기소되었다. 그중에는 무죄 방면된 경우도 있고 실형을 산 경우도 있었지만, 어떤 경우든 교단에 머물 순 없었

---

45 일제감시대상인물카드(한국사데이터베이스). https://db.history.go.kr/
46 경성지방법원 판결문, 1941.8.19.

다. 예를 들면, '적색교원 사건' 중 1933년 전라북도에서 일어난 '교육자협회 사건'이 있다. 이 사건으로 재판에 회부된 교원 9명 중 5명이 무죄 판결을 받았다.[47] 무죄 판결 후 5명은 법원에 형사 보상을 청구하는 한편 복직을 요구했고, "애매한 일에 걸려 실직된 정상이 가엾다 하여 재판소 측에서도 학무과에 그 복직을 종용"했으나 "일단 적색 사상에 혐의라도 받았던 사람을 다시 채용할 수는 없다"라는 학무과의 방침에 따라 아무도 복직하지 못했다.[48] 경성사범학교 출신으로 경상남도 관내 초등교원으로 재직했던 이장호(李長鎬)는 1933년 일어난 이른바 '경남 적색교원 사건'의 주인공 중 한 명이었다. 이장호는 이 사건으로 3년 형을 선고받고 1934년 10월 병보석으로 출감했지만 12월 사망했다.[49] 홍순창도 1940년 체포되어 징역 2년 형을 선고받았다.

이들은 초등교원이라는 직업이 보장하는, 비록 아주 대단하진 않더라도 자신들이 누릴 수 있는 경제적 안정과 사회적 지위를 포기하거나 그 것을 잃을 수도 있다는 위험을 무릅쓰고 저항을 실천한 인물들이다. 이들은 초등교원으로서의 삶에 만족한 채 현실에 안주하지 않았다는 점에서 진학이나 시험으로 개인적 성취·상승을 시도했던 인물들과 같은 문 앞에 서 있었다. 문을 열었을 때 서로 전혀 다른 방향으로 걸음을 내디딘 것은 불만족의 내용과 문제의식이 본질적으로 달랐기 때문이겠다. 그 선택과 삶에 경의를 표하지 않을 수 없다.

---

47 「전북교원사건은 최고 징역 5년」, 『동아일보』, 1935.10.26.
48 「전북 적색교원사건 29명, 재작 출감」, 『동아일보』, 1935.10.30.
49 「경남 적색교원 이장호 별세」, 『동아일보』, 1934.12.2.

일제강점기의
'스쿨미투'

김광규
한국교육과정평가원 부연구위원

■ 본 원고에 등장하는 일본인 성명 표기는 일본어 표기법을 따랐다. 그러나 일본어 표기 방식을
  확인하기 어려운 인명은 우리말 독음으로 표기했다.

한국에서 '미투운동'이 본격적으로 시작되었던 2018년 4월, 서울 용화여자고등학교 졸업생들은 재학 중 학교에서 일어났던 성폭력을 고발하면서 '스쿨미투'의 포문을 열었다. 용화여자고등학교 재학생들은 교실 창문에 포스트잇을 붙여서 "me too, with you, we can do anything"을 말하며 선배들과 연대했고, 이후 이 '창문미투'는 스쿨미투의 상징이 되었다.[1]

학교는 여성에게 안전하고 성평등한 공간인가? 아니, 그런 적이 과연 있었을까? 스쿨미투 운동은 21세기의 학교조차 그렇지 않을 수 있다는 사실을 적나라하게 드러냈다.

전통 시대에는 교육 내용, 운영 주체와 상관없이 여성을 위한 가정 밖 교육기관 자체가 없었으니, 제도권교육에 여성교육이 마련되고 학교에서 배우거나 가르치는 여성, 즉 여학생과 여교원이 등장한 것은 근대의 새로운 현상 중 하나였다. 학생, 교원으로 여성을 받아들인 학교의 등장은 그 자체로서 유의미한 것이지만, 학교가 여학생과 여교원에게 전통적

---

1 「선후배가 함께 만든 '용화여고 창문미투' 그 후 3년간의 이야기」, 『경향신문』 플랫, 2021. 11. 25. https://www.khan.co.kr/national/national-general/article/202111251530001

인 여성 규범에서 벗어난, 성평등한 교육을 제공한 공간은 아니었다.

게다가 학교는 여학생·여교원이 남성의 물리적인 폭력으로부터 안전하게 학습하고 교육활동을 할 수 있는 공간이 아니었다. 여학교라 해서 여성만 있는 것은 아니다. 초등교육은 원칙적으로 남녀 별학이 아니었기 때문에 남녀 공학이 이루어지고 있었고, 중등 이상 교육을 하는 여학교에도 남교원이 있었기 때문이다. 학교는 여교원과 남교원, 여교원과 남학생, 여학생과 남학생, 여학생과 남교원 등 복합적인 젠더 관계가 작용하는 공간이었다. 이러한 관점에서 남녀가 공존하고 있는 교육 공간으로서 학교의 일상을 살피면, 다른 성(性)에 대한 한 성의 차별과 폭력이 눈에 띈다.

100여 년 전의 여학생과 여교원이 2018년의 여학생처럼 직접 성폭력을 고발하고 제도 개선을 요구하는 운동을 전개한 것은 아니었다. 그러나 가해자를 비호하고 피해자를 몰아세우는 법과 제도, 문화에 맞서 목소리를 낸 여학생·여교원은 분명히 있었다. 일제강점기 여성들이 학교에서 겪어야 했던 성차별·성폭력의 실태를 살펴보고 이를 기억하는 것은 현재 우리 사회에서 학교 성폭력이 재발하지 않도록 하는 데 조금이라도 도움이 되지 않을까?

1. 교원 징계 사유 1위 '남녀 관계'?

1928년 3월 15일부터 17일까지 3일간 조선총독부에서 전국도시학회의가 열렸다.[2] 각 도의 교육 관련 각종 현황을 제출·보고하고, 조선총독부 지시 사항과 기타 시의에 따른 이슈에 대해 실행 및 대처 방안을 논의하는 자리였다. 이때 조선총독부 지시 사항 중 하나로 다음과 같이 "학교 직원의 풍기 문제에 관한 건"이 제시되었다.

> 학교 직원의 언동이 교육에 미치는 영향이 심대한 것은 다시 말할 필요도 없다. 그러므로 교사된 자는 항상 언행을 신중히 하고, 조금이라도 풍기를 문란케 하는 일이 없어야 할 것이다. 그런데 다수의 교직원 중에는 왕왕 세상의 풍조에 빠져 교직에 있는 몸이라는 것을 잊고 기격(奇激)한 언행을 하거나, 동료 친화하지 않고 교기(校紀)를 문란케 하고 불상사를 야기하는 사례가 없지 않다. 기타 언어, 용의(容儀) 등에서 교원다운 위신을 잃는 일이 없다고 할 수 없다. 각위는 이들에 관해 평소 충분한 주의를 기울이고 있더라도, 한층 더 학교 직원의 기강 숙정을 도모하고 교원의 관리에 힘써야 한다.[3]

이 문제와 관련하여 당시 각 도에서 "교원 비행 통계"를 제출했는데, 그 구체적인 내용을 살펴보자.

> 최근에 이르러 학생의 풍기가 문란하다는 것보다도 학교 교원들의 풍

---

2 시학은 현재의 장학사에 해당하는 교육 관료이다.
3 「道視學打合會議に於ける指示事項幷に打合事項」, 『文教の朝鮮』 1928.4., 17~19쪽.

기가 극도로 문란하여 교육계에 불상사가 하루도 끊일 사이 없이 발생한다 함은 일반이 이미 다 아는 바거니와, 이에 대하여 당국측에서도 상당히 고려를 한 결과, 지난 15일부터 조선총독부에서 열린 도시학타합회에서 이 문제가 의제가 되었는데 이에 대하여 각 도로부터 교원의 비행 통계를 제출한 것에 의하면, 충북에서는 남녀 관계로 면관을 당한 자가 2명이요, 도박으로 면관을 당한 자가 4명, 경북에서는 남녀 관계로 면관을 당한 자가 18명이요, 사상 문제로 면관을 당한 사람이 3명이요, 금전 관계로 면관을 당한 사람이 3명이요, 경남에는 남녀 관계가 6명, 교원과 여아동의 관계가 2명, 강원도에는 남녀 관계가 6명이요, 기타가 10명이며 그 외 각 도에는 통계에 드러나지를 않았는데, 그중 제일 많은 것이 남녀 관계로서 ….[4]

면관이란 지금의 파면에 해당하는 것으로 당시에도 가장 높은 수위의 징계였다. 그 이유로 제일 많은 것이 '남녀 관계'이다. '교원과 여아동의 관계'라는 사유도 나온다.

당시 신문 기사를 통해 학생과 지역민들로부터 비판을 받고, 심지어는 배척 대상이 되어 학생 동맹휴학의 원인이 되기까지 했던 교원의 언행 중 성 관련 문제들을 살펴보면, 자유연애, 사기 결혼, 축첩, 이혼, 간음, 강간, 추행, 희롱 등이 있었다. 자유연애와 이혼을 제외하면 대체로 성폭력이라고 할 수 있다. 즉 교원의 징계면관 사유 1위 남녀 관계 문제는 남

---

4 「절제 없는 남녀교원, 각지 보교의 문란」, 『조선일보』, 1928.3.17.

교원이 가해자, 여학생과 여교원이 피해자인 성폭력 사건이었다. '교원과 여아동 관계'는 현재의 용어로 표현하자면 아동 성폭력이다.

그중 간음, 강간, 추행은 현재도 그러하거니와,[5] 일제강점기에도 형법에 따라 처벌되는 성범죄였다. 일제강점기에는 「조선형사령」(1912.3.18. 조선총독부제령 제11호) 제1조에 따라 일본의 형법이 적용되었다. 당시 일본 형법의 성범죄 관련 조항은 다음과 같이 제22장 "외설간음 및 중혼의 죄" 제174조~제184조에 규정되어 있었다.

> 제174조 공연히 외설행위를 하는 자는 과료에 처한다.
>
> 제175조 외설의 문서, 도화, 기타 물건을 반포·판매·공연·진열하는 자는 오백 원 이하의 벌금 또는 과료에 처한다. 판매 목적으로 이를 소지한 자 또한 동일하다.
>
> 제176조 13세 이상 남녀에 대해 폭행 또는 협박으로 외설행위를 한 자는 6월 이상 7년 이하의 징역에 처한다. 13세 미만의 남녀에 대해 외설행위를 행한 자 또한 동일하다.
>
> 제177조 폭행 또는 협박으로 13세 이상의 부녀를 간음한 자는 강간의 죄로 하여 2년 이상의 유기징역에 처한다. 13세 미만의 부녀를 간음한 자 또한 동일하다.
>
> 제178조 타인의 심신상실 혹은 항거불능을 이용하거나 또는 타인

---

5 「형법」(법률 제17265호, 2020.5.19., 일부개정) 제32장 "강간과 추행의 죄" 제297조~제305조; 「성폭력범죄의 처벌 등에 관한 특례법」(법률 제16896호, 2020.1.29., 일부개정) 제2조 제1항.

으로 하여금 심체(心體)를 상실케 하거나 항거불능케 하여 외설 행위를 하거나 간음을 한 자는 전(前) 2조의 예와 동일하다.

제179조 전(前) 3조의 미수죄는 이를 벌한다.

제180조 전(前) 4조의 죄는 고소를 기다려 이를 논한다.

제181조 제176조~제179조의 죄를 범하고 그로 인하여 타인을 사상 (死喪)에 이르게 한 자는 무기 또는 3년 이상의 징역에 처한다.

제182조 영리목적으로 음행의 상습이 없는 부녀를 꾀어 간음케 한 자는 3년 이하의 징역 또는 오백원 이하의 벌금에 처한다.

제183조 남편이 있는 여자(婦)와 간통했을 때는 2년 이하의 징역에 처한다. 그 상간한 자 또한 동일하다. 전항의 죄는 여자의 남편 [本夫]의 고소를 기다려 논한다. 단 여자의 남편이 간통을 종용 했을 때는 고소의 효력이 없다.

제184조 배우자가 있는 자가 거듭 혼인을 했을 때는 2년 이상의 징역에 처한다. 그 혼인 상대자 또한 동일하다.

제174조~제176조 3개 조는 외설에 대한 죄로 남녀 모두에게 적용되었다. 이 중 제176조는 '강제외설죄'인데, 이는 범죄 의도가 필요한 죄이기 때문에 상대방이 13세 이상이라고 믿고 동의를 받아 외설 행위를 했을 때는 실제로 13세 미만이었다 해도 범죄 구성에 해당하지 않았다.[6]

제177조는 강간죄 규정이다. 외설죄와 달리 강간죄의 범죄 주체는 남

성, 객체는 여성으로 한정되었다. 강제외설죄와 강간죄가 범죄가 되기 위해서는 공통적으로 두 가지 범죄 구성 요건이 필요했다. 하나는 "폭행 또는 협박"에 의한 것이어야 한다는 것이다. 다만 피해자가 13세 이하인 경우에는 폭행·협박에 의하지 않더라도 각각의 범죄에 해당하는 것으로 하였다. 다른 하나는 제180조에 규정되어 있듯이, 친고, 즉 피해 당사자의 고소가 있어야 했다. 그 이유는 외설·강간죄는 "피해자의 명예를 해하는 것이므로 가해자가 가증하더라도 고소·고발을 하게 되면 그 죄를 밝히는 과정에서 피해자는 도리어 자기 신상에 오욕을 당한 일을 세상에 유포하여 더욱 명예를 훼손케 되어 이중의 피해를 받는 결과가 생기기 때문"이라는[7] 것이다.

즉 강제외설죄와 강간죄의 근저에는 여성에게 일방적인 정조 요구, 즉 여성의 성은 결혼 관계 내에서만 이루어져야 하고 그렇지 않은 경우는 그것이 설사 폭행·협박에 의한 것이라 하더라도 "명예가 훼손"된 것으로 간주하는, 남녀 불평등한 정조 관념이 깔려 있다. 친고죄 규정은 언뜻 보면 피해 여성을 보호·배려하는 것 같지만, 성폭행을 여성의 수치로 간주하는 인식에서 비롯된 것이다. 친고죄는 이러한 인식을 뒷배로 삼아 끈질기게 존속했다. 8.15 이후 제정된 대한민국 형법에도 친고죄가 규정되었고, 2013년 6월에야 모든 성범죄에 대한 친고죄가 폐지되었다.

---

6 田村浩, 菅原通男, 『改正日本刑法註釈』, 集栄館, 1920, 205쪽.
7 이각종, 『주해형법전서』, 1913(허재영 엮음, 『경찰학·주해형법전서』, 경진, 2013, 139쪽에서 재인용).

2. 남교원의 여학생 성폭력

【표 1】은 남교원이 자신이 재직 중인 학교의 여학생에게 성폭력을 저지른 사건을 발생 연도순으로 정리한 것이다.[8]

【표 1】에서 피해 여학생의 나이가 10대 중후반, 20세도 있다는 것이 우선 눈에 띌 것이다. 이는 일제강점기 초등학교 과정은 무상의무교육이 아니었으므로 경제적 어려움이나 학교 부족 등으로 인해 10대 중후반에야 겨우 취학하는 경우가 많았기 때문이다. 1928년 교원 비행 통계에서 '여아동 관계'가 아니라 '남녀 관계'라고 한 이유도 바로 여기에 있다.

【표 1】의 열두 건 중 2번, 9번, 11번 세 사건을 먼저 살펴보자. 1924년 평양 약송소학교 사건은 재조선 일본인 학생들이 다니는 학교에서 일어난 사건이다. 서청풍(西淸風)이라는 남교원이 담임 학급의 10세, 11세 여학생 십여 명을 성폭행한 사건이다. 한 피해 여학생의 부친이 피해 사실을 알고 남교원을 고소했는데, 경찰이 그를 조사하던 중 여죄가 드러난 것이다. 가해 남교원은 강간치상죄로 1심에서 징역 5년을 선고받았다. 이 사건으로 약송소학교 교장은 사직했고, 학교조합의원들은 교장 사직

---

8 일제강점기 신문에 보도된 학교 내 성 관련 사건과 비행은 모두 초등학교에서 벌어진 일이었다. 이는 중등학교에서는 성폭력 사건이 없었다기보다, 오히려 당시 중등학교 여학생은 현재와 달리 혼인이 가능한 연령대였기 때문에 학교에서 남교원과 여학생 사이에 일어날 수 있는 성 관련 문제들이 성폭력으로 문제화되지 않고 이른바 자유연애로 각색되거나 축첩으로 귀결되었을 가능성을 시사한다. 초등학교 여교원과 남교원 간, 중등학교 여학생과 남학생 간에 일어난 성 관련 사건들도 대개 자유연애, 풍기 문제로 보도되었다.

【표 1】일제강점기 초등 남교원의 여학생 성폭력 사건

연번	발생 연도	성폭행 피해자(나이) / 가해자(나이)	사건 후 남교원 신상
1	1923	평남 영원공보 3학년 여학생(20) / 남교원(25)	사직
2	1924	평남 약송소학교 여학생 다수(10,11) / 남교원	징역 5년
3	1927	충북 보은군 모 공보 여학생 / 남교원	확인 불가
4	1927	전남 벌교공보 여학생(18) / 남교원(27)	사직
5	1929	함북 주남공보 여학생(18) / 남교원(22)	사직
6	1932	평양 모 공보 여학생(18) / 남교원(30)	확인 불가
7	1932	강원 대포공보 여학생(16) / 남교원	전보
8	1932	평남 중화공보 여학생(17) / 남교원(23)	사직
9	1933	충남 대전제이공보 6학년 여학생(14) / 남교원	징역 5년
10	1937	평북 차련관공보 여학생(16) / 남교원(22)	사직
11	1938	충북 회남공보 여학생 6명(11~14) / 남교원(32)	징역 4년
12	1938	경기 청정공보 여학생(19) / 남교원(32)	기소

비고: 공보는 공립보통학교(현 공립초등학교)의 줄임 표현

만으로는 안 된다, 학교·교원을 감독할 책임이 있는 도지사 이하 학무 관료들도 사과하고 책임지는 태도를 보이라고 요구하며 총사퇴했다.[9] 교내에서 발발한 성폭력 사건의 책임을 지고 교장이 사직하고 학교 관계 임원들이 총사퇴하며 도 당국에까지 책임을 묻는, 평양 일본인 사회의

---

9 「색마훈도 문제로 학교의원 총사직」, 『매일신보』, 1924.12.7. 조선총독부는 조선인 학교와 재 조선 일본인 학교 설립·운영을 별개로 취급했다. 학교조합은 재조선 일본인 소학교 설립· 운영의 주체인 자치 법인으로, 부·군 단위로 조직하고 조합비를 징수하여 학교를 설립·운 영했다.

대처가 인상적이다.

1933년 대전제이공보 사건은 임서철(林瑞哲)이라는 남교원이 여학생을 학교 숙직실에서 성폭행한 사건이다. 딸의 몸에 난 상처를 보고 사실을 알게 된 부모가 고소했고, 임서철은 1934년 징역 5년이 확정되었다. 당시 대전제이공보 학부모 모 씨는 이 사건에 대해 "교육계에 참으로 한심하고 남부끄러운 일이다, 문제 교원은 물론 철저히 처벌해야 한다"라고 하면서도, "상급학교에 입학률이 제일 높을 뿐 아니라 가장 이상적 학교이며 교장 역시 십여 년 교육계에 종사한 훌륭한 인격자로 우리가 가장 신망하는 바인데 불량한 훈도 하나로 말미암아 얼마나 치명상을 입었는지 모르겠습니다"라고[10] 말했다. 성폭행 사건을 '치명상' 즉 학교의 수치로 보는 인식을 읽을 수 있다.

1938년 충남 보은 회남공보 사건은 남교원 이철선(李喆仙)이 1938년 3월경부터 한 달 동안 여섯 명이나 되는 여학생을 숙직실에서 성폭행한 사건이다. 이철선은 대전지방법원에서 징역 4년 형을 선고받았다.

이들 세 사건은 공통적으로 피해자의 연령이 14세 이하이며 피해자들은 성폭행으로 신체에 상해를 입었다. 14세 이하면 민법상 혼인이 불가한 나이다.[11] 부모가 고소를 했고, 가해 남교원들을 형법상 강간치상죄로 처벌할 수 있었다.

【표 1】에서 4~6번, 10번 사건들은 모두 남교원이 여학생과 수개월간

---

10 「대전 모보교 훈도 여생도에 폭행 중상」, 『조선일보』, 1933.7.30.
11 일제강점기에 법적으로 혼인 가능한 연령은 남자는 만 17세, 여자는 만 15세였다.

성관계를 갖다가 발각된 사건이다. 수개월간 성관계를 가졌다는 것은 바꿔 말하면 성폭행이 일회로 그친 게 아니라 계속 이어졌다는 것을 의미한다. 1번과 12번 두 사건은 피해 여학생이 임신해서 낙태를 시도하고, 출산 후 영아 살해와 사체 유기까지 일어난 사건이다. 영원공보 사건에서 여학생이 임신을 하자 남교원 한광식(韓光植)은 일단 학교를 사직하고 같이 평양으로 갔다고 한다. 그러나 한광식은 얼마 안 되어 일본 도쿄로 유학을 가 버렸고, 혼자 남겨진 여학생은 이후 사체 유기로 경찰에 체포되었다.[12] 경기도 포천 청정공보 사건도 참혹하다. 이 사건은 남교원 정종화(鄭鍾和)의 영아 사체 유기가 경찰에 발각되어 드러났다. 정종화는 피해 여학생에게 수차례 성폭행을 거듭했고, 처음에는 낙태를 시키려고 했지만 뜻대로 되지 않자 출산하면 바로 아기를 죽이라고 시켰다고 한다.[13]

3번과 8번 두 사건은 결혼을 약속하고 성관계를 가져 왔는데, 남성 쪽에서 일방적으로 외면하거나 파혼을 요구하는, 이른바 '정조 유린' 사건의 전형에 해당한다. 여성에게만 일방적으로 '혼전 순결', 정조를 요구하는 사회에서, 결혼을 약속하고 성관계를 했는데 파혼을 하는 것은 여성에게 치명적일 수밖에 없다. 3번 충북 보은군 사건을 보자.

보은군 공보 교원으로 다니는 모 면장의 아들 김 모는 그 학교 여생도 박애기(가명)에게 결혼을 하자고 유인도 하고 선생의 직권으로 덤혀

12 「음행의 여앙(餘殃)은 이렇다」, 『조선일보』, 1923.8.16.
13 「여생도 회임시켜 출산 후 치사암장」, 『조선일보』, 1940.4.12.

누르기도 하여 결국 몸을 더럽혀 놓은 후에는 돌아보지도 않으며, 또 그 학교 여교원과 정을 맺어 가지고 동거하는 터이라 그 여생도는 다른 곳으로 시집을 가려고 하나 전기와 같은 소문이 낭자하여 장가오려는 사람이 없으므로 부득이 자기 신분을 알지 못할 만한 곳으로 대구로까지 가서 시집갈 데를 구하였으나 그곳도 소문이 낭자하여 결국은 다시 보은으로 돌아와서 전기 김 교원에게 같이 살자고 애걸복걸하는 중이라는 바, 이로 인하여 부근 학부형들은 그 학교에 자식을 보내기가 위태하다고 비난이 자자하다더라.[14]

가해 남교원은 지역 유지라고 할 수 있는 면장의 아들이었던 데다 선생의 직권으로 덮어 누르기도 했다고 하니, 이 사건은 현재의 용어로 표현하자면 위력에 의한 성폭력에 해당한다고 볼 수 있겠다. 혼전 성관계를 했다는 소문이 퍼져 혼처를 구하지 못하고, 결국 다른 여성과 동거 중인 가해자에게 "같이 살자고 애걸복걸"하는 여학생의 모습이라니. 당시의 강고한 여성 억압적인 '정조' 관념을 충분히 확인할 수 있을 것이다.

8번 평남 중화공보 사건에서 남교원과 여학생은 약혼한 사이였다. 1933년 봄, 여학생은 중화공보를 졸업했고 남교원은 평양의 다른 학교로 전보하게 되었는데, 남교원이 일방적으로 파혼을 선언하고 떠나 버린 것이다. 약혼까지 한 사이였기 때문인지, 이 사건에서 피해 여학생과 부모는 "이런 불량 교원을 신성한 교육계에서 단연 제명해 버리지 않으면 목

---

14 「교원은 여생도 간통」, 『조선일보』, 1927.1.23.

숨을 걸고 싸우겠다"라며 평안남도 도청을 찾아가 지사에게 면담을 요청하는 등 적극적으로 대응했다.[15]

【표 1】의 열두 사건 중 2번, 9번, 11번 세 사건을 제외한 나머지 아홉 가지 사건의 공통점은 해당 남교원 중 아무도 강간죄로 처벌은커녕 피소조차 되지 않았다는 것이다. 차이는 피해 여학생의 나이에 있다. 즉 여학생의 나이가 16~20세로 폭행·협박 여부와 관계없이 강간죄가 성립되는 피해자 연령 13세보다 많으며, 민법상 혼인이 가능한 나이다. 3번 충북 보은군 모 공보 사건은 기사에 해당 여학생의 나이가 나오지 않았으나 남교원이 여학생에게 결혼하자고 유인했다는 것으로 보아, 혼인이 가능한 만 15세 이상일 가능성이 높다. 몸을 더럽혀 놓았다, 정조를 빼앗았다 따위의 표현에서도 알 수 있듯이, 성폭력 피해가 수치나 명예 실추로 간주되니 성폭행으로 고소하기도 어렵다. 고소를 하더라도 강간죄 규정에 "폭행 또는 협박으로"라는 조건이 있으니 강간죄로 인정받기도 어렵다. 결국 여성에게만 일방적으로 정조를 요구하는 사회에서 폭행이나 협박에 의한 경우이든, 자유의사에 의한 경우이든 혼전 성관계를 가진 여성에게 가능한 최선의 선택지는 상대 남성과 결혼하는 것이었다. 일제강점기에 실제로 강간으로 인한 소송이 드물었던 것도 이 때문이다.[16]

【표 1】의 4번과 6번 두 사건의 남교원은 기혼자였는데, 둘 다 본처와 이혼했다고 한다. 두 사건의 여학생들은 1927년 보은군 모 공보 여학생

---

15 「여생도의 정조를 유린」, 『동아일보』, 1933.5.28.
16 소현숙, 『이혼 법정에 선 식민지 조선 여성들』, 역사비평사, 2017, 356~358쪽.

보다는 나은 처지가 된 것인가. 【표 1】 열두 사건의 피해 여학생들은 모두 어떻게 되었을까.

3. 남교원의 여교원 성폭력

학교 성폭력의 피해자는 여학생만이 아니었다. 1934년 경북 김천면의 지례공보 여교원 최판임(崔判任)은 지례공보 교장 상락성삼(相樂省三)과 남교원 묘야종부(卯野宗夫)를 가택침입, 강간미수, 명예훼손 등으로 고발했다. 동시에 민사로 손해배상 청구 소송까지 준비했다. 같은 학교에 재직하는 동료 교원을 상대로 민·형사 소송을 제기하게 된 사건의 시작은 다음과 같았다.

경북 김천군 지례면 공보에서는 교장 이하 남자교원 세 사람이 여교원 한 사람을 에워싸고 여러 가지 추한 소문을 발하야 일반 학부형들은 크게 분개하여 보호자회의 소집을 요구 중이라는데, 문제의 중심인물인 동교 여교원 최모가 동교에 부임한 지 얼마 안 된 작년 10월 중순경, 어떤 일요일날 오후에 묘야(卯野)모라는 남교원이 최씨를 찾아오기 시작하고 교장 상락(相樂)모씨는 술이 만취하여 밤늦도록 놀다가 팔목시계까지 뺏어간 일이 있고, 역시 동교 남교원 허모는 지난 음력 5월 중에 자기의 본처를 보내고 정식 결혼을 청구한 일이 있어, 세 사람이 모두 연모하다가 필경 상락교장은 낙오자가 되었든지 상락교장은 최씨를 한없이 미워하여 여럿이 모인 좌석에서 사직하라고 모욕을 준 일까지 있다 한다. 이렇게 학교에서 별별 말이 항간에 퍼진 까닭에 최씨는 지난 7월 17일에 지례 공의(公醫) 임의사에게 진단을 받고 자기는 아직 생리적으로 처녀를 빼앗기지 않았다는 기괴한 증명서까지 받게 되었다 한다.[17]

기사에 등장하는 네 명의 교원 중 교장은 1891년생이었고,[18] 나머지 세 교원은 최판임이 1932년, 허삼성(許三成)이 1930년, 묘야종부가 1932년에 초임되었고, 사건과 관련하여 김천군수가 "청춘남녀가 합하면 연애 문제가 생기는 것은 면치 못할 사실"이라고 했던[19] 발언을 볼 때, 이들은 20세 전후의 젊은 동년배였을 것이다.

이 사건은 표면적으로는 김천군수의 발언과 같이 "청춘남녀의 연애 문제", 즉 같은 학교에서 여교원 한 사람의 사랑을 얻고자 세 명의 남교원이 서로 다툰 사건 정도로 보인다. 당사자들의 이야기를 들어 보자.

교장: 내가 최선생집에 간 것은 여교원의 집에 남교원이 간 것을 알고
혹 불미한 일이 있을까 하여 취체하려 갔었소. … 묘야모와 허모가

---

17 「여교원을 싸고도는 남교원의 사각 추태」, 『동아일보』, 1934.8.13. 기사에서 "동교 남교원 허모"는 허삼성(許三成)임.
18 한국사데이터베이스 한국근현대인물자료. http://db.history.go.kr/item/level.do? setId=2&itemId=im&synonym=off&chi-nessChar=on&page=1&pre_page=1&brokerPagingInfo=&position=0&levelId=im_215_00817.
19 「여교원을 싸고도는 남교원의 사각 추태」, 『동아일보』, 1934.8.13.

최씨와 육체적 관계가 있는 것은 확실한 줄 생각하오.

묘야종부: 외간에 그런 풍설이 있는 듯하나 나는 절대로 그런 사실이
　　　　없습니다. 내가 최씨의 집에 자주 간 것은 내 방이 그 옆에 있는 관
　　　　계로 밤에 갔던 길에 들어갔을 뿐이오. 외간에서는 나와 최씨 사이
　　　　에 불미한 관계가 있는 줄 생각하는지 모르겠으나 이 문제가 확대
　　　　될 경우에는 나도 물적 증거가 있소.

최판임: 그동안 지내온 이야기를 다하려면 시간이 지리할 것입니다. 묘
　　　　야선생은 몇 번을 우리집에 왔는지 수효도 모르겠습니다. 소위 교
　　　　육자로서 그런 행동이 어디 있겠어요. 우리 교육계를 위하여 또는
　　　　우리 여자교육계를 위하여 이 문제는 철저히 징계해야 될 줄 생각
　　　　합니다. 당국에서 만일 이 문제를 철저히 처치하지 않으면 나는 이
　　　　문제를 법에 부쳐서 호소할 수밖에 없습니다.[20]

　즉 최 교원의 입장에서 그간의 일을 재구성해 보면, 초임되어 간 학교
에서 기혼자인 남교원이 청혼을 하는가 하면, 새로 부임해 온 또 다른 남
교원과 교장까지[21] 자신을 좋아한다며 자꾸 밤에 혼자 사는 집으로 찾아
오는 상황이 벌어진 것이다. 급기야 두 남교원 모두와 성관계를 가졌다
는 소문까지 퍼졌다. 특히 교장은 최 교원의 손목시계를 빼앗아 차고 다
니고, 최 교원의 어머니가 자기에게 나쁜 말을 했다 하여 사과를 요구하

---

20 위의 글.
21 교장과 묘야종부는 1934년 지례공보에 부임했다.

며 월급을 지급하지 않는 행태까지 보였다.[22] 최 교원은 이른바 '처녀막 검사'까지[23] 받으며 억울함을 호소했다.

결국 보호자회에서 나서 총회를 열고 "그와 같은 악덕교원은 사회적으로 매장하여 영영 교육계에 발을 끊도록 하자"라고 의견을 모으고, 도와 군 당국에 교장과 남교원 세 명의 비행을 서면으로 제출하기로 하였다.[24] 이 사건으로 교장과 허삼성은 다른 학교로 전보되었고 묘야종부와 최 교원은 중징계인 면직 처분을[25] 받았다. 그러자 "남교원들 틈에 끼어서 억울한 누명을 쓰고 하루 아침에 실직을 당한" 최 교원이 "분함을 참지 못하여" 교장과 묘야종부를 고소한 것이다.[26]

최 교원과 묘야종부처럼 대개 공립보통학교에 초임된 미혼의 남녀 교원은 부임지에서 혼자 하숙이나 자취를 하는 경우가 많았다. 1930년대 들어서도 학교 수가 1면 1교에 미치지 못할 정도로 적었고, 고향에 초임 발령을 내지 않는 관례가 있었으므로 본가에서 통근할 수 있는 형편은 못 되었기 때문이다. 이러한 사정상 여교원은 부모나 집안 어른의 통제에서 벗어나 자유연애의 기회를 가질 수 있었지만, 다른 한편 성폭력

---

22 「대책강구의 보호자 무시」, 『동아일보』, 1934.8.24. 당시 교원의 월급은 교장이 직접 군청에서 현금으로 받아 와서 나눠 주는 방식으로 지급되었다.

23 이른바 '처녀막 검사'는 여성의 처녀성을 '처녀막'으로 상징화하고 이를 의학과 법률을 통해 확인함으로써 미혼여성을 정상 대 비정상, 순결과 불결로 구분하고 억압하는 기능을 했다 (홍양희, 「'상실'과 '훼손'의 문화 정치학: 식민지 조선의 '강간'죄 구성과 '수치심'」, 『아시아여성연구』 58-3, 2019, 189~194쪽 참조).

24 「대책강구의 보호자 무시」, 『동아일보』, 1934.8.24.

25 면직은 최고 수준의 징계로 면직 처분을 받은 자는 면관된 날로부터 2년간 관직에 나갈 수 없었다.

26 「여교원 제소에 검사가 임검」, 『동아일보』, 1934.11.27.

의 위험에 노출되기도 쉬웠다. 당시 신문 기사에서 지례공보 사건과 같이 같은 학교에 근무하는 남교원 또는 지역의 일반 남성들이 연애편지를 보내며 구애하거나, 한밤중에 자꾸 찾아오거나, 성폭행을 시도하는 등의 문제 사례를 많이 확인할 수 있다.[27]

사실 한밤중에 혼자 사는 여성의 집에 남성이 갑자기 찾아오는 것은 그 자체가 매우 위협적인 행동이거니와, 실제 성범죄로 이어질 가능성도 높았다. 지례공보 사건에서 최 교원이 교장과 남교원을 고소한 혐의 중에도 강간 미수가 포함되어 있었다. 또한 당시 사회 관습상 풍기 문란하다는 소문에 휩싸이기 마련이어서, 해당 여교원에게는 사생활에서나 교직 생활에서나 큰 고통이었다. 지례공보 사건에서도 책임 당국인 군수가 "청춘남녀 연애 문제"라고 하지 않았는가? 성폭력 위험은 오히려 "여자란 으레 유혹을 당하고야 만다"[28]라는 선입견이 되어 여교원이 교직을 떠나게 하는 요인으로 작용했다. 지례공보 최 교원도 "기괴한 증명서"까지 받아서 자신은 성관계 경험이 없다는 것, 풍기 문란하지 않다는 것을 증명하려 애썼지만 결국 면관 처분을 받았다. 이러한 사건을 단지 학교가 배경이고 등장인물이 교원일 뿐인, 흔히 볼 수 있는 "청춘남녀의 연애 문제"로 간주해선 안 되는 것은 이와 같이 실제로 여교원에게 위협적이고 불리한 일들이 벌어졌고, 그 결과도 그러했기 때문이다.

---

27 김광규, 「일제강점기 초등 여교원의 양성과 인사」, 『한국교육사학』 38-1, 2016, 18~19쪽.
28 「여교원 부족 문제」, 『동아일보』, 1928.12.7.

4. 학교 성폭력에 대한 대응

1927년 함경북도 길주군 동해면에서는 동해공보 남교원 한화연(韓華淵)이 동해공보 6학년 허길순과 "관계를 두고 지낸다"라는 소문이 퍼졌다. 학교에서 학생 신체검사를 할 때 한화연이 다른 학생은 모두 내보내고 허길순만 따로 검사를 했는데, 그 뒤부터 "행동이 수상하였고" 최근에는 비밀리에 편지를 주고받고 있다는 것이다. 당시 허길순은 19세였고 한화연은 20대 초반의 나이였으니, 단둘이 있었다는 사실만으로도 두 사람이 연애한다는 소문이 날 가능성은 충분했다. 소문은 학교를 넘어 퍼져 갔다. 마침내 학부형들과 청년단체가 논의하여 "문제 인물을 처치하지 않으면" 학생들을 등교시키지 않기로 하고 대표를 뽑아 교장을 방문하도록 했다.[29]

소문이 아닌 사실은 과연 무엇이었을까? 관련 보도를 종합해 보면,[30] 두 사람이 서신 왕래를 하며 연애를 한다는 소문은 사실이 아니었다. 두 사람이 공통적으로 인정한 것은 학생 신체검사를 할 때 한화연이 허길순에게만 나체로 검사를 하려고 했고 허길순이 이를 거부했다는 것이다.

허길순은 한화연이 싫다고 거절하는데도 "강제로 웃저고리를 벗기고 치마를 풀어 헤치고 아래 바지를 중부까지 올리고" 끝까지 검사를 했으

---

29 「동해공보 괴문」, 『동아일보』, 1927.8.27.

30 이하 허길순, 한화연의 발언 인용은 「동해공보교 한교원 해거(駭擧)에 함북기자단 조사 전말」, 『조선일보』, 1927.9.7.

며, 그 와중에 자신에게 "야, 어찌하여 그리도 무정하냐? 냉정하냐? 나는 너 5학년부터 마음이 있었다. 그런데 네가 그와 같이 무정한 줄 몰랐다"라고 말했다고 토로했다. 그리고 그전에도 한화연이 자신에게 연애소설을 빌려 간 일이 있었고, 부모 사이에 약혼설이 오갔던 남학생을 언급하며 "그에게 시집을 갈 마음이 있느냐 없느냐" 하고 여러 번 물은 일도 있었다고 말하며, "한선생의 수작은 나에게 어떤 야욕을 품고 한 행동이라고밖에 볼 수 없습니다"라고 분개했다.

한화연은 허길순이 말한 일은 절대 없었다고 부인했다. 도대체 신체검사 때 왜 옷을 벗으라고 했느냐는 질문에는 생활 지도 차원이었다고 대답했다. 허길순이 전에 남학생에게 연애편지를 받은 일이 있어서 "여성이 성관계를 하면 가슴 빛깔이 변하는 법이므로" 성관계를 했는지 자세히 알기 위해서였다는 것이다.

이 사건에서 확인할 수 있는 것은 첫째, 남교원의 여학생 추행은 철저히 비판의 대상이 되었다는 것이다. 본인의 부인도, 허길순이 남학생에게 연애편지를 받은 일 때문이라는 변명도 비판 여론을 가라앉히진 못했다. 둘째, 피해 여학생의 부모만이 아니라 학부형회, 사회단체가 대응에 나섰다는 것이다. 동해공보 학부형들은 한화연을 그대로 두면 아이들을 학교에 보내지 않겠다고 나섰고, 학부형회와 청년단체 대표가 학교장과 담판을 지었다. 결국 한화연은 다른 학교로 전보되었다. 학부형과 지역 사회가 연대하여 가해 교원에 대한 징벌을 이끌어 낸 것이다.

이와 유사한 사례를 한 가지 더 살펴보자. 1924년 8월 13일 황해도 해주제일공보 학부형들은 해주청년회관에 모여 학부형회를 열었다. 학부형회에서는 교섭의원 5명을 선출하고 ① 교장 굴총차랑(堀摠次郞)을 면직시킴은 물론, 교육계로부터 축출할 것, ② 다른 직원 중 그 내막을 알고 2개월 이상 묵과한 것은 교원의 자격이 없으니 명확하게 조사하여 상당한 처분을 할 것, ③ 학무당국은 교원 인선에 대해 충분히 고려할 것의 세 가지 사항을 결의했다. 교섭위원들은 군수와 도지사를 방문하여 학부형회의 결의사항을 전달하고 처분을 요청했다. 다음 기사에서 그 이유를 확인할 수 있다.

지난 3일에 해주에서 일선융화활동사진을 상정(上頂)수비대 자리에서 영사하였는데, 해주제일보통학교에서는 특별히 여자만 가서 보게 되어 그날 밤 아무 철모르는 여자부 학생들은 교장 굴모에게 인솔되어 구경을 가서 작은 학생은 앞에 앉히고 큰 학생은 뒤에 앉히고 교장은 제일 큰 학생 옆에 앉았다. 사진을 비추기 시작하는 동시에 환하게 비치던 전등은 꺼버리고 겨우 영사하는 불빛만 희미하게 비추일 때에 교장은 자기 앞에 앉아서 천진난만하게 교장이라는 자를 자기 부모 이상으로 신앙하고 든든하게 믿고 그 사진을 구경하는 동교 5학년생 김설자(金雪子. 16)의 팔과 유방을 주무르기 시작하였다. 김설자는 무서운 생각이 나서 감히 아무 소리도 못하고 옆에 앉았던 동교 6학년생 홍숙녀(洪淑女. 18)를 자기 앉았던 자리에 끌어 앉히고 김설자는 옆으로 피하였는데, 금수에 가까운 악마 굴모는 홍숙녀를 끼여안고 유방, 복부를 주무르고 말하기도 부끄러운 곳까지 만져 처녀의 자랑거리인 정조를 유린코자 하였다고 전하는 말이 있다. 이것이 사실이라면 감독의 책임을

가진 당국자는 이 색마 교장을 어찌하려는가.[31]

위의 기사에 의하면 교장의 행위는 일본 「형법」 제174조의 외설 행위에 해당한다. 위 기사에서 성추행 발생일이 "지난 3일"이라고 되어 있는데, 6월 3일로 보도한 다른 신문사 기사도 있고[32] 8월 13일 학부형회 결의사항 중 ②에서 "학교직원들이 사건의 내막을 알고도 2개월 이상 묵과했다"라고 한 것을 보면, 사건은 『동아일보』 보도보다 적어도 두 달 전에 일어난 것이 분명하다. 성추행 사건이 어떻게 두 달 만에 신문에 보도되었는지 내막은 알 수 없으나, 이를 알게 된 학부형들이 당국에 교장의 징계면직을 요구한 것이다.

①~③의 요구 사항을 들고 교섭 위원들은 먼저 군수를 방문했다. "사건 발생이 2개월 이상이 되었는데 이때까지 아무 처치가 없는 것은 너무 완만치 않은가?"라고 따져 묻자 군수는 "귀신이 아닌 사람의 당국인고로 전연 몰랐고, 신중히 조사 중이며 곧 어떤 처치가 있을 터이니 그때까지 기다려 달라"라고 대답했다. 도지사도 마찬가지로 "진상을 조사 중이며 곧 처치되겠다"라는 말만 반복했다. 도지사는 답변 중 "단순히 그 수욕당하였다는 여학생의 말로만 즉시 진상이라고 인정할 수 없다"라고 속내를 내비쳤고, "그러면 그 반증을 발견치 못하면 어떤 처치를 하겠느냐"라는 질문에는 "조금 대답에 곤란한 듯한 모양"을 보였다.[33]

---

31 「휴지통」, 『동아일보』, 1924.8.10. 8월 17일 동아일보는 이 기사에서 김설자와 홍숙녀의 사실은 바뀌어 게재되었으며 홍숙녀로부터 정정 신청이 있었다고 밝혔다.

32 「校長が教へ子を辱めたと朝鮮教育界に大問題をた惹起し内鮮教員の軋轢醜狀」, 『朝鮮新聞』, 1924.8.23.

학부형들은 당국의 조치를 기다리면서 8월 17일 오후 4시, 다시 청년회관에서 임시학부형회를 열고, 지난 13일 도지사·군수 방문에 대한 보고를 듣는 시간을 가졌다. 이 자리엔 해주경찰서에서 나온 경찰도 임석했다. 조사 중이니 기다리라는 대답뿐이었다는 보고에 학부형들의 의견이 분분했는데, 동맹휴교까지 하도록 하자는 의견도 나왔고 결국 임석했던 경찰이 해산을 명령했다.[34]

정확한 날짜는 알 수 없으나 21, 22일경 마침내 당국의 결정이 나왔는데, 교장을 징계위원회에 회부하지 않고 단순 휴직을 명한다는 것이었다. 그리고 뜬금없이 피해 여학생 두 명에게는 정학을 명령했고, "학교의 풍기숙청"이라는 이유로 당시 해주제일공보 재직 교원 17명 중 7명에 대해 1명 휴직, 3명 전보, 3명(전원 비정규 촉탁교원) 해임 처분을 내렸다. 이들 7명 중 6명이 조선인이었다.

일본인 발행 신문인 『조선신문』은 이 사건에 대해 다음과 같이 일종의 '음모론'을 제기했다.

일설에 의하면 제일공보는 전교장 서산학치(西山鶴治) 씨 시대부터 내선인 교원 간에 알력이 심하고 굴 교장 착임 후 이를 곽청(廓淸)시키려 노력한 결과, 문모라는 훈도와 확집(確執)을 하고 조선인 교원은 결속하여 굴 교장 배척운동을 시작하여, 본년 1월 간이공업학교 생도의 동맹

33 「색마교장 배척회」, 『동아일보』, 1924.8.17.
34 「교육계에 해괴한 문제」, 『조선일보』, 1924.8.20.

휴교도 여러 교원의 선동의 결과라고 하며, 그 후에 교원 연서로 굴 교장 배척진정서를 당국에 제출하는 등 동교 불규율과 문란이 극에 달하였다. 마침내 2, 3명은 굴 교장이 가르치는 여생도에게 외설스런 행위를 했다는 광언(狂言)을 짜서 이번 사건을 야기했다고도 하니, 진위가 판명되지 않아 당국자도 진상 조사에 머리를 싸매다 마침내 다음과 같은 조치를 취하게 된 것이다.[35]

일본인 교장을 몰아내려는 조선인 교원이 꾸며 낸 사건이라는 것이다. 가해 교장 굴총차랑은 일제 강점 이전인 1901년 초빙교원으로 부임하여 당시까지 황해도 관내 여러 공립보통학교 교장으로 근속 중이었다. 모범 교원으로 표창을 받은 적도 있었다. 상당한 경력을 갖춘 훌륭한 교장을 몰아내려고 조선인 교원과 학생이 작당해서 누명을 씌웠다는 것이 이 사건에 대한 일본인들의 시각이었을 것이다. 도의 처분도 이에 부합한다. 위 기사에서 굴 교장과 강하게 부딪혔다는 "문모라는 훈도"가[36] 교장과 같이 휴직 처분을 받은 것도 이를 뒷받침한다.

학부형들은 더욱 분개하여 8월 30일 조선총독부에 교장 면관, 교원들에 대한 징계 무효, 두 여학생에 대한 정학 취소를 요구하는 진정서를 제출했다.[37] 그러나 학부형의 요구사항은 수용되지 않았다. 1년 후 굴총차

35 「校長が教へ子を辱めたと朝鮮教育界に大問題をた惹起し內鮮教員の軋轢醜狀」, 『朝鮮新聞』, 1924.8.23.
36 문모 훈도는 문봉효(文鳳效)이다. 문봉효는 황해도 출신으로 1920년 평양고보 사범과를 졸업하고 줄곧 황해도 관내 보통학교에서 재직했다.
37 「해주공보 학부형 대표, 작일 총독부에 진정」, 『조선일보』, 1924.8.31.

랑은 다른 학교의 교장으로 복직했다.

해주제일공보 사건은 동해공보 사건과 마찬가지로 피해 여학생의 부모만이 아니라 학부형회가 나서 가해 교장의 면관을 요구하며 군, 도와 조선총독부에까지 진정하는 등 적극적으로 대응했다는 점, 당국을 압박하여 결국 가해 교장이 학교를 떠나게 만들었다는 점에서 눈길을 끈다. 피해 여학생들이 16세, 18세로 아동이 아니었는데도 추행 사실을 감추지 않았다는 점에서 더욱 주목된다.

이와 같이 학교 성폭력 사건이 일어났을 때 가해 교원의 처벌을 요구하며 학부형과 지역 사회가 연대하여 적극적으로 행동에 나서는 것은 성범죄를 피해자의 수치, 명예훼손으로 간주하고 드러내지 않으려 했던 사회 풍조와 상당히 다른 현상이다. 이는 기본적으로 교육자인 교원이 가르치는 학생과 성적인 관계를 맺는 것은 그것이 설령 정말 연애 관계라 하더라도 절대 용납될 수 없다는 인식이 있었기 때문이다. 교육자 특히 초등교원은 학생에게 미치는 영향이 크니 높은 수준의 인격과 도덕을 갖추어야 한다는 사회적 인식과 요구, 자신의 자녀가 피해자가 되는 것을 막으려는 학부모의 심리, 가해 교원의 평소 언행이나 기타 비행에 대한 불만 등도 배경이 되었을 것이다. 그리고 학교 성폭력에 대한 대응에는 해주제일공보 사례와 같이 피해자가 조선인이고 가해자가 일본인일 경우, 민족 대립이라는 측면도 분명히 존재했다.

5. 성차별과 성폭력의 악순환

피해 여학생과 학부모, 지역민의 적극적인 대응으로 가해 남교원은 강간죄 등으로 처벌받거나, 징계 면관되거나, 강제 전보되거나, 최소한 휴직이라도 해서 학교에서 사라졌다. 그럼 피해 여학생은 어떻게 되었을까?

주목할 문제는 성 비위를 저지른 교원을 비판하고 단호한 처분을 요구하는 태도와 별개로 성폭력 피해를 온전히 피해로 간주하지 않는 인식은 여전했다는 것이다. 이러한 인식은 학교 성폭력을 개별 교원의 도덕성 문제로 치부하고 피해자를 아울러 비난하며 성폭력 문제를 풍기 문란한 개인의 연애 문제로 치환시키게 된다. 동해공보 사건에서도 허길순과 한화연이 연애 관계에 있다는 소문이 있었다. 지례공보 사건에서도 지도 감독해야 할 군수는 "청춘남녀의 연애 문제" 운운했다.

지금까지 살펴본 많은 학교 성폭력 사례에서 가해 남교원이 조선인, 일본인 모두 해당되었던 데서 보듯이, 학교 성폭력은 민족 차별이나 식민교육의 산물이 아니다. 그것은 근본적으로 남성 중심의 성차별주의에서 비롯된 것으로 보는 것이 타당하다. 성별에 따라 정체성을 부여하고 사회적 역할을 규정하는 성차별주의는 남성 우월주의로 발현되기 마련이며 전쟁과 같은 구조적 폭력, 경제적 착취, 정치적 억압, 사회적 차별 등 모든 구조적 폭력의 운용에 기여한다.[38] 이러한 점에서 성폭력은 해당 사회의 성차별적 문화, 제도화된 성차별의 결과라고 할 수 있다.

일제강점기 학교는 성차별이 일상 문화처럼 지배적인 공간이었다. 초등학교는 중등학교와 달리 원칙적으로 남녀 별학이 아니었지만, 성별에 따라 학급을 따로 편성하고 교육목표와 내용, 과목 등을 달리했다. 여학생을 가르칠 때 수신 과목은 "정숙의 덕"을 기르는 데 힘쓰고, 국어 과목은 그 소재로 "가사상의 사항도 채택하도록" 하며, 이과 과목은 "가사에 관한 사항을 함께 부과해야" 한다는 식이다. 수공과 농업 초보, 상업 초보는 남학생에게만, 여학생에게는 재봉 및 수예 과목을 부과했다. 여교원은 남녀를 분리하여 학급을 편성하면 여자 학급을, 남자 학급은 저학년만 맡도록 제한되었다. 일제강점기 초등학교에 여성 교장은 단 한 명도 없었다. 남녀 별학이 규정되어 있던 중등학교의 경우, 남교원은 여학교에 얼마든지 임용될 수 있었지만 남학교에 임용된 여교원은 거의 없었다. 여교원은 학교에서도 주부나 어머니 역할을 할 것을 요구받았다. 여교원에게 차 심부름을 시키거나 술자리에 불러 술을 따르게 하는 것, 손님을 접대하게 하는 것이 바로 이러한 인식의 소산이다.

동해공보 사건 당시 한 신문은 한화연을 비판하기를, "남자보다도 여자는 학교로 보내면 의례히 행위가 불미하여진다고 의심하는 이때에 군 한 사람의 야욕적 행태가 얼마나 여성교육에 악영향의 씨가 됨을 아는가 모르는가?"라고[39] 하였다. 1928년 여교원 부족 문제를 논한 사설은 당시 여교원 부족의 원인을 다음과 같이 분석했다.

---

38 베티 리어든, 황미요조 옮김, 『성차별주의는 전쟁을 불러온다』, 나무연필, 2020, 51~59쪽.
39 「한훈도에게 여(與)함」, 『조선일보』, 1927.9.16.

도회지에는 문화가 진보된 만큼 다소의 이해가 있지만, 궁벽한 농촌에 서는 여자란 의례히 유혹을 당하고야 만다는 것이 정평이 되고 선입견 이 되어 지방 봉직 중에 십중팔구는 일신상의 문제로 직업까지 내버리 지 않으면 안될 지경에 빠지는 것이 금일 여교원 부족의 원인이 되었 다고 볼 수도 있다.[40]

여학생·여교원이 당면하는 성폭력 위협이 여성의 취학과 여교원의 근속을 저해하는 한 요인이라는 분석이다. 1920년대 사람들도 알고 있 듯이, 성차별적 사회 문화는 성폭력을 불러오고 성폭력 피해를 온전히 피해로 간주하지 않음으로써 결국 여성의 삶을 위축시키며, 그리하여 성 차별적 사회 문화는 더욱 강고해진다. 한화연을 비판한 기사도, 여교원 부족을 논한 논설도 뒤이어 교육자들이 자각하고 교육에 대한 신념을 가 져야 한다고 충고했다. 가해자와 피해자를 같이 야단치고 끝내는 방식으 로는 이 악순환이 단절되지 않는다는 것을 2018년 스쿨미투 운동에서 확 인할 수 있을 것이다.

---

40 조선사상통신사, 「여교원 부족 문제—교육가 지원하는 여성에게」, 『조선사상통신』 825, 1928.

근대의 화장술,
화장

정일영
서강대학교 사학전공 조교수

오늘날 한국 사회에서 화장은 매장보다도 훨씬 일반적인 장법이 되었다. 2021년 한국의 화장률은 최초로 90%를 넘어섰다. 하지만 이젠 일반적인 장법이 된 화장이 근대에 들어 언제, 어떤 식으로 도입되었는지는 잘 알려지지 않았다. 따라서 이 글에서는 일제 식민지 시기에 도입된 화장이 당시 사람들에게 어떤 의미였는지 살펴보려고 한다. 특히 이 글에서는 화장이 '근대성'과 연결되는 지점에 주목할 것이다.

먼저 근대 이전의 시기에 화장이 어떤 의미였는지 살필 필요가 있다. 조선시대에 화장은 엄격하게 금지된 장법이었다. 그러므로 조선시대에는 사람이 죽으면 대부분 매장을 했고, 화장을 선택하지는 않았다. 아니, 정확히 이야기하면 선택할 수 없었다. 그 근거 중의 하나는 『대명률직해 (大明律直解)』다. 중국 명나라의 형률서인 『대명률』을 조선의 실정에 맞춰 개수하여 번역한 『대명률직해』는, 조선시대에 일반법으로 적용되었다. 『대명률직해』에는 조선시대에 화장이 엄격히 금지되었다는 점이 잘 드러나는 부분이 있다. 즉, 부모가 자신을 화장해 달라는 유언에 따라 화장했다 하더라도, 손발을 끊는 극형에 처한다는 규정이 바로 그것이다. 또한 화장한 사람만 처벌하는 것이 아니라 화장을 권한 사람, 화장에 동조한 사람, 화장하는 데 도움을 준 사람, 또 화장한 사람을 검거하지 않은 관리나 신고하지 않은 이웃까지도 처벌할 수 있을 정도로 조선시대에는 화장을 엄격하게 금지했다. 조선 중기 때만이 아니라, 1905년에 공포된 『형법대전(刑法大全)』에도 화장은 태형 100대에 처하는 중범죄에 해당하는 범죄였다. 조선인에게 시신을 태우는 것은 매우 불경스러운 행위였던 것이다. 특히 부모나 가족의 시신을 태우는 것은 생각하기조차 힘든 일이었다.

1910년 6월 28일의 『황성신문』의 사설을 살펴보자.

> 원래 우리나라에도 화장법이 있었는데, 이는 세간에 녹을 받는 것을 사절하여 머리를 깎고 염불하는 승려 또는 의탁할 곳이 없어 묘를 지키고 제사 지낼 후손이 없는 자를 자선가가 나서 화장을 한 것에 불과하다. 보통의 가정에서는 화장법을 경시하여 사람이 행할 바가 아니라고 여긴다.

이 기사에 의하면, 종교적인 이유로 불교식 장법, 즉 화장하는 경우가 있기는 했지만 조선은 유교 사회였기 때문에 화장이 일반적인 장법이 아니었다는 점을 알 수 있다. 조선시대에는 자기 부모의 계보를 잇는 것을 굉장히 중요하게 여겼고, 그것을 지켜 나가는 행위 중 중요한 것이 제사였다. 그런데 자신의 제사를 지내 줄 후손이 없는 사람의 경우, 묘를 만들면 묘를 관리할 사람이 없는 것이 큰 문제였다. 이러한 경우에만 화장하기도 했으므로, 사회에서 아주 소수, 그것도 예외적인 상황에서만 화장을 택했다고 볼 수 있다. 이 신문 기사가 1910년의 것임을 감안하면, 국권을 침탈당할 때까지도 화장은 여전히 조선 사람들의 생활 속에서는 낯선 것이었다는 점을 확인할 수 있다.

이처럼 매장이 주를 이루던 조선인의 장법은, 일제 식민지 시기에 많은 변화를 맞이하게 된다. 변화를 이끈 것은 법의 제정이었다. '묘지 규칙'이라고도 불리는 '묘지화장장매장 및 화장취체규칙[墓地火葬場埋葬及火葬取締規則]'이 바로 그것이다(이하 '묘지 규칙'). 1910년 일제가 한반도를 식민지로 만들면서 식민지 경영을 위한 여러 가지 법안을 들여오기 시작했는데, '묘지 규칙'도 그중 하나였다. 조선총독부는 1912년 6월 20일, 부령 제123호로 '묘지 규칙'을 발포했다. 이 규칙은 총 24개 조항으로 구성되었는데, 일본에서 통용되던 법을 그대로 들여온 것이었다. 일제 당국은 이 법에 대해 큰 고민이 없었던 것으로 보인다. 즉, 조선인들에게 이 법이 큰 반향이나 반감을 불러일으키리라고는 생각하지 않았던 것이다. 하지만 예상외로 많은 조선인이 이 법에 대해 큰 불만을 표출했다. 1919년 3.1운동 직후, 조선총독부는 각 지방에 조사를 실시하여 무엇이 조선인의 불만이었는지 파악하려 한 적이 있다. 이 조사에서 불만의 요소로 자주 언급되는 것 중 하나가 바로 '묘지 규칙'이었다.

'묘지 규칙'의 가장 큰 특징은 두 가지로 볼 수 있다. 첫 번째가 '묘지 규칙'으로 '근대적 공동묘지'가 만들어졌다는 것이었다. 물론 조선시대에도 사람이 죽어서 다른 이들과 함께 묻히는 장소가 분명히 존재했다. 각 마을에 있었던 '북망' 혹은 '북망산'이 대표적인 장소였다. 문제는 '묘지 규칙' 제정 이후에는 조선총독부가 규정한 '공동묘지'가 아니고서는 더 이상 묘를 쓸 수 없게 되었다는 점이다. 아무리 개인 소유의 토지라고 해도, 혹은 이미 조상들의 묘를 모시고 있는 곳이라고 할지라도 묘를 새로 만들 수 없게 된 것이다. 특히 보통 '선산'이라고 칭하던 가족 묘지에 묘를 새로 쓸 수 없었기 때문에 많은 조선인이 불만을 품었다. 또 누군지 전혀 알지 못하는 사람들 사이에 묻혀야 하는 공동묘지는 조선인들에게 기피 대상이었다.

두 번째 변화는 화장의 합법화다. 앞서 언급한 것처럼, 화장은 조선시대에는 중범죄에 해당하는 행위였다. 하지만 '묘지 규칙' 제정 이후, 화장은 범죄가 아니라 규정에 맞는 절차만 밟는다면 충분히 선택 가능한 장법으로 '공식화'된 것이다. 화장을 하고 싶다면, 정식으로 설립된 화장장에서 화장을 할 수 있게 되었다.

'묘지 규칙'의 두 가지 큰 특징 중 후자, 화장은 사실 조선인에게는 큰 관심사가 아니었다. 화장 관련 규칙은 사실 일본에서 조선으로 들어온 재조 일본인을 위한 것이었기 때문이다. 적어도 '묘지 규칙' 도입 초기에는 조선인들이 화장 관련법에 대해 별 신경을 쓰지 않았다. 천주교 잡지인 『경향잡지』에는 '법률문답'이라는 코너가 있었다. 새롭게 만들어지는 법에 대해 독자들이 질문을 하고 거기에 대해 전문가가 답변을 하는 일종의 법률 자문이라고 할 수 있겠다. 1912년 '묘지 규칙'이 제정되자 '법률문답'에 두 달에 걸쳐 23개의 질문이 게재되는데, 이 중 화장에 관련된 것은 단 한 건에 불과했다. 그 한 건조차도 자기 소유의 산림이나 토지, 혹은 집과 가까운 곳에 화장장이 생길 때 법적으로 저지할 수 있는지에 대한 것이었다. 즉, 조선인인 자신 혹은 가족을 화장할 거라는 전제는 없었다고 봐야 할 것이다.

전통적으로 사용되던 '왜(倭)'라는 표현에서 알 수 있듯이, 당시의 조선인들은 여전히 일본인들을 비문명권에 있는 인간들이라고 인식했다. 마찬가지로 많은 조선인이 일본인이 부모나 가족, 친지의 시신을 태우는 것은 예를 모르는 존재들이기 때문이라고 여겼다. 그러므로 조선인들은 화장 관련법이 자신들과 관계가 없는 것이었고, 그것은 일본인들을 위한 규정일 뿐이라고 생각했다. 화장이 합법화되었다고 하더라도, 그것은 적어도 초기에는 조선인과 하등 상관없는 일이었다.

그렇다 하더라도 1910년 이전부터 한반도로 들어오기 시작한 일본인들이 늘어나기 시작했고, 몇 차례의 전쟁이 벌어지면서 일본인의 시신을 처리해야 할 일이 생기기 시작했다. 이때 화장장이 필요했기 때문에 1910년 이전부터 이미 한반도에 화장장이 존재했다. 한성 부근에는 광희문 밖에 일본인 화장장이 마련되었다. 【그림 1】은 1927년의 〈경성부관내도〉인데, 여기에 '신당리 내지인 묘지'가 있고, 그 하단 바로 옆에 신당리 화장장이 있는 것을 확인할 수 있다.

'내지인 묘지'는 일본인 묘지를 뜻하는 것으로, 바로 위에 조선인의 공동묘지인 '신당리 공동묘지'가 따로 있는 것을 볼 때 죽은 자의 공간도 산자의 공간처럼 민족적으로 분리되었다는 것을 알 수 있다.

흥미로운 점은 일제 식민지 시기 시간이 흘러감에 따라 조선인의 화장률이 증가하기 시작했다는 것이다. 그간 조선인에게 화장이 일반적인 장법이 아니었다고는 하지만, 합법화가 된 만큼 선택지 중의 하나가 되었고 그것이 조선인 화장률 증가에 영향을 미쳤다고도 볼 수 있을 것이다.

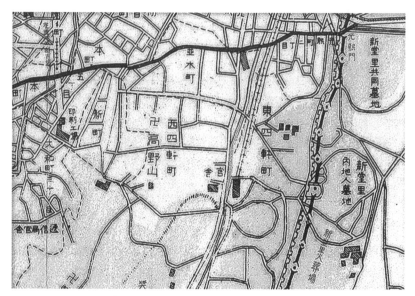

【그림 1】〈경성부관내도〉[1]

하지만 이 글에서 중요하게 살피고자 하는 것은, 화장률이 증가했다는 그 사실 자체가 아니다. 그보다는 화장률이 어떠한 원인 때문에 증가했는가 하는 것과 화장률의 증가에 당시 사람들이 어떤 의미를 부여했는가 하는 점에 주목하려 한다. 오늘날에도 특정 사회 현상이나 변화가 발생하면 언론이나 전문가들이 원인과 의미를 분석하고는 하는데, 그것의 옳고 그름을 떠나 그 현상 자체도 한 사회의 어떤 징후를 보여 주는 것이기 때문이다.

우선 일제 식민지 시기 화장률 증가의 특징을 살펴보자. 『매일신보』

---

1 서울역사아카이브. https://museum.seoul.go.kr/archive

1912년 6월 15일 자 신문에는 다음과 같은 기사가 게재되었다.

요사이 조선인 중 상류, 중류, 하류를 불론하고 편리함을 취하여 화장
이 늘어나므로, 동대문 경찰 분서에서 관내 각 절에 대하여 실시조사
한 즉 작년보다 비상히 다수한 고로, 그 원인 조사의 결과에 의하면 …
시대의 변천에 따라 점점 사상이 열린 결과로 이후 기록한 바 구일습
관을 버리고 화장하는 자가 많아서 작금 양년 간 조선인의 화장하는
영향이 비상하더라.

1912년은 '묘지 규칙'이 제정된 해다. 그런데 벌써 조선인의 화장이 늘
고 있다는 기사가 게재된 것이다. 주목할 점은 이 기사에서 화장 증가
의 원인으로 "사상이 열린 결과", 즉 계몽을 꼽고 있다는 점이다. 『동아일
보』의 기사는 1917년부터 조선인이 화장하는 경향이 생겼다고 보도했지
만, 무엇을 근거로 이렇게 주장하는 것인지는 알 수 없다. 또 1933년 『매
일신보』는 경성부 화장률이 67%에 달했다고 보도하기도 했다. 이는 꽤
놀라운 '사실'인데, 화장이 빠른 속도로 증가하던 2000년 서울시의 화장
률이 46.5%에 그쳤기 때문이다. 지방에 비해 서울의 화장률이 높다는 점
을 감안하면, 1933년 경성부 화장률 67%는 놀라운 수치다. 그렇다면 과
연 일제 식민지 시기에 화장이 실제 늘어났는지 확인하고, 화장이 늘어
난 원인이 정말 계몽이나 개화 때문인지 살필 필요가 있다.

우선 통계 자료를 살펴보자. 장시간 동안 집계된 화장 관련 통계가 없
으므로, 여러 자료를 취합한 통계를 사용할 수밖에 없다. 조사를 통해 새

롭게 만든 1915년부터 1927년까지 경성부의 화장률 추이를 살펴보자.

【표 1】 1915~1927년간 경성부의 조선인 화장률 추이[2]

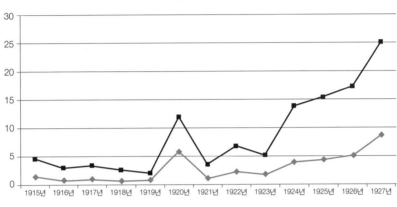

우선 화장이 늘고 있다고 『매일신보』가 보도했던 1910년대를 보면, 화장률이 5%를 넘긴 해가 하나도 없다. 이 수치를 보고 화장이 나날이 증가하고 있다고 이야기하는 것은 무리일 듯하다. 또 『동아일보』 기사의 주장처럼 1917년부터 화장이 늘어난 현상을 찾아볼 수도 없다. 물론 시간이 흘러감에 따라 화장률이 점차 높아지긴 한다.

그렇다면 왜 조선인의 화장이 늘어났을까? 『매일신보』의 기사처럼 조선인의 사상이 바뀌거나 믿음이 바뀌었기 때문일까? 사실 한 사회의 문

---

2 정일영, 「일제 식민지기 장묘제도의 변화와 '근대성'의 이면」, 서강대학교 사학과 박사학위논문, 2013, 141쪽.

화가 바뀌는 속도는 그렇게 급격하지 않다. 특히 죽음 문화는 통상적으로 굉장히 느리게 변화한다. 그런데 이 시기 화장이 늘어났다면, 문화적인 요인 외에 다른 원인이 없는지 확인해야 할 것이다. 여기서는 세 가지 정도 가능성이 있는 요소를 확인해 보려고 한다. 상식적인 수준에서 가설을 만들어 화장률에 영향을 미쳤을 가능성이 있는 요소를 확인할 것이다.

일단 지역 차를 생각해 볼 수 있다. 오늘날에도 화장률은 지역별로 차이가 있다. 화장률이 높지 않던 시절에는 지역 차가 더 뚜렷하게 나타났다. 이것은 20세기 초반 일본도 마찬가지였다. 화장 문화가 한국에 비해 훨씬 익숙한 일본조차도 지역에 따라 화장률의 차이가 컸다. 1900년경 일본 각 지역의 화장률을 보면, 도쿄가 49.8%, 교토가 33.1%, 이바라키가 11.8%, 미야기가 5.8%였고, 일본 전체의 화장률은 28.5%였다. 즉, 지역별로 화장률의 편차가 꽤 심한 편이었던 것이다. 물론 원인은 다양하다. 지역별로 문화가 다르다거나, 도시화가 많이 진행되었다거나, 인구 구성이 다르다거나, 특정 시기에 사망자가 다수 발생했다든가 하는 다양한 이유가 있을 것이다. 원인이 다양하다고 하더라도 어찌 됐거나 지역별로 화장률의 차이가 있던 것은 분명히 확인할 수 있다. 그렇다면 조선에서는 어땠는지 살펴보자.

1910년대 조선주차헌병대사령부가 화장 통계를 집계한 자료가 남아 있다. 이 자료에 의하면 1915년 경성 지역의 화장률은 4.6%였고, 경기도의 화장률은 2.5%였다. 이 수치도 매우 낮은 수치이지만, 1917년 평안북도에서는 그해 3만 4천7백8명이 사망했는데 화장을 한 이는 아무도 없었다. 즉, 1917년 평안북도 전체의 화장률이 0%였다는 것이다. 이것을 보면 조선에서도 화장률의 지역별 편차가 있었다는 사실을 확인할 수 있다. 더 중요한 것은 이 시기 전국 평균 화장률은 1%에도 미치지 못했다는 점이다. 그럼에도 당시 언론에서는 "화장열(火葬熱)"이라는 표현까지 써 가면서 화장이 늘었다고 호들갑을 떨었던 것이다.

지역 격차를 조금 더 자세히 살펴보자. 1920년대에서 1930년대에 걸친 시기에 경성과 주변 지역의 화장률 통계가 남아 있다. 우선 1928년부터 1932년까지 경성의 화장을 살펴보자. 1928년 경성에서는 인구 1,000명당 7.8명이 화장했고, 화장률은 23.3%였다. 1932년이 되면 이 수치는 각각 12.1명과 40.1%가 된다. 상당히 늘어난 수치라고 볼 수 있다. 그런데 같은 시기 고양군이나 시흥군, 김포군의 수치를 보면 경성에 비해 현저히 낮다. 이 지역의 전체 화장률은 1928년에는 13.1%였고 1932년에는 21.3%였다. 이 지역들은 경성 인근 지역이지만 그럼에도 경성에 비해 화장률이 현저히 떨어졌다. 대도시에서 멀어지면 이런 현상은 더 심해졌다. 실제로 일제 식민지 시기에 화장률이 10%를 넘기는 지역을 발견하기가 쉽지 않다.

여기에서 하나의 가설을 도출할 수 있을 것 같다. 일제 식민지 시기 대도시에 비해 다른 지역의 화장률은 현저하게 낮았다는 것. 즉, 화장률은 지역 차가 심했다는 것이다. 언론 지면에 나타난 '화장열'은 일부 대도시의 현상이 과대 포장되었을 가능성이 크다. 대도시에서 화장이 증가한 것은 사실이지만, 모든 조선인이 화장으로 장법을 전환하는 문화적 변화가 나타났다고 보기는 어려운 것이다. 대도시의 화장률 또한 주변 지역의 사망자 중 도시의 화장장 이용자를 포함했을 가능성이 높다.

지역 차 외에 화장률에 영향을 미칠 만한 요소는 또 무엇이 있을까? 영화나 드라마에서 콜레라 등의 전염병이 돌았을 때 시신을 불로 태우는 장면이 연출되는 것을 본 경험이 있을 것이다. 병원(病原)이라고 할 수 있는 시신을 불로 태워야 전염의 우려를 덜 수 있다고 생각했기 때문이다. 그렇다면 일제 식민지 시기에 전염병이 발발했을 때에도 전염병으로 사망한 사람의 시신을 화장하지는 않았을까?

다른 시기와 마찬가지로 일제 식민지 시기에도 다양한 전염병이 발생했다. '스페인 독감'이라고 불렀던 치명적인 독감이 유행했던 시기도 있었고, 콜레라나 장티푸스 같은 질병이 유행한 적도 있었다. 그렇다면 이 시기에 화장률이 올라가지 않았을까? 게다가 앞서 확인한 것처럼 대도시는 타 지역에 비해 화장률이 높았는데, 대도시일수록 전염병의 발생 가능성도 높아지기 마련이다. 그러므로 이 점을 확인해 볼 필요가 있다.

조선총독부는 전염병 사망자의 시체를 꽤 철저히 관리했다. 1913년 10월 경성부 '묘지 규칙 시행세칙' 제20조를 보면, "전염병 사자(死者)를 … 아무쪼록 화장하게…" 유도하라는 조항이 있다. 여기서는 비록 '유도'에 그치지만, 1915년 8월 1일에 시행된 '전염병 예방령' 제11조는 "전염병의 사체는 화장하여야 한다"고 강하게 규정했다. 전염병 환자의 사체를 화장하지 않고 매장하는 걸 금지했던 것이다. 더 나아가 당국의 허가를 받지 않은 상황에서 시신을 처리하는 것도 금지했다. 이제 경성부 조선인의 화장률과 전염병 사망자의 추이를 비교해 보자.

【표 2】 경성부 조선인 화장률(좌)과 전염병 및 호흡기 질환 사망자(우) 추이[3]

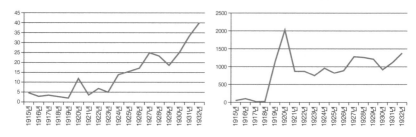

원쪽의 그래프는 1915년부터 1932년까지 경성부의 조선인 화장률의 추이다. 오른쪽은 같은 시기 경성부의 전염병 혹은 호흡기 질환 사망자 추이다. 이 두 그래프를 보면 급격히 증가하는 구간도 있고 떨어지는 구간도 있는데, 두 개의 그래프를 겹쳐 보면 다음과 같다.

【표 3】 경성부 조선인 화장률과 전염병 및 호흡기 질환 사망자 추이[4]

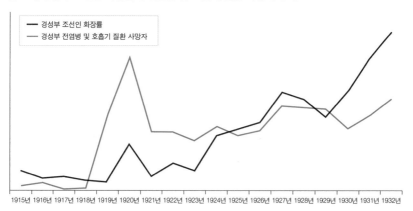

3 위의 글.
4 정일영, 「화장, 동원된 '문명화'의 증거: 식민지 화장률 증가의 해석」, 『종교문화비평』 36, 2019, 267~268쪽.

두 그래프를 중첩시키면 전염병 및 호흡기 질환 사망자가 증가할 때 화장률도 같이 증가하는 것을 확인할 수 있다. 특히 전염병 예방령이 본격적으로 적용된 이후로 이 통제를 더 확실히 했기 때문에 1920년 이후부터는 두 그래프의 상관관계가 더욱 일치하는 것을 확인할 수 있다. 여기서 제시할 수 있는 두 번째 가설은 바로 이것이다. 전염병 사망자의 시신은 화장해야 할 가능성이 높았다는 것. 전염병으로 사망한 하층계급 조선인의 가족들은 경제적 이유로 화장을 택할 가능성이 높았고, 경제적 상황이 좋지 않을수록 전염병에 노출될 가능성이 높았다. 1932년 2월 24일 자 『동아일보』 기사에서는 이렇게 이야기하기도 했다. "화장장에 들어오는 사람은 영양불량도 많고 돈 없는 사람이 많다. 이 반면에 화장장만은 배가 불룩하도록 세월이 좋다." 이 두 번째 가설도 첫 번째 가설과 같은 맥락에서 의문을 제기하게 만든다. 과연 조선인들이 사상이 열리고 생각이 바뀌어서 그들의 문화가 바뀌었고, 그 결과로 화장률이 늘어났는가?

마지막으로 묘지 이전(移轉)의 영향이라는 특수한 상황을 살펴보자. 이 또한 대도시에서 나타나는 현상이라고 할 수 있다. 쉽게 말해 묘지를 옮기는 것인데, 도시에서 이런 현상이 나타나는 이유는 도시의 성장과 인구의 증가 때문이다. 경성도 도시가 성장하면서 인구가 증가했다. 늘어난 인구가 기존의 사대문 안에서만 거주하기에는 지가도 비싸고 공간도 모자랐다. 그리하여 일제 식민지 시기에 경성은 물리적으로도 확대되었고, 인구 또한 도시 외곽으로 퍼지기 시작했다. 도시가 자연스럽게 확장되기 시작한 것이다. 이런 이유로 거주지와 가까워진 공동묘지는 옮겨져

야만 했다. 본래 사대문 밖에 위치했던 묘지들이 이제는 밀려나야 할 순간이 온 것이었다.

대표적인 것이 1914년에 개설했던 이태원 공동묘지다. 지금은 번화가로 유명한 이태원의 언덕은 일제 식민지 시기에는 모두 무덤이었다. 이 지역은 본래 경성에 포함된 지역이 아니었으나, 행정 구역이 확장되면서 이태원 공동묘지를 이전해야 할 상황이 온 것이다. 1931년 3월 말, 이태원 묘지가 꽉 들어찼다는 소식이 신문에 게재되었고 더 이상의 매장이 금지되었다. 경성부는 이태원 공동묘지의 이전 계획을 세웠고, 묘지 이전 공고를 냈다. 특정 기일까지 이태원 공동묘지에 있는 묘지를 이전해야 하며, 이전하지 않을 경우 주인이 없는 무연묘로 간주하여 유골들을 파내 화장 후 합장하겠다는 계획이었다.

당시 이태원 묘지를 촬영한 사진을 보면 흥미로운 점을 발견할 수 있다. 오늘날 우리가 보기에 묘의 위치가 매우 불규칙하고 묘비 없는 묘지가 굉장히 많다는 점이다. 당시에 묘표라고도 했던 묘지의 표식물은 그것을 세우는 데에 돈이 들기 마련이었다. 오늘날처럼 돌로 비석을 세우는 것은 비용이 너무 많이 들었기 때문에 보통 나무로 묘표를 세우곤 했는데, 그 묘표조차 없는 묘지가 다수였다. 그렇기 때문에 세월이 점점 흘러감에 따라 주인 없는 묘지가 늘어날 가능성이 높았다. 실제로 남의 묘지에서 3년간 계속 제사를 지내다가 실제 묘지 주인과 마주쳐 싸움이 났다는 해프닝이 언론에 보도될 정도로, 조선인의 공동묘지는 관리가 잘되지 않는 실정이었다.

이태원 묘지를 지금의 망우리로 이전하기로 결정된 1935년, 이태원 공동묘지의 총 묘지 수는 약 4만 4천여 기(基) 정도였다고 한다. 이중 무연고 묘가 3만 9천여 기에 달했는데, 일제 당국은 이 무연고 묘를 신고하고 옮기라고 몇 차례 공지하고 신고 기간을 주었다. 그 이후 무연고 묘의 유골을 파내 한꺼번에 화장한 뒤 합장하는 방식으로 처리하려 했다. 그러나 조선인들의 묘지 이전 신고 실적이 매우 저조했다. 묘지 이전을 하려면 비용이 들기 마련이었다. 가족 묘지라고 할 수 있는 선산을 가지고 있지 않은 가난한 이들이 공동묘지에 묻히고는 했는데, 하루 살아가기에도 빠듯한 사람들이 돈을 들여 묘를 옮기는 것은 쉽지 않은 일이었다. 이에 경성부는 이태원 공동묘지 옆에 간이 화장장을 만들고, 이장이 아닌 화장을 하면 묘주에게 매장자 기준 대인 3원, 소인 2원을 지원하겠다는 조건을 내걸었다. 즉, 행정 편의상 화장을 유도한 것이다. 이 과정에서 경성의 화장이 단기간에 많이 늘어났을 가능성이 있다. 앞서 살펴본 통계 자료에는 누가 왜 화장했는지에 대한 맥락이 전혀 없다. 조선인이 화장을 했던 이유 중에는 이러한 묘지 이전의 사유, 혹은 무연고 묘의 화장도 있었을 것이다. 이태원 공동묘지의 사례만이 아니라, 묘지가 있는 부지에 공장이나 도로, 철도가 들어설 때 문제가 되는 경우도 종종 있었다. 이러한 경우에도 화장이 발생할 가능성이 있었다.

그러니까 세 번째 가설은 바로 이것이다. 도시에서 공동묘지를 이전하거나 새로운 부지를 마련하기 위해서 묘지를 옮길 때, 화장이 갑자기 늘어날 가능성이 있다는 것이다. 이는 이미 매장한 시신을 다시 화장하는 것이기는 하지만, 체감상 조선인의 화장이 늘어나고 있다는 착시 현상을 일으킬 수도 있었다.

이 모든 것은 '가설'이기에 여기서 언급한 세 가지 요인 중에 어떤 것이 화장 증가에 결정적이었는지는 가늠하기 어렵다. 사실 이를 증명하는 것은 불가능에 가깝다. 다만 앞서 언급한 요인들이 어느 정도 작용했을 것이라는 정도의 합리적 추측만 가능할 것이다. 그런데 흥미로운 점은 당시 조선인의 화장이 늘어난 이유로 꼽은 것이 이런 상식적인 수준의 원인이 아니라는 점이다. 앞서 잠시 이야기했던 것처럼, 당시의 언론이든 식민 당국이든 조선인의 화장이 늘어난 이유로 '문명화'를 이야기했다. '묘지 규칙' 개정 직후에는 조선인들이 화장에 관심이 전혀 없었고, 오히려 화장을 비문명에 가까운 장법이라고 생각했다는 점은 앞서 언급한 바와 같다. 그랬던 화장이 점차 문명을 상징하는 장법으로 변화했다. 근대 문명하면 떠오르는 효율, 속도와 같은 가치가 화장에 부여되기 시작했던 것이다. 다음의 표현들을 보자.

문명의 지식이 보급됨을 따라…

조선인의 미신도 요즘은 점점 적어져서 해마다 화장자가 많게 되어…

모든 미신 관념이 점점 박약하여짐을 따라 화장을 하는 사람의 수효가 늘어 감으로…

재래의 습관을 개혁한다는 … 조선 사람이 차차 개화되어 가서 근래에는 화장이 매우 늘어 간다고

화장열이 보급되는 이유는 무엇보다도 조선인의 사상이 진보하여…

화장의 이행이 급격하게 증가하는 것은 조선인 문화 향상의 일면…

이 모든 표현이 당시의 신문 기사에 쓰인 것이다. 매장은 구시대적인 것이고, 화장은 근대의 것이라는 구도가 1920년대부터 등장하고 있다는 점을 확인할 수 있다. 화장을 언급하면서 '문화', '문명', '개화' 같은 표현이 반복해서 쓰였다.

사실 화장이 매장보다 더 우월한 장법이라고 볼 수 있는 근거는 없다. 화장이든 매장이든, 그것은 죽은 이를 보내는 하나의 형식이자 예법이다. 즉, 문화와 시대에 따라 달라질 수 있는 것이다. 그런데 이 시기에는 마치 매장보다 화장이 훨씬 더 근대적인 것이고, 더 좋은 것이라는 믿음이 강하게 작동했다. 정말 조선인의 '사상이 진보'하여 '화장의 이행이 급격하게 증가'했을까? 1937년, 경기도 위생과의 보고를 살펴보자.

> 조선인 사이에 구래의 관습상 화장을 하는 경우는 지극히 적고 대부분 매장을 하여 화장장의 이용이 약간밖에 없는 상황이지만, 문화의 향상과 교육의 보급에 의해 점차 화장을 하는 자가 증가하는 것은 기대할 수 있는 현상이다.[5]

앞서 살펴보았던 통계 수치와 언론의 보도를 보면, 40%니, 50%니 하면서 화장이 많이 늘어난 것처럼 언급했다. 그런데 정작 1930년대 후반으로 넘어가는 시점의 식민 당국 내부 보고를 보면, 조선인 사이에는 화장하는 경우가 지극히 적다고 이야기한다. 실제로 조선인은 여전히 다

---

5 경기도 위생과, 『衛生槪要』, 1937, 58쪽.

수가 매장을 하고 있었던 것이다. 식민 당국이 주장하고 싶은 바와 현실의 괴리가 있다는 것을 확인할 수 있다. 그럼에도 화장과 문명화의 연결고리를 결코 포기하지 않았다. "화장장의 이용이 약간밖에 없는 상황이지만, 문화의 향상과 교육의 보급에 의해 점차 화장을 하는 자가 증가하는 것은 기대할 수 있는 현상이다." 즉, 일본인의 것은 문명, 조선인의 것은 비문명이라는 관점을 바탕으로, 조선인 '문화의 향상'을 기대했던 것이다.

당시 식민 당국에서 경악했던 것 중의 하나는, 조선인들이 성묘를 하면서 그 자리에서 음식을 나누어 먹는 행위였다. 일본인들이 보기에는 죽은 자들이 잔뜩 있는 곳에서 음식을 먹는 행위가 매우 비위생적인 일로 보였던 모양이다. 그래서 경찰이 명절 때에 음복을 직접 단속하기도 했다. 조선인의 음복이 실제로 비위생적인지도 의문이지만, 이런 현상이 벌어졌던 것은 식민자인 일본인들이 애초에 조선인의 문화를 굉장히 미개한 것으로 규정했기 때문이다. 조선인의 매장 문화에 대한 일제 당국의 태도도 마찬가지였다. 그리고 그 반대편에 있는 일본인의 화장은 문명의 상징이 될 수 있었다. 【그림 2】는 신당리 화장장의 모습이다.

【그림 2】를 보면 당시 '연돌(煙突)'이라고 불렀던

【그림 2】 신당리 화장장[6]

6 「묻힐 곳이 없게 될 死者, 해마다 八千餘名」, 『시대일보』, 1924. 10. 10.

굴뚝에서 쏟아져 나오는 검은 연기가 인상적이다. 사람을 앞에 두고 아래에서 찍은 사진은 굴뚝을 더욱 높아 보이게 만든다. 공장의 굴뚝처럼, 화장장은 연기를 내뿜으며 바쁘게 움직이는 곳이었다. 일제 당국이 이 신당리 화장장을 개선했다고 홍보할 때도, 시신을 태우는 속도가 빨라졌고 효율이 높아졌다고 홍보했다.

그러나 앞서 언급한 것처럼, 죽은 사람의 시신을 빨리 치워 버리기 위해서 장례를 치르는 것은 아니다. 그런데도 일제 식민지 시기에 조선인에게 화장을 권유할 때는 빨리빨리 처리되니 좋은 것이라는 '근대적' 논리가 작동하고 있음을 확인할 수 있다. 일본의 화장률이 아무리 높다고 하더라도, 그 안에는 여러 가지 절차와 방식이 있었고 지켜야 할 순서가 있었다. 반면 조선에서는 그런 것과 상관없이 미개한 매장이 아닌 빠르고 효율적인 화장을 하라는 일방적인 권유 혹은 은근한 강요가 있었던 것이다. 이 권유와 강요는 당시 그 누구도 거부하기 어려웠던 '문명화', '근대화'의 명목으로 진행되었다. 그렇기에 심지어 민족 언론이라고 불리는 『조선일보』나 『동아일보』, 그리고 조선인 지식인들조차도 이에 동조한 부분이 있었다. 이는 문명화라는 '시대정신'하에서 가능했던 일이었다.

일제 당국은 실제로 화장을 권유하거나 장려하기도 했다. 1940년대 총력전 체제로 접어들면서, 일제 당국이 내선일체를 강조했다는 점은 이미 널리 알려진 사실이다. 이 시기 내선일체가 얼마나 진행되었는가를 평가하기 위해 일제가 조사한 보고서를 보면, 창씨개명이나 언어 사용 등과 함께 조선인이 일본식 장법을 얼마나 사용하고 있는지도 조사했다는 것을 알 수 있다. 즉, 조선인을 '일본화'할 때, 이 장법도 중요하게 여겨졌다는 것이다. 그러나 이 보고서의 조사 결과에서도 드러나듯이, 대다수 조선인은 여전히 화장을 선택하지 않았다.

일제 식민지 시기에 화장이 합법화되고 조선인의 화장이 늘어난 것은 분명 사실이다. 하물며 그 통계가 일부 과장된 것일지라도, 화장이 거의 없었던 전근대 시기에 비해 화장을 선택한 조선인이 있었던 것은 사실이다. 하지만 그 사실에 어떤 의미를 부여하는가, 그리고 변화의 원인을 어디에서 찾는가는 완전히 다른 문제다. 당시 일제 당국이나 조선의 언론과 지식인도 모두, 문명이라는 '절대 믿음' 앞에서 화장률의 증가조차도 문명화와 개화의 증거로 삼고자 했다.

그러나 이미 확인한 대로, 이 시기 개인이나 사회의 죽음 문화가 근본적으로 바뀌었다고 보기는 어렵다. 만약 화장률이 문명의 증거라면, 그리고 한국인의 죽음 문화가 일제 식민지 시기에 변화했다면, 1954년에 한국의 화장률이 3.6%까지 떨어진 이유는 과연 무엇일까? 한국전쟁이 끝나고 난 뒤, 1960년까지 전국의 화장률은 5%를 넘은 적이 없다. 일제 치하에서 문명화되었던 한국이 다시 비문명 상태로 돌아갔다고 봐야 하는 것일까?

1970년대에도 화장률은 10.7%였고, 1981년에도 화장률은 13.7%에 그쳤다. 이 낮은 화장률은 식민지 시기에 한국인들의 죽음에 대한 문화가 바뀌지 않았다는 것을 의미한다. 식민지 시기에 조선인에게 강요된 화장은 제대로 된 장법이 될 수 없었다. 우리가 상장례를 치르고 애도를 표하는 것은, 그 죽은 이를 빨리 치워 버리기 위함이 아니다. 장법이 죽은 이의 의미를 기리고 그가 살아왔던 삶을 애도하는 중요한 형식임에도, 일제 식민지 시기에는 조선인의 매장 문화가 폭력적으로 평가되어 개선 대상으로 지목되었다.

그러므로 우리는 오히려 일제 식민지 시기의 화장을 다르게 평가할 수 있을 것이다. 즉, 식민지 시기의 화장 증가는 한국인의 죽음 문화가 변화했다는 증거가 아니라, 어쩔 수 없이 화장을 선택함으로써 의미를 상실하게 된 사람들의 증가를 뜻한다는 것. 식민지 상황에서 사랑하는 이의 의미를 되새기며 애도를 표하고 슬픔을 공유할 기회를 박탈당한 현상이었다고 해석하는 것이 오히려 정확할 것이다.

최근 전국의 화장률이 90%를 돌파했다. 이 수치가 한국의 문명화 정도를 보여 주는 것이 아니라는 것을 우리는 너무도 당연하게 잘 알고 있다. 아니면 바쁜 현대의 한국인이 죽은 이를 재빨리 처리하고 싶어 하기에 화장률이 증가한 것인가? 그것도 아니라는 것을 우리는 잘 알고 있다. 죽음은 살아 있는 자들에게 받아들이기 매우 힘든 사건이기에, 우리는 항상 죽음에서 의미를 찾으려고 한다. 그렇다면 반대로, 일제 식민지 시기에 있었던 화장의 미화, 권유, 강요는 근대를 앞세운 폭력이었다고 볼 수 있을 것이다.

사상 사건과
치안유지법의 탄생

전명혁

동국대학교 대외교류연구원 연구교수

1. 사상 사건과 일제의 대응

일제강점기인 1930년 2월 『동아일보』에는 '사상 관계 사건'이 격증하는 반면 재판소의 인원은 예전과 같아 진행 중의 사건도 처리가 곤란하고 공판에 회부된 이래 수개월이 지나도 공판기일이 결정되지 못하여 곤란한 상태였다고 하였다. 또 1933년 3월 16일 자 『조선일보』에는 '사상 사건'이 격증해서 법무국에서는 사상 사건의 '취체와 처분에 관하여 긴급

【그림 1】
1930년대 사상 사건
관련 기사[1]

한 문제로 연구 중'이며 '사상 신문 전문 검사와 사상 전문(專門)의 사찰관을 증원'할 것이라는 기사가 실렸다. 이와 같이 일제하에는 사상 사건이 자주 일어났다. 일제는 사상 사건에 대한 대응으로서 치안유지법이란 악법을 만들었다. 이 글에서는 사상 사건이 무엇이고 주요한 사상 사건은 어떠한 것이 있었고, 이러한 사상 사건, 사상운동에 대한 대응으로서 치안유지법은 어떻게 탄생했는지, 일제의 재판제도는 어떠하였는지 등에 대해 살펴보려고 한다.

2. 사상단체, 사상운동, 사상 사건의 기원

1921년 6월 3일부터 1921년 8월 31일까지 동아일보는 3개월에 걸쳐 61회 분량으로 「니콜라이 레닌은 어떠한 사람인가」라는 글을 연재하였다. 이 글을 쓴 사람은 제주도 출신 사회주의자 김명식으로 알려졌다. 김명식은 1915년 일본에 와서 와세다대학 정치경제과에 입학하였다. 일본에는 부안 출신의 김철수, 황해도 재령 출신의 장덕수 등 이미 조선인 유학생들이 많았다. 1916년 봄 도쿄에서 김철수, 장덕수, 김명식 등은 중국의 황개민(황각), 대만의 팽화영 등과 신아동맹단이라는 반일 비밀결사를 결성했다. 1919년 3.1운동 이후인 1920년 6월 이들은 서울 재동 최린의 집에서 비밀리에 사회혁명당을 결성했다. 김철수, 김명식, 최팔용, 이봉

---

1 『동아일보』, 1930.2.2.(좌), 『조선일보』, 1933.3.16.(우)

수, 주종건, 홍도, 장덕수, 윤자영 등 30여 명은 '일본제국주의를 구축하고 사회주의혁명'을 할 것을 결의했다. 이듬해인 1921년 5월 상해에서 고려공산당 창립대회가 열릴 때 김철수를 비롯한 사회혁명당의 대표 8인이 참가하였다. 상해파 고려공산당 국내부가 만들어진 것이다. 이들 고려공산당은 1918년 4월 하바롭스크에서 만들어진 이동휘, 박진순 등의 한인사회당이 개칭한 것이었다. 이들은 러시아 바이칼호 근처 이르쿠츠크에 기반을 둔 또 하나의 한인 사회주의 조직 이르쿠츠크파 고려공산당과 사회주의운동의 주도권을 둘러싸고 대립을 벌이기도 하였다. 그러니까 김명식이 『동아일보』에 연재한 레닌의 일생과 러시아혁명에 대한 글은 상해파 고려공산당이 창립된 이후였다. 엄밀히 말하면 그가 상해파 고려공산당 국내부의 성원일 때 기고한 글이었다. 이와 같이 일제하 조선인 사회운동단체와 운동가들은 러시아, 중국, 일본의 사회운동과 밀접한 연관 속에서 형성되고 활동하였다.

1919년 3.1운동 직후인 1919년 4월 '국민대회 사건'이 일어났다. 이 사건은 13도의 국민대표로서 조직된 국민대회를 통해 임시정부인 한성정부를 수립하려는 것이었다. 이 '국민대회 사건'으로 김사국(金思國)은 1년 6개월의 형을 살고 1920년 9월 출옥하여 1921년 1월 서울청년회를 창립하였다. 서울청년회는 청년단체였으나 점차 사회주의 사상을 수용한 사상단체로 바뀌어 갔다. 이 무렵 무산자동지회, 신사상연구회(이후 화요회), 북풍회, 조선노동당 등 사회주의 사상을 선전하고 지향하는 단체인 사상단체들이 만들어졌다. 이 사상단체들은 러시아, 중국, 일본의 사회주의 단체와 관계를 맺으면서 국내에서 조선공산당을 조직하려는 활동을 하였다. 이를 통해 그들은 일제로부터의 독립을 쟁취하고 계급 해방을 이루려는 목적을 가지고 있었다.

3. 치안유지법의 공포 이전 일제의 재판제도

일제는 바로 이 사상 사건에 대한 대응으로 치안유지법이라는 악법을 만들었다. 그런데 치안유지법 제정 이전에 이미 일제는 한국 민중의 저항을 억압하기 위해 여러 탄압 법령을 제정하였다. 일제는 러일전쟁에서 승리하자 을사늑약을 체결하고 1906년 2월 통감부를 설치하였다. 일제는 대한제국에 거주하는 일본인에게 적용한 보안 규칙(1906.4.17., 통감부령 제10호)과 일본의 출판법(1893년), 신문지조례(1888.12.29.) 등을 개악하여 한국인에게 적용하였다. 이것이 광무 11년(1907년) 7월 24일 법률 제1호로 공포된 신문지법과 1907년 7월 29일 법률 제2호로 공포된 보안법이다. 신문지법은 신문을 발행하기 위해 허가제를 도입하고 신문 내용을 검열하기 위해 사전 납본제를 채택한 것이었다. 또 보안법 7조는 "정치에 관하여 불온한 언론, 동작(행위) 또는 타인을 선동 교사 또는 사용하거나 타인의 행위에 간섭함으로써 치안을 방해하는 자는 50 이상의 태형, 10개월 이하의 금옥(禁獄) 또는 2년 이하의 징역에 처한다"라고 규정되어 있었다. 또한 1909년 2월 23일 통감부는 법률 제6호로 출판법을 공포해서 신문을 제외한 일체의 문서와 도서 원고의 사전 검열과 출판물을 배포하기 위해서는 사전에 납본 검열을 의무 규정하는 이중의 통제 장치를 마련하였다.

1910년 8월 일제는 한일병합조약을 강제적으로 체결함으로써 이제 조선을 완전히 일본의 식민지로 만들었다. 일제는 조선을 식민지로 지배하면서 먼저 을사늑약 이후 설치한 통감부를 조선총독부로 바꾸고 조선을 통치하기 위한 여러 가지 법령을 정비하게 되었다. 1912년 3월 18일 조선총독부 제령(制令) 제9호로 조선민사령을 제령 제11호로 조선형사령을 제정하였다. 조선형사령은 메이지(明治) 13년(1880년)에 만들어진 일본 구형법과 메이지 40년(1907년)에 만들어진 일본 형법, 메이지 23년(1890년)의 형사소송법, 메이지 41년(1908년)의 형법시행법 등 일본에서 시행되고 있는 형사관련법 12개를 조선에 의용(依用)한 것이었다.

조선총독부는 조선형사령을 시행하여 일본의 근대적 형법 체계를 조선에 적용하면서 대한제국 시기인 광무 9년(1905년) 4월 29일 반포된 『형법대전(刑法大全)』을 폐지하였다. 『형법대전』은 조선시대 대명률, 대전회통 등 전통적 법률에 기초하여 만들어졌지만 기존의 6조 체제에서 벗어나 범죄의 성립 및 형식의 종류에 관한 총칙적 규정을 두고, 그에 기초하여 각 범죄에 대한 형벌 규정을 전개하는 근대적 형법 체계를 갖춘 법전이었다. 그런데 살인, 강도죄에 한해서는 1917년 12월 조선형사령의 개정 때까지 일본 형법보다 형이 중한 형법대전의 일부 조항을 조선인에게만 차별적으로 적용하였다.

일제가 시행한 주요한 악법 가운데는 범죄즉결례(犯罪卽決例)라는 게 있었다. 일제는 대한제국 말기인 1909년 10월 사법권 위탁과 더불어 범죄즉결령이라는 것을 제정하는데, 강제 병합 이후인 1910년 12월 15일 제령 제10조에 따라 범죄즉결령을 그대로 계승해서 범죄즉결례를 제정하였다. 범죄즉결례는 형사 사무 처리를 간편하게 해서 정식 사법 절차를 거치지 않고 즉결 처분할 수 있었다. 이에 따라 경찰서장 또는 헌병분대장 등 그 직무를 취급하는 자가 3개월 이하의 징역, 100원 이하의 벌금에 처해야 할 범죄에 대하여 사법 절차를 거치지 않고 즉결 처분을 하였다. 또 일제는 1912년 3월 25일 조선총독부령 제40호로 경찰범처벌규칙을 제정하여 경찰이 즉결 처분하여 구류 혹은 과료에 처할 수 있는 범죄 87가지를 제시하였다. 여기에는 불온한 연설을 하거나 불온한 문서, 도서 등을 게시, 반포하는 것과 유언비어 유포 등을 처벌하는 조항도 포함되어 있었다. 일제하 범죄즉결례, 경찰범처벌규칙 등 악법들이 해방 후 한국 전쟁 시기에 전시 즉결처분권 등 나쁜 관행을 만들게 되는 원인이 되었다.

조선형사령의 제정으로 형법대전에 규정된 태형이 폐지되었으나 일제는 1912년 3월 18일 제령 제13호로 '구관존중(舊貫尊重)'이라는 명분으로 조선태형령을 제정하였다. 그러나 조선태형령은 오직 조선인에게만 차별적으로 적용하였고 벌금 또는 과료를 미납한 자를 태형으로 환형 처분할 수 있어 조선인들은 야만적이고 중세적인 신체형인 태형에 노출되었다. 1919년 3.1운동 이후 일제는 '문화 정치'를 표방하면서 민심 수습책의 일환으로 1920년 3월 31일 조선태형령을 폐지하였다.

일제는 법령을 제정하고 정비한 것 외에도 경찰, 재판소, 형무소와 같은 억압적 국가 기구를 정비하였다. 일제는 1909년 한국의 사법권과 감옥 사무 처리권을 일본 정부에 위탁하는 기유각서 체결 이후 통감부재판소령을 제정하여, 1·2심 법원의 명칭은 그대로 둔 채 3심 격인 대심원(大審院)의 이름을 고등법원으로 바꿨다. 일본 본토의 최고재판소가 대심원이었으므로 식민지 조선의 최고재판소의 격을 낮춰 버린 것이다.

한편, 1910년 8월 한일병합 후 일제는 조선총독부를 설치하면서 재판소는 통감부재판소를 명칭만 조선총독부재판소로 바꾸고 관할과 재판소의 종류는 그대로 두었다. 1912년 3월에는 재판사무의 복잡성을 덜기위해 조선총독부재판소령을 개정하여, 재판소라는 명칭을 법원으로 바꾸고 구재판소→지방재판소→공소원(控訴院)→고등법원의 3심 4단계 체계를 지방법원→복심법원(覆審法院)→고등법원이라는 3심 3계급제로 정비했다.

이로써 고등법원은 경성에만 있고 복심법원은 경성, 대구, 평양 등 3개지역에 지방법원은 일제 말까지 11개 지역에 설치되었다. 종래의 구재판소는 지방법원과 지청으로 되고 단독심을 원칙으로 하였다. 이처럼 일제 식민지하 조선의 법원은 지금과 같이 삼권분립이 되지 않고 조선총독부 소속 기구로서 일제의 폭력적 지배를 합법화하는 기능을 수행했다. 근대적 사법제도의 특징은 사법과 행정의 분리, 즉 사법권은 행정부에서독립한 기구로 존재해야 한다. 그러나 조선 총독은 일본 천왕에 직예(直隸)하여 행정권, 군대통솔권, 입법권(제령 제정권)과 함께 사법권도 장악하였다. 조선 총독은 판·검사의 임면, 징계, 지휘 감독에 관한 권한을 행사할 수 있었다. 식민지 조선의 사법권은 전혀 독립적이지 않았으며, 총독에게 예속된 식민지 관료 조직에 불과하였다.

또 하나의 일제 식민지 법체계의 대표적인 악용 사례는 예심제도(豫審

制度)였다. 예심제도는 원래 검사가 함부로 기소하는 것을 방지함으로써 피고인을 보호하는 의미가 있는 제도였다. 그러나 식민지 조선에서의 예심제도는 그 내용이 왜곡되어 수사 절차상 예심판사가 행하던 기능을 검사와 사법경찰관이 담당하였다. 결국, 일제하 예심제도는 예심판사가 갖는 무기한의 구류권(拘留權)을 검사와 사법경찰관이 가지게 됨으로써 인권을 무시한 수사 절차의 연장으로 악용한 것이다.

게다가 일제하에서 예심판사는 공판이 열리기 전에 수사 과정에서 수집, 확보된 증거 자료에 기초하여 비공개로 사건에 대하여 공식적인 심사를 하고 이를 조서로 작성하여 제출하면 공판 과정에서 공판판사가 이 조서를 기초로 하여 재판했다. 따라서 법정의 심리는 사실상 예심판사의 조서를 확인하는 형식적인 절차에 불과했던 것이다. 이 악명 높던 예심제도 때문에 수많은 독립운동가가 미결수로 재판도 받지 못하고 감옥에 갇혀 있었다. 일제하 시행되었던 예심제도는 해방 후 미군정 시기에도 미군정법령 제21호에 의하여 계속 그 효력을 유지하다가, 1948년 정부 수립 이후 폐지되었지만 1954년 형사소송법이 제정될 때까지도 여전히 남아 있었다.

4. 3.1운동과 제령 제7호의 제정

1919년 3.1운동이 일어나자 일제는 그해 4월 15일 조선총독부 제령 제7호로 「정치에 관한 범죄처벌의 건」을 제정하였다. 일제는 3.1운동 때 일어난 우리 민족의 독립만세운동을 처벌하기 위해 기존의 보안법, 출판법, 신문지법보다 강력한 법령이 필요했다. 보안법 제2조는 '경찰관이 안녕질서를 위해 필요한 경우 집회 또는 다중의 운동, 군집을 제한, 금지, 해산'할 수 있음을 명시했다. 또 보안법 제7조는 '정치에 관하여 불온한 언론 동작' 또는 '치안을 방해하는 자'에게 '50 이상의 태형, 10개월 이하의 금옥 또는 2년 이하의 징역'에 처할 수 있었다. 그러나 제령 제7호의 제1조는 "정치의 변혁을 목적으로서 다수 공동하여 안녕질서를 방해하거나 또는 방해하려는 자는 10년 이하의 징역 또는 금고에 처한다"라고 규정되었다. 따라서 제령 제7호는 '다수 공동'의 즉 '집단적인 독립운동의 기도'에 대해 처벌하는 것과 동시에 '독립운동'에 대한 '예비음모'까지도 처벌할 수 있는 조항을 두었고 형벌도 보안법보다 훨씬 높았다. 제령 제7호에서 '정치의 변혁'이라는 조항은 이후 살펴볼 치안유지법의 제1조 '국체 변혁'으로 계승된다는 점에서 치안유지법의 전사(前史) 또는 선구로서의 의미가 있다고 할 수 있다.

3.1운동 시기에 보안법, 출판법 등과 제령 제7호의 실제 적용 사례 가운데 먼저 봉선사 승려 김성숙(본명 김성암)의 사례를 살펴보겠다. 3.1운동 시기인 1919년 3월 29일 경기도 양주군 진접면 부평리 255번지 봉선사 승려 김성암(金星岩)은 봉선사 부근 주민을 모아 시위운동을 계획하였다. 그는 봉선사 승려 이순재·김석로·강완수 등과 더불어 봉선사에서 '조선독립단 임시사무소' 이름으로 격문을 만들었다. "지금 파리강화회의에서는 12개국이 독립국이 될 것을 결정하였다. 조선도 이 기회에 극력 운동하면 독립의 목적을 달성할 수 있다"는 취지의 격문 200장을 만

들어 그날 밤에 봉선사 인근 여러 마을에 뿌렸다. 이후 그는 광릉천 만세 시위를 조직하여 활동하였고, 일본 경찰에 붙잡혀 1919년 6월 19일 경성 지방법원에서 이순재·김석로는 징역 1년 6개월, 강완수 1년 형, 김성암 은 1년 2개월 형을 받았다.

김성암 등이 '비밀문서'를 편찬, 배포한 것이 출판법 제11조 제1항 제1호, 즉 '허가를 얻지 않고 출판한 저작자, 발행자'가 "국교를 저해하거 나 정체(政體)를 변괴(變壞)하거나 국헌을 교란하는 문서, 도서를 출판할 때"에 해당하여 3년 이하의 징역에 처할 수 있었다. 김성암 등은 항소하 여 1919년 7월 10일 경성복심법원에서 김성암, 강완수는 징역 8개월을 받 았다. 이 판결의 법률 적용은 보안법 제7조와 1919년 제령 제7호 제1조 제2항, 제1항을 비교할 때 구법인 보안법이 신법인 제령 제7호 제1조에 비교할 때 형량이 가벼우므로 구법인 보안법을 적용하였다. 이는 당시 형법 제6조에 따라 '법률로 인해 형의 변경이 있을 때는 그 가벼운 것을 적용'하였기 때문이었다.

김성암은 1898년 3월 10일 평안북도 철산군 서림면 강암동에서 출생 하였다. 그는 1908년 고향 철산에 있는 대한독립학교에 입학하여 일제 의 통감부 설치로 인한 국권 상실과 나라의 독립의 필요성을 일깨웠던 학교 교육에 큰 영향을 받았다. 당시 애국계몽운동의 일환으로 설치되 었던 대한독립학교는 1910년 나라가 망하면서 폐교되었다. 그는 1916년 봄 18세 때 집에서 땅 판 돈을 몰래 들고 나와 만주의 신흥무관학교에 입 학하고자 봉천을 향했다. 그러나 만주행이 뜻대로 되지 않자 용문사의 승려를 만나 출가하였다. 이후 봉선사 월초 스님으로부터 성숙(星淑)이란 법명을 받았다. 이후 그는 김성숙이란 이름으로 세상에 알려졌다. 그는 월초 스님 아래에서 공부하다가 천도교의 손병희를 비롯하여 만해 한용운, 김법린 등을 만나게 되었고 1919년 3.1운동 당일 서울 탑골공원 만세시위 현장에도 있었다. 이후 그는 봉선사 부근에서 시위운동을 계획하였던 것이다. 김성숙은 1921년 4월 28일 석방되어 봉선사로 되돌아갔으나 곧 전국 각지를 돌며 사회활동을 전개하였다. 1922년 무산자동맹, 노동공제회 등에서 참여하였고 1923년 중국 베이징의 민국대학에 유학하여 정치학, 경제학을 공부하면서 조선의열단 선전부장으로 활동하기도 하였다. 그는 1928년 상해에서 재중국조선청년총연맹, 1937년 조선민족해방동맹, 1938년 조선민족의용대 등에서 활동하였고 1942년 임시정부의 내무 차장, 국무위원 등 조국광복을 위해 헌신하였다.

다음은 3.1운동 시기 제령 제7호를 적용한 대표적인 사례로 '국민대회 사건'을 주도한 김사국의 경우를 통해 살펴볼 수 있다. 이 사건의 실행 책임자였던 김사국은 1919년 4월 23일 종로 보신각 앞에서 노동자 수천 명을 모아 독립 만세를 부르고 서린동 봉춘관에서 13도의 유지가 회합하여 국민대회를 열고 임시정부를 세우려 하였다. 이를 위해 1919년 4월 2일 인천 만국공원에서 기독교, 천도교, 불교, 유림 대표, 일부 지역 대표 20여 명이 모임을 하기도 하였다. 실제 김사국은 장채극, 김유인 등과 국민대회취지서와 임시정부선포문을 인쇄하고 '공화 만세', '국민대회'라고 묵으로 쓴 깃발을 준비하여 4월 23일 유인물 배포를 지시하여 이를 실행하다가 일본 경찰에 체포되어 조사를 받고 서대문형무소에 수감되었다.

1919년 5월 27일 경성지방법원검사국 검사 요코다 기타로[橫田義太郎]는 경성지방법원 예심괘에 김사국 등 국민대회 사건에 대한 예심을 청구하였다. 1919년 8월 30일 경성지방법원 검사국 검사 야마자와 사이치로[山澤佐一郎]는 경성지방법원 예심괘 판사 호리 나오요시[堀直喜]에게 김사국 등 국민대회 사건 관련 210명에 대한 의견서를 제출했다. 이 의견서에서 검사 야마자와는 김사국 등 피고들이 수차 조헌을 문란시키기 위해 문서의 저작 인쇄 반포 및 치안방해의 행위를 한 것은 출판법 제11조 제1항 제1호 제2항 등을 적용, 조선 독립에 관해 불온한 언동을 한 점은 보안법 제7조와 다이쇼 8년(1919년) 제령 제7호 제1조 등을 적용하여 처단할 범죄로 사료 된다고 하였다. 1919년 8월 30일 경성지방법원 예심판사 호리 나오요시는 예심종결 결정에서 김사국 등 210명을 출판법, 보안법, 제령 제7호 제1조 등을 적용 처단할 범죄라고 사료됨에 따라 공판에 회부할 것을 결정했다.

이에 경성지방법원에서 1919년 12월 19일 검사 야마자와 사이치로의 관여하에 판사 다나카 요시하루[田中芳春]는 김사국에게 치안을 방해했다고 하여 1919년 제령 제7호 제1조 1항에 의거 징역 2년 형을 선고했다. 김사국은 이 판결에 불복하여 경성복심법원장 판사 조 가즈마[城數馬]에게 즉각 항소를 제기하였다. 1920년 3월 5일 경성복심법원의 재판장인 쓰카하라 도모타로[塚原友太郎], 판사 하코다 준[箱田淳], 아라이 유타카[新井胖]는 김사국에 대해 제령 제1조 제1항을 적용하여 징역 1년 6월을 선고했다. 이에 김사국은 1920년 3월 5일 상급법원인 고등법원에 상소권 포기신청서를 제출하여 상소를 취소함으로써 1년 6개월 형이 확정되었다. 1920년 9월 6일 오전 김사국은 전옥결, 이철과 서대문형무소에서 만기 출옥을 하였다.

5. 사상단체와 '사회주의그룹'의 형성

국민대회 사건으로 징역형을 살았던 민족주의자 김사국은 석방 이후
어떻게 사회주의자로 변모하게 되었을까? 김사국은 1892년 충남 연산
출신으로 1904년 6월 13세 때 부친을 여의고 어머니 안국당과 동생 김사
민과 금강산의 4대 사찰 가운데 하나인 유점사에 들어가서 불교와 한학
을 수학했다. 봉선사 승려 출신으로 김사국과 같이 3.1운동 시기 투옥되
었던 김성숙은 김사국에게 상당한 감화를 받았다고 하였다. 김성숙은 이
후 님 웨일스의 『아리랑』의 주인공인 김산(본명 장지락)에게 사상적 영향
을 미쳤다.

김사국은 1921년 1월 서울청년회를 창립하였다. 김사국은 1921년

【그림 2】 김사국(1892~1926)(좌), 김성숙(1898~1969)(중), 김산(1905~1938)(우)

7월 그의 평생의 동지인 박원희와 결혼했다. 1921년 9월 김사국은 조선 노동대회 주최 강연회에 참석하여 '민족적 단결과 계급적 단결'이란 주제로 강연을 하고 그해 10월 도쿄에 건너가서 그의 아우이며 동지인 김사민 등과 사회혁명당을 조직하였다. 사회혁명당은 계급 모순의 역사적 필연성을 고려하여 사람에 의한 착취 말살과 사회주의 승리를 목적으로 하고 민족혁명운동을 사회주의혁명의 제1단계로 인식하였다. 김사국은 1921년 11월 흑도회(黑濤會) 결성에 참가했고 1922년 1월에는 무산자동지회에 참여하였다. 1922년 10월 이영, 김영만, 임봉순 등과 서울청년회 내에 '공산주의그룹'을 창립하고 1923년 2월 그룹의 이름을 고려공산동맹이라 한 이후 코민테른 집행위원회에 승인을 받으려 했지만 실패하였다. 그는 1923년 3월 간도 용정(龍井)에서 김정기, 방한민 등과 반일 교육기관으로 동양학원을 설립하고 강연회를 여는 등 활동을 하다가 일제의 탄압으로 피신하여 영안현 영고탑에서 대동학원을 설립하였으나 이 또한 일제의 방해로 해산하고 말았다. 이후 김사국은 1924년 5월 폐병이 걸린 상태에서 귀국하여 사회주의자동맹 집행위원, 조선사회운동자동맹 상무위원 등으로 활동하였으나 1926년 5월 8일 35세로 사망하였다.

사상단체 신사상연구회는 1923년 7월 7일 창립되었다. 이 단체는 1924년 11월 화요회로 개칭하였다. 1920년대 사회운동을 양분했던 서울청년회('서울파')와 더불어 화요파가 탄생한 것이다. 화요파의 대표적인 인물로는 박헌영과 조봉암 등을 들 수 있다. 박헌영은 1900년 충남 예산에서 태어났다. 그는 1919년 3.1운동 이후 일본을 거쳐 1920년 11월 상하이에 건너가서 사회주의운동에 입문하였다. 1921년 5월 박헌영은 이르쿠츠크파 고려공산당에 가입하고 1921년 8월 고려공산청년회 중앙총국을 결성하고 중앙집행위원이 되었다.

한편 국제공산주의운동의 지도부라고 할 수 있는 코민테른은 당시 상해파와 이르쿠츠크파 고려공산당으로 분리되어 있던 한국 사회주의운동을 통일시키기 위해, 1922년 10월 베르흐네우딘스크에서 두 개의 고려공산당의 통합대회를 열었다. 그러나 통합대회가 실패하자 코민테른 집행위원회는 두 개의 고려공산당을 해체하고 코민테른 집행위원회 원동부 산하에 국내 '당창건 준비기관'으로서 꼬르뷰로를 조직하였다. 1923년 5월 무렵 꼬르뷰로는 김찬의 집에서 국내부를 조직하였다. 1923년 7월 창립된 신사상연구회는 꼬르뷰로 국내부의 긴밀한 연관 속에서 활동하였다. 1925년 4월 17일 창립되는 조선공산당의 핵심 세력은 주로 신사상연구회, 즉 화요파(이후 화요회)였다.

서울청년회, 화요회와 더불어 대표적인 사상단체의 하나로 북풍회가 있었다. 북풍회에 참여했던 사람으로는 일본에 유학했던 김약수가 대표적이다. 김약수는 1892년 경남 동래군 기장면 출신으로 일제의 병합 이후 중국에 건너가 금릉대학(현 난징대학)에서 공부하다가 1919년 3.1운동이 일어나자 다시 고국으로 돌아와 조선노동공제회 등에 참여하다가 도쿄에 가서 니혼대학[日本大學] 전문부 사회과를 다니다가 1921년 봄 『대중시보(大衆時報)』 발행을 주도하여 일본 노동운동과 사회주의운동을 소개했다. 이 무렵 김약수는 일본의 저명한 사회주의자 사카이 도시히코[堺利彦, 1871~1933]가 주도한 사회주의단체 코스모스 구락부에 출입했다. 또 그는

【그림 3】 1920년대 주요 사상단체인 서울청년회, 북풍회, 화요회[2]

1921년 11월 흑도회 결성에 참여하고 다카쓰 마사미치[高津正道, 1893~1974]
가 조직한 일본 사회주의단체 효민회(曉民會)가 주최하던 집회와 강연회
에 참가했고 일본사회주의동맹에 관여하기도 했다. 김약수는 무정부주
의 사상단체 흑도회가 분화되면서 1922년 12월 도쿄에서 조직된 사회
주의 사상단체 북성회(北星會) 설립을 주도하다가 국내로 들어와 1924년
11월 북풍회(北風會)를 만들었다. 이 북풍회 내에는 까엔당이라는 비밀 공
산주의 그룹이 있어 국내 전위정당을 조직하기 위해 활동하였다. 이처럼
사상단체 내부에 사회주의 비밀그룹이 있어 전위정당을 조직하려고 하
였다. 이러한 활동은 1925년 4월 17일 조선공산당의 창건으로 이어졌다.
김약수는 조선공산당 중앙집행위원으로 참여하여 활동하다가 그해 말
체포되어 4년 형을 선고받고 투옥되었다.

---

2 『조선일보』, 1926.1.12.(좌), 『동아일보』, 1926.1.1.(중), 『동아일보』, 1924.11.20.(우)

6. 치안유지법의 탄생

1917년 10월 러시아혁명이 발생하고 1919년 3월 코민테른이 창립되면서 전 세계적으로 사회주의, 공산주의 운동이 확산되었다. 1921년 6월 곤도 에이조[近藤榮藏, 1883~1965]가 일본 경찰에게 체포되는 사건이 발생했다. 곤도 에이조는 1902년 미국에 건너가 1918년 8월 가타야마 센[片山潛, 1859~1933]을 중심으로 하는 재미 일본인사회주의단에 참가했던 인물로 1921년 5월 상해에서 코민테른으로부터 운동자금을 받아 일본에 귀국 도중 검거되었다. 일본 경찰은 곤도를 체포했지만 비밀결사를 조직하고 그것에 가입한 자의 경우만을 대상으로 하는 치안경찰법으로는 정치선전의 목적을 위해 현금을 운반한 것에 대해 처벌할 수가 없었다. 기존의 법률로 곤도 에이조를 처벌할 수 없자 일본은 1922년 2월 '조헌(朝憲)을 문란케 하는 결사와 그 선전, 권유, 실행 등을 처벌'하기 위해 '과격사회운동취체법(過激社會運動取締法)'을 제국의회에 제출하였으나 통과되지 않았다.

이후 1925년 1월 소일조약이 체결되어 소련과 일본의 국교가 수립되면서 사회주의 사상 등의 양적 증대 등에 대처하기 위한 법률 등이 추진되었다. 또 한편으로 일본에서 다이쇼[大正] 데모크라시의 영향 속에서 보통선거법이 제정이 되면서 정치운동이 활발하게 될 것을 억제하려는 배경 속에서 치안유지법이 제정되었다. 치안유지법은 제50회 제국의회 회기 중인 1925년 2월에 안이 제출되어 4월 21일 법률 제46호로 공포되었다. 이어서 1925년(다이쇼 14년) 5월 8일 「칙령 제175호」로 「치안유지법을 조선, 대만 및 화태(사할린)에 시행하는 건」이 제출되어 1925년 5월 12일 일본과 동시에 치안유지법이 시행되었다. 치안유지법 제1조 1항은 "국체를 변혁하거나 사유재산제도를 부인하는 것을 목적으로 결사를 조직하거나 이에 가입한 자는 10년 이하의 징역 또는 금고에 처한다"라고 규정되어 있었고, 2항은 '1항의 미수죄'까지 벌할 수 있었다. 또 제7조는 '이 법의 시행구역 외'까지도 적용할 수 있었다. 따라서 제령 제7호가 '정치적 사건'에 한하여 이를 처벌하기 위한 '정치범 처벌법'이었다면, 치안유지법은 조선의 사회주의운동, 민족주의운동 등 '사상 사건'과 일제에 저항하는 모든 독립운동을 국내외를 망라하고 처벌할 수 있도록 하였다.

일제의 치안유지법 제정에 대해 당시 언론은 【그림 4】와 같이 1925년

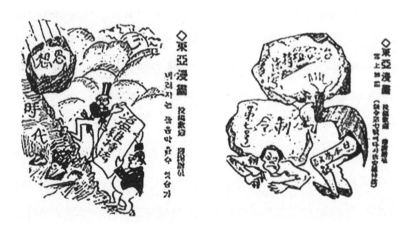

【그림 4】 치안유지법 제정을 비판하는 『동아일보』 만평[3]

---

3 「내려오는 돌을 막을 수 있을까」, 『동아일보』, 1925.2.26.(좌), 「설상가상」, 『동아일보』, 1925. 4.27.(우)

2월 『동아일보』 만평에는 "'사상'이라는 돌이 내려오는 '시대'를 치안유지법으로 막을 수 있을까"라고 풍자하였고, 1925년 4월에는 제령 제7호라는 기존의 법령 위에 설상가상으로 치안유지법을 올려놓아 조선인을 탄압하고 있음을 비판하였다.

일본에서 치안유지법이 최초로 적용된 사건은 1926년 1월 15일 사회과학연구회 회원 다수가 검거되어 그중 38명의 학생이 치안유지법 및 출판법 위반으로 기소된 '교토학련 사건[京都學連事件]'이었다. 이 사건은 교토제국대학 사회과학연구회 회원들이 당시 군사 훈련을 비판하다가 검거되어 치안유지법 위반으로 기소가 된 것이었다. 그러나 일본보다 식민지 조선에서 먼저 그 법이 적용되었다. 국내에서 처음으로 치안유지법의 적용이 논의된 사건은 '고려공산당 창립준비위 사건'이었다. 이 사건은 1922년 12월 코민테른집행위원회의 결정에 의해 국내에 조선공산당을 조직하기 위해 꼬르뷰로(고려부 또는 고려총국, 1923.2.~1924.2.)가 만들어지고 그 후속으로 1924년 4월 15일 만들어진 오르그뷰로 즉 '고려공산당 창립대표회 준비위원회'에서 국내에 파견된 정재달과 이재복을 중심으로 하는 '제령 제7호 위반 사건'이었다.

정재달과 이재복이 종로경찰서에 검거되는 시점은 1924년 9월 15일이었고 그때는 아직 치안유지법이 제정되기 이전이었으므로 정재달, 이재복 등은 '제령 제7호' 위반 혐의로 검거되었다. 1924년 10월 30일 경성지방법원검사국 검사 히라야마 마사요시[平山正祥]는 정재달, 이재복 등 5인의 '제령 제7호 위반 사건'에 대해 예심을 청구하였고, 1925년 3월 9일 경성지방법원에서 예심판사 후지무라 에이[藤村英] 등이 참여하여 이재복 등의 예심이 시작되었다. 1925년 7월 16일 검사 사토미 간지[里見寬二]가 경성지법 예심판사 후지무라에게 「예심종결처분에 대한 의견서」를 제출하였고, 일주일 뒤인 7월 24일 정재달, 이재복 등 5인에 대한 「예심종결서」가 결정되었는데, 사토미 검사의 「의견서」에서 '사유재산제도를 부인하는 것을 목적으로 하는 고려공산당의 조직 실현에 관하여 진췌(盡瘁)함으로써 안녕질서를 방해한 것'이라는 의견이 제출되었다. 이는 '다이쇼 8년 제령 제7호 제1조, 치안유지법 제1조, 형법 제6조를 적용, 처벌할 것으로 범죄의 혐의 충분하다'는 것이었다. 즉 검사 사토미는 제령 제7호와 더불어 치안유지법 제1조를 적용할 것을 의견으로 제출하였던 것이다.

이는 1925년 5월 12일 식민지 조선에 치안유지법이 시행된 후 불과 2개월 뒤에 처음으로 그 적용이 언급되었음을 의미하는 것으로, 향후 식민지 조선의 사회주의운동과 민족주의운동 등 독립운동과 사회운동에 치안유지법을 적용하는 대대적인 탄압을 예고하는 것이었다. 예심판사 후지무라의 「예심종결결정」은 1925년 7월 16일 사토미 검사가 제출한 '의견서'를 그대로 수용하여 정재달, 이재복을 '다이쇼 8년 제령7호, 치안유지법 제1조, 형법 제6조'를 적용하여 처단할 것으로 인정하였다.

1925년 9월 12일 경성지방법원 형사부에서 열린 정재달, 이재복에 대한 1심 재판에서 재판장 판사 미야모토[宮本元]는 판사 와키데쓰 하지메[脇鐵一], 사사키 히데오[佐佐木日出男] 등이 참여한 판결에서 징역 3년을 선고하였다. 이 사건에 적용된 법률은 '다이쇼 8년 제령 제7호 제1조 제1항'과 치안유지법 제1조 제2항 제1항이었다. 그런데 양형 기준을 정할 때는 제령 제7호와 신법인 치안유지법을 비교하여 양형의 차이가 없으므로 구법을 적용하였다. 따라서 정재달, 이재복의 '고려공산당 창립준비위 사건'은 1심 판결에서 그 양형 기준을 정할 때 최초로 치안유지법을 적용할지에 대한 여부가 실제로 논의되었던 것임을 확인할 수 있다.

1925년~1943년 조선총독부 통계 등에 따르면 식민지 조선에서 치안유지법으로 총 2,282건, 2만 4백명이 검거된 것으로 파악된다. 정확한 수치는 좀 더 상세한 연구가 필요하지만 연도별 치안유지법 위반 검거자 현황은 다음 표와 같다.

【표 1】 치안유지법 위반 검거자

연도	1925	1926	1927	1928	1929	1930	1931	1932	1933	1934
건수	8	43	46	195	166	321	159	299	202	138
인원	72	321	196	751	1,112	1,884	1,614	3,873	2,030	1,726

연도	1935	1936	1937	1938	1939	1940	1941	1942	1943	계
건수	127	83	97	56	?	23	122	132	65	2,282
인원	1,296	1,004	1,133	570	?	122	1,386	955	355	20,400

치안유지법을 위반한 사건을 보통 사상 사건이라고 하였는데, 당시 사회주의운동뿐 아니라 민족주의운동까지도 치안유지법에 적용이 되었다. 이 사상 사건이 점차 증가하자 1926년 후반 일본에서는 사법성 내에 사상 사건을 전담하는 사상과를 설치하는 계획이 수립되어, 1927년 6월 사법성 형사국 내에 '사상 문제 전임' 서기관 등 5인이 배치된 '사상부'가 만들어졌다. 사법성은 1928년 5월 사상 사건을 전담하는 '사상검사(思想檢事)'를 신설하는 안을 확정하였다. 1928년 이후 식민지 조선에서도 경성

복심법원 판사 이토 노리오[伊藤憲郞]와 모리우라 후지오[森浦藤郞]가 '사상계 전임검사'로 임명되었다.

7. '1·2차 조선공산당사건'과 치안유지법 적용

1925년 4월 17일 화요파가 중심이 되어 황금정(현 을지로 1가) 중화요리점 아서원에서 초대 책임비서 김재봉을 비롯한 19인이 비밀리에 모여 조선공산당을 창립하였다. 또 다음날인 4월 18일 경성부 종로구 훈정동 4번지 박헌영의 집에서 고려공산청년회가 창립되었다. 조선공산당은 갓 태어난 조선공산당과 고려공산청년회의 승인을 받기 위해 세계 사회주의운동의 지도부라고 할 수 있는 코민테른에 조동호와 조봉암을 파견하였다. 조선공산당은 당면 혁명을 반제국주의 민족해방혁명으로 규정하였고, 독립운동이 조선인 전체의 이익을 목적으로 하는 일본제국주의에 저항하는 운동으로 파악하였다. 또 조선공산당은 일본제국주의에 대항하여 프롤레타리아의 이익을 포함하는 조선 인민의 일반적 운동을 지원해야 한다고 결정하였다.

1925년 11월 22일 밤 10시 무렵 신의주의 경성식당에서 술을 마시다가 신만청년회 회원이 변호사 박유정, 신의주 경찰서 순사 스즈키 등 5명과 시비가 붙는 폭행 사건이 발생하였다. 이 사건의 수사 과정에서 신만청년회원 김경서의 집에서 고려공산청년회 중앙집행위원회 회원자격 사표 및 통신문 세 통이 발견되었다. 이것은 조선일보 신의주지국 기자 임형관이 맡겨 놓은 것으로 경성의 박헌영이 상해의 조봉암에게 보낼 것을 위탁받은 것이었다. 신의주는 일제가 러일전쟁 시기 경의선을 부설하여 중국의 안둥현(단둥)에서 창춘-다롄의 남만주 철도로 이어지는 교통의 교두보였다. 신의주의 조선공산당 야체이카 책임자는 독고전이었다. 그는 1888년 평북 의주 출신으로 1921년 러시아 치타의 공산학교를 수학하고 1921년 11월 모스크바 극동민족대회에 참석하였고 1924년 3월 꼬르뷰로 국내부 신의주 야체이카 책임자를 지냈던 경력이 있었다. 그는 조선일보 신의주 지국장으로 상해를 내왕하면서 국경 연락의 중책을 수행하고 있었다. 그러나 신의주 사건('제1차 조선공산당 사건')으로 일제 경찰에 의해 조선공산당원에 대한 검거 선풍이 일어나 100여 명의 조선공산당원과 고려공산청년회원이 검거되고 김재봉, 박헌영, 김약수, 유진희, 독고전 등 19인이 구속되었다.

1925년 12월 조선공산당은 강달영을 책임비서로 선출하여 괴멸된 당 조직을 복원하고 활동을 재개하였다. 조선공산당은 1926년 4월 25일 대한제국의 마지막 황제 순종이 서거하자 그 장례식인 6월 10일을 기해 6.10만세운동을 계획하였다. 조선공산당 중앙위원이며 고려공산청년회 책임비서 권오설은 6.10만세운동의 투쟁지도부로서 '6.10투쟁특별위원회'를 만들고 천도교 측과 선전문을 준비하는 등 6.10만세운동을 준비하였다. 그러나 1926년 6월 6일 천도교 개벽사의 손재기 집에 비밀리에 숨겨 놓은 선전문이 발견되면서 이를 주도하였던 조선공산당에 대한 검거가 시작되었다. 6.10만세운동으로 인한 '제2차 조선공산당 사건'으로 강달영과 권오설을 비롯한 100여 명의 조선공산당 관련자들이 검거되었다.

【그림 5】조선공산당이 창립된 아서원과 6.10만세운동 관련 신문 기사[4]

'1차 조선공산당 사건'과 '2차 조선공산당 사건'이 병합, 심리되어 1926년 9월 7일 검사국에 사건이 송치될 때까지 총 220명이 검거되었다. 이 중에서 치안유지법과 '다이쇼 8년 제령 7호' 그리고 출판법 위반으로 101명이 재판에 회부되어 83명이 유죄 판결을 받았다. 83명 가운데 79명이 치안유지법 제1조 1항이 적용되었고, 김항준, 백명천, 양재식, 이용재 4인만은 제령 제7호 제1조 1항이 적용되었다. 이 사건의 예심 취조기록은 무려 4만여 쪽에 달했다. 그러나 이 중대한 사건은 일제의 보도 통제로 1927년 3월 31일 예심이 종결되는 날까지 일제 보도되지 않은 가운데 진행되었다. 일제의 조선공산당 사건에 대한 신문 과정에서 박순병, 백광흠, 박길양, 권오상, 권오설 등이 고문 후유증으로 사망하였다. 조선공산당 2대 책임비서를 역임했던 강달영은 1933년에 만기 출옥 후 1942년 병

---

4 『매일신보』, 1927.9.13.(좌), 『시대일보』, 1926.7.13.(우)

사했고, 조선공산당 초대 책임비서 김재봉은 옥중에서 폐병으로 신음하다가 1931년 11월에 출옥했으나 해방을 1년 앞둔 1944년에 사망했다.

8. '사상 사건'의 집행과 서대문형무소 · 마포형무소

조선시대의 감옥은 범죄의 혐의가 있는 자에 대하여 수사 · 재판의 형사 절차를 거쳐 형을 집행할 때까지의 수용을 위주로 하는 구금 시설로 형조(刑曹), 한성부(漢城府), 사헌부(司憲府), 병조(兵曹), 승정원(承政院) 등에 부설되었다. 그중 형조의 전옥서(典獄署)는 구금만을 전담하는 기관이었는데 1894년 갑오개혁 이후 전옥서는 경무청 감옥서로 변경되었다. 이후 1907년 감옥 사무가 법부로 이관된 후 경성감옥(1908년)으로 개칭되었고, 1912년 9월 서대문구 현저동 101번지로 신축 이전되어 서대문감옥으로 되었다가 1923년 서대문형무소로 개칭되었다. 또 경성감옥의 수용 공간이 부족해지자 마포구 공덕동 105번지에 1912년 9월 3일 총독부령 제11호로 마포의 경성감옥이 신설되었다. 1923년 마포의 경성감옥은 경성형무소로 이름이 바뀌었고 무기 및 10년 이상 장기 수형자를 감금하였다.

제령 제7호 및 치안유지법 등을 위반한 '사상 사건' 관련자인 '사상범'들은 체포되어 경찰에서 조사를 받을 때는 경찰서 유치장에 있다가 법원에서 판결을 선고받고 확정되면 최종적으로 형의 집행을 마칠 때까지 행형(行刑) 시설인 감옥에 가야 했다. 경성형무소와 서대문형무소는 수많은

'사상범'들 즉 독립운동가들이 고초를 겪은 곳이었다. 1927년 1월 1일 자 『동아일보』에 따르면 서대문형무소의 수형자는 1,330여 명, 형사 피고인은 310여 명, 노역장 유치자는 30여 명으로 총 1,660여 명이었다. 또 경성형무소에는 1,130명가량의 수형자와 노역장 유치자 6~7인, 종로경찰서 유치장에는 37인, 본정(本町)서에는 12명, 용산서에는 8명, 서대문서에는 30명, 동대문서에는 6명이 있었다고 하였다.

1930년 8월 5일 『중외일보』는 「사상관계미결수 경성만 3백3십여」라는 기사에서 당시 '사상범'들이 '예심제도'로 인하여 찌는 듯한 무더위에도 몇 달에서 길게는 1~2년 가까이 서대문형무소 등에서 공판을 기다리는 모습을 생생하게 보도하였다. 당시 서대문형무소에만 미결수가 무려 330여 명이라고 하였다.

실내온도 화씨 백도를 가까이 보이는 요즘 맹렬한 더위에 넓은 방과 시원한 자리에 누었더라도 더위를 참지 못할 이때에 죄의 결정도 받지 못하고 예심 혹은 공판에 회부된 대로 좁은 감방에 콩나물처럼 박혀 앉아 공판 날만 기다리고 있는 사상범은 얼마나 되나? 더구나 요즈음은 서휴(暑休)로 말미암아 심리에 힘드는 사상 사건은 일제로 손을 대이지 아니하고 전부 가을로 미루어 예심이 결정되지 못한 피고는 집행일을 기다리고 공판에 회부된 피고는 찌는 듯한 더운 감방에서 공판날만 기다리고 있는 경우인바 … 현재 서대문형무소에만 재감 중에 있는 사상범의 미결수는 전부 330여 명이라고 한다.

이와 같이 일제강점기 식민 통치의 상징으로 악명 높던 서대문형무소와 마포의 경성형무소는 '사상 사건'으로 체포된 수많은 애국지사와 무명의 독립투사들이 고초를 겪고 때로는 목숨을 잃기도 했던 역사의 현장이었다.

참고자료

문준영, 「대한제국기 형법대전의 제정과 개정」, 『법사학연구』 제20호, 한국법사학회, 1999.

_____, 「제국일본의 식민지 형사사법제도의 형성」, 『법사학연구』 제23호, 한국법사학회, 2001.

_____, 『법원과 검찰의 탄생』, 역사비평사, 2010.

水野直樹, 「植民地朝鮮の思想檢事」, 松田利彦 編, 『日本の朝鮮・臺灣支配と植民地官僚』, 國際日本文化研究センター, 2007.

오기노 후지오, 윤소영 옮김, 『일제강점기 치안유지법 운용의 역사』, 역사공간, 2022.

이균영, 「김철수연구」, 『역사비평』 5호, 역사비평사, 1988.

이현주, 『한국사회주의세력의 형성』, 일조각, 2003.

임경석, 『한국사회주의의 기원』, 역사비평사, 2003.

_____, 『이정 박헌영 일대기』, 역사비평사, 2004.

전명혁, 『1920년대 한국사회주의운동연구』, 선인, 2006.

_____, 「6.10만세운동 시기 조선공산당과 고려공산동맹의 활동」, 『역사학연구』 제58호, 호남사학회, 2015.

_____, 「1920년대 '사상사건'의 치안유지법 적용 및 형사재판과정」, 『역사연구』 37호, 역사학연구소, 2019.

_____, 『형사판결문으로 본 3.1운동 시기 일상과 사회』, 선인, 2020.

_____, 『형사판결문으로 본 치안유지법 사건과 1920년대 사회주의운동』, 선인, 2020.

_____, 「일제강점기 치안유지법 사건판례를 통해 본 사상통제의 역사」, 『동북아역사논총』 76호, 동북아역사재단, 2022.

'101인 사건'과
치안유지법

김국화
독립기념관 한국독립운동사연구소 연구위원

■ 이 글은 김국화, 「'101인 사건'을 통해 본 일제하 형사재판」, 성균관대학교 사학과 박사학위 논문을 바탕으로 작성되었음을 밝힌다.

1. 머리말

이 글의 목적은 '101인 사건'의 재판 과정을 통해 일제하 형사재판 과정과 1925년에 제정된 치안유지법의 적용을 살피는 데에 있다. '101인 사건'은 1925년 11월에 발생한 조선공산당 제1차 검거 사건과 1926년 6.10만세운동 준비 중 만든 격문이 일제 경찰에게 발각되면서, 이 격문에 대한 조사 과정에서 시작된 조선공산당 제2차 검거 사건의 재판을 말한다.

조선공산당과 고려공산청년회는 1925년 4월에 결성되었다. 결성되고 얼마 지나지 않아 1925년 11월 신의주에서 발생한 제1차 검거 사건과 1926년 6월에 발생한 제2차 검거 사건으로 조선공산당과 고려공산청년회에 관련된 많은 사람이 투옥되었다. 공산당원이라는 혐의로 종로경찰서 유치장에 구금된 사람만 해도 200여 명에 달했다.

101인 사건의 피고인은 재판 절차마다 그 숫자에 약간씩 변화가 있다. 먼저 예심 회부가 결정된 피고인은 105명이었고, 예심을 마친 피고인은 104명이었다. 이 중에서 공판 회부가 결정된 피고인이 101명이었고,

95명에게 판결이 선고되었다. 이 사람들은 치안유지법 위반 혐의로 재판에 회부되었는데, 이때 예심에 기소된 사람만 해도 105명이었고, 이 중에서 제1심 공판에 회부된 사람이 101명이었다. 이 사람들에 대한 신문조서와 같은 취조 서류만 해도 4만여 쪽이 넘었다. 이 사건이 식민지 조선에서 얼마나 큰 규모였는지, 그리고 이른바 사상범이라고 하는 사람들에 대한 치안유지법 적용, 재판 과정 등을 살펴보기 위해서 이 사건의 이름을 '101인 사건'이라고 명명하고, 사건 전반의 흐름과 1925년에 제정된 치안유지법이 이 사건에서는 어떻게 각 재판의 국면마다 적용되었는지 등을 살펴볼 것이다.

조선공산당과 고려공산청년회 검거 사건의 재판은 1911년에 발생한 신민회 탄압 사건인 '105인 사건', 그리고 1919년 3.1운동 당시 민족 대표를 비롯한 독립선언 사전 모의에 가담한 인사를 탄압한 '48인 사건'과 함께 식민지 조선의 3대 독립운동 탄압 재판 가운데 하나로 볼 수 있다. 또한 '사코와 반제티 사건(Sacco and Vanzetti Case)'과 더불어 1927년 들어 전 세계 무산계급의 격동을 일으킨 사건으로 평가되기도 했다.[1]

101인 사건은 사건 최초 발생 시점인 1925년 11월부터 판결이 선고되는 1928년 2월까지 약 2년 3개월 동안 진행되었다. 이때 재판에 관련된

---

1 임경석, 『잊을 수 없는 혁명가들에 대한 기록』, 역사비평사, 2008, 56~57쪽. '사코와 반제티 사건(Sacco and Vanzetti Case)'은 1920년 4월 미국 메사추세츠(Massachusetts)주에서 살인강도 사건이 발생하자, 이탈리아계 노동자인 사코(Ferdinando Nicola Sacco)와 반제티(Bartolomeo Vanzetti)가 검거된 사건이다. 무정부주의자인 두 사람은 현장 부재 증명을 할 수 있음에도 불구하고 유죄 판결을 받아 1927년 8월 23일 시형당했다. 이 사건은 미국 정부의 공산주의 탄압에 피고인이 희생된 대표적인 사건으로 평가된다.

인물들만 따지면 약 300명에 달한다. 사건에 선임된 변호인은 30명이 넘고, 피고인을 조사한 일제 관헌의 숫자만 해도 약 80명이다. 공판 진행 중에 변호인이 신청한 증인의 숫자만 해도 50명이었다. 사건의 규모만 놓고 봤을 때 식민지 조선에서 발생했던 '사상 사건' 중에 이만큼 큰 사건도 없었다.

101인 사건은 '사상 사건'이었다. 일제의 체제를 부정하는 사상범에게 일제는 치안유지법 위반죄를 씌우고 치안유지법을 적용해서 이 사람들을 처벌하려고 했다. 101인 사건은 식민지 조선에서 치안유지법 위반으로 기소된 첫 번째 사례는 아니지만, 치안유지법 위반 사건 중에서 관련자 수만 놓고 봤을 때 이런 큰 사건은 없었다. 특히 101인 사건은 1925년에 제정된 치안유지법이 적용된 대표적인 '사상 사건'으로, 초기 치안유지법의 운용 방식을 확인할 수 있는 중요한 사례이다.

2. 검거 사건 발생과 예심

조선공산당은 1925년 4월 17일 경성부 황금정(黃金町) 1정목에 위치한 중국요리점 아서원(雅敍園)에서 비밀리에 결성되었다.[2] 조선공산당이 결성된 다음 날인 4월 18일 고려공산청년회도 결성되었다.[3] 식민지 조선에

---

2 임경석, 「조선공산당 창립대회 연구」, 『대동문화연구』 81, 성균관대학교 대동문화연구원, 2013, 359쪽. 황금정 1정목은 현재 을지로 1가에 해당하며, 아서원이 있던 곳에는 롯데호텔이 있다.

서 비밀리에 결성되어 활동하던 조선공산당과 고려공산청년회는 1925년 11월 신의주(新義州)에서 시작된 제1차 검거 사건을 빌미로 만천하에 드러났다.

1925년 11월 22일 신의주에서 신만청년회(新灣靑年會)라는 단체의 회원이 변호사를 폭행하는 사건이 발생했다. 폭행 사건이 발생하자 신의주 경찰서에서 이 신만청년회원의 집을 수색하던 중에, 고려공산청년회 책임비서인 박헌영(朴憲永)이 중국 상해로 보내는 고려공산청년회 중앙집행위원회 회원 자곡 사표(査表)와 함께 통신문 세 통을 발견했다.[4] 이 문서가 드러나면서 폭행 사건은 조선공산당과 고려공산청년회 검거 사건으로 전환되었다.[5] 조선공산당 제1차 검거 사건으로 검거된 피의자는 20명이었다. 이 20명은 치안유지법 위반 혐의로 예심(豫審)에 부쳐졌다.

일제하 형사재판은 검거-취조-기소-예심-공판을 거쳐 형이 확정되었다. 재판은 3급 3심제로, 제1심은 지방법원, 제2심은 복심법원, 제3심은 고등법원에서 관장했다. 경찰 조사가 끝난 후, 경찰에서 지방법원 검사국으로 사건이 송치되고 나서부터는 검사의 신문이 이어졌다. 이 단계에서 지방법원 검사국 검사가 피의자에 대해 공소(公訴)를 제기할 수 있다. 공소를 제기하는 것은 검사국 검사이다. 여기에서 공소라는 것은 유무죄의 판결을 구하는 검사의 소송 행위를 말하며, 이때 검사는 피의자

3 김인덕, 「조선공산당의 투쟁과 해산」, 『일제하 사회주의운동사―조선공산당 재건운동을 중심으로』, 한길사, 1991, 50쪽.
4 임경석, 『이정 박헌영 일대기』, 역사비평사, 2004, 104쪽.
5 임경석, 『잊을 수 없는 혁명가들에 대한 기록』, 역사비평사, 2008, 47~48쪽.

의 예심 회부 여부를 결정하게 된다. 피의자에 대해 검사가 예심을 청구하는 행위를 공소라고 할 수 있다. 공소를 제기하는 검사의 역할은 사건을 처음부터 세밀하게 수사하는 것이 아니라, 검사국에 접수된 고소장, 고발장, 경찰의 수사에 기초해 사건을 예심판사나 판결 기관인 법원으로 보내서 공소를 제기하거나 공소를 유지하는 것이다.[6]

여기에서 주목할 것은 예심이라는 제도이다. 예심제도는 일제하에만 시행되었던 형사소송 절차였다.[7] 예심제도는 1912년 조선형사령이 제정되면서 시행되어 1945년 해방 때까지 있었다.[8] 조선형사령에 따르면, 공소는 기소-예심-공판 순서로 진행되었다. 기소는 중죄일 경우 지방법원 검사가 조사하고, 검사가 조사를 마치면 예심판사에게 예심을 청구한다. 검사는 예심을 청구할 수 있고, 예심을 청구하기 위해 작성된 문서를 예심청구서라고 한다.[9]

예심의 가장 큰 특징은 기한이 없다는 것이다. 예심에서 피고인의 인신 구류 기간은 3개월로 정하고 있으나, 갱신이 가능했다.[10] 따라서 예심이라는 명목하에 피고인의 신체적 구금은 무제한으로 가능했다. 조선공산당 제1차 검거 사건의 경우, 1925년 11월에 검거된 피고인은 예심에

---

6 문준영, 『법원과 검찰의 탄생』, 역사비평사, 2010, 492쪽.

7 안유림, 「일제 치안유지법체제하 조선의 豫審제도」, 『이화사학연구』 38, 이화사학연구소, 2009, 135쪽.

8 문준영, 앞의 책, 655쪽.

9 김승일, 「일본제국주의 식민통치지역 재판소제도의 비교 연구」, 『역사문화연구』 38, 한국외국어대학교 역사문화연구소, 2011, 98쪽.

10 「朝鮮刑事令」 제16조에 해당한다.

송치되어 재판이 끝나는 1928년 2월까지 약 2년 4개월 동안 미결수인 상태로 구금되어 있었다. 예심은 검찰, 사법경찰관의 수사의 연장, 예심 기간 중의 무제한적 미결 구금을 활용하기 위한 장치였다.[11]

검사의 예심청구서를 보면 검사가 이 사건을 어떻게 인식했는지 확인할 수 있다. 검사는 일본 제국의 '국체'가 자본주의를 기초로 하고 있어서 공산주의를 받아들이지 않는데, 조선공산당은 '국체'를 파괴하고 변혁하기 위해, 공산주의를 실현하고자 조선 내의 노동자, 농민, 청년 등에게 공산주의 사상을 확대, 선전하고 혁명을 기도하려는 목적을 가진 조직이라고 보았다. 이런 검사의 의견에 따라 검거 사건에 연루된 피고인 20명은 치안유지법을 위반했다는 혐의로 예심이 청구되었다.

20명이 예심을 받고 있던 도중인 1926년 6월에 또 검거 사건이 발생했다. 조선공산당 제2차 검거 사건은 1926년 6월 6일 천도교 중앙본부 교당 안에 비밀리에 숨겨 놨던 격문이 발각되면서 시작되었다.[12] 일제 경찰은 6.10만세운동 계획이 천도교를 중심으로 진행되고 있다는 판단을 토대로 수사를 시작했고, 천도교 교당에 격문을 숨긴 사람으로 박래원(朴來源)이라는 사람을 지목했다. 박래원에 대한 수사가 진행되면서 6.10만세운동 계획 수사는 6월 7일 고려공산청년회 책임비서 권오설(權五卨)이 검거되면서 조선공산당 제2차 검거 사건으로 확대되었다. 제2차 검거 사건으로 검거된 피의자는 치안유지법, 출판법 위반 혐의로 경성지방법원

---

11 신동운, 「日帝下의 豫審制度에 관하여」, 『서울대학교 法學』 27권 1호, 서울대학교 법학연구소, 1986, 162쪽.

12 임경석, 『잊을 수 없는 혁명가들에 대한 기록』, 역사비평사, 2008, 105쪽

검사국에 송치되었다.[13]

두 검거 사건은 사건이 발생한 시기에 차이가 있다. 그리고 본 것처럼 제1차 검거 사건은 사건이 이미 예심계로 넘어가서 예심이 진행 중이었다. 이 사람들에 대한 예심이 끝난 것도 아닌데 제2차 검거 사건이 발생했다. 조선총독부는 1925년 12월에 발생한 제1차 검거 사건, 그리고 1926년 6월에 발생한 제2차 검거 사건, 두 사건을 유사하고 연속적인 사건으로 판단하고 병합심리를 결정했다. 연이어 검거되는 조선공산당, 고려공산청년회에 연루된 사람들에 대한 경찰 조사를 바탕으로, 피의자에 대한 신문을 통해 앞서 발생한 검거 사건에서 이어지는 사건으로 봤다. 두 사건의 병합심리를 결정한 조선총독부, 경성지방법원 검사국은 두 사건이 조직적으로 긴밀한 연관이 있다고 보고, 두 사건을 한 곳에서 심리하는 것이 절차상 편리하다고 보기도 했다.[14] 그래서 두 사건을 병합심리 해서 '조선공산당 사건'이라는 하나의 틀을 만들려고 했던 의도가 있었다. 두 검거 사건이 긴밀한 관련이 있는 것으로 판단하고, 공산당 검거 사건을 식민 통치에 위협이 되는 위험한 사건으로 본 것이었다.

검거된 피고인은 계속해서 예심 신문을 받았다. 피고인에 대한 예심이 끝나는 것은 다음 해인 1927년 3월이었다. 예심에 회부된 피고인은 모두 105명이었다. 이 중에서 제1차 검거 사건 피고인이 20명, 제2차

---

13 권오설, 염창렬, 김경재, 이지탁, 박민영, 홍덕유, 이봉수, 김항준, 강연천, 박래원, 민창식, 양재식, 이용재, 백명천, 손재기, 이수원, 박의양 등이었다(「第482號 事件送致書」, 1926.7.2., 『治安維持法違反訊問調書 權五卨外11名』, 국회전자도서관, 3쪽).

14 「新義州事件과 聯絡하여 取調」, 『동아일보』, 1926.7.14., 2면.

검거 사건 피고인이 85명이었다.

피고인에게 씌워진 혐의였던 치안유지법은 1925년 4월 21일 일본 법률 제46호로 공포되었다. 이 법은 식민지 조선뿐만 아니라 대만, 사할린 등 일본의 식민지와 남양제도, 관동주 등 일본 통치 지역에서 시행되거나 '의용(依用)'되었다.[15]

치안유지법은 7개 조항으로 구성된 법이었다. 이 법이 제정된 1925년부터 1945년까지 사회주의, 무정부주의, 독립운동 등 민족해방운동에 광범위하게 적용되는 사상통제법이었다. 특히 치안유지법 제1조인 "국체를 변혁하거나 사유재산제도를 부인하는 것을 목적으로 결사를 조직하거나 이에 가입한 자는 10년 이하의 징역 또는 금고에 처한다"는 조항은 "조선 민족해방 관념에 공산주의 사상을 섞은 일종의 공산주의 운동"을 탄압하는 기제로 작동했다.[16]

치안유지법은 1925년에 제정되어 1928년과 1941년에 두 차례 개정이 되는데, 치안유지법이 1928년에 개정될 때는 제1조 제1항의 10년 이하의 징역 또는 금고에 처한다는 조항이 2개 항으로 나눠지면서 사형까지 가능해졌다. 1928년 개정된 치안유지법 제1조 제1항은 "국체를 변혁하기 위해서 결사를 조직하거나, 결사에 가입하거나, 그 임원이면 사형 또는 무기징역이나 5년 이상의 징역 또는 금고에 처한다"고 규정한다. 1925년 치안유지법 보다 양형 기준이 더 강해진 것이다. 1925년부터

---

15 加藤高明, 「治安維持法ヲ朝鮮、臺灣及樺太ニ施行スル件」, 1925.5.7., 國立公文書館.
16 京城地方法院, 「鄭泰重等九十五人判決文」, 1928.2.21., 공훈전자사료관, 9쪽.

1945년까지 101인 사건의 피고인처럼 일본 제국의 "국체를 변혁"하려는 사람들은 치안유지법을 통해 처벌받게 되었다.

예심을 마친 피고인 105명은 치안유지법 위반으로 공판이 개정될 때까지 서대문형무소에 갇혀 있었다. 예심에 회부된 피고인 105명 중 5명은 무혐의로 풀려났다. 그리고 한 사람은 예심 과정에서 사망했다. 박순병(朴純秉)이었다.[17] 박순병은 『시대일보』 기자이면서 고려공산청년회 중앙위원이었다. 박순병은 1926년 7월 17일에 검거되었다. 박순병은 검거된 당일, 그리고 약 열흘 후인 7월 28일에 경찰에서 신문을 받았다. 그리고 약 한 달이 지난 8월 25일 사망한 것이었다. 사망 전에 예심 송치를 위한 검사의 신문이 한 차례 있었고, 예심에 송치되고 얼마 지나지 않아 사망한 것이었다. 박순병은 7월 28일 경찰 신문 후부터 배가 아프다고 했고, 담당 경찰은 피의자가 복통을 호소하니 입원 치료가 필요하다고 보고했다. 의사가 박순병의 증상을 맹장염이라고 진단했다.[18] 그리고 사망한 것이었다. 이것은 맹장염으로 보기는 어렵다. 박순병은 일제 경찰의 고문에 의해 장 파열로 사망한 것이었다. 박순병의 사망 소식은 신문에도 보도되었다. 그의 사망 직후 『동아일보』, 『조선일보』에서 사인을 맹장염으로 보도했다.[19] 한편, 상해에서 발행되던 조선공산당 기관지 『불꽃』에서는 사인을 장 파열이라고 보도했다.[20]

---

17 임경석, 『잊을 수 없는 혁명가들에 대한 기록』, 역사비평사, 2008, 122쪽.
18 「被疑者朴純秉入院ニ關スル件」, 1926.8.1., 『訊問調書 姜達永外47名治安維持法違反』, 국회전자도서관, 1284쪽.
19 「囑望多大하던 朴純秉君의 夭折」, 『朝鮮日報』, 1926.8.26., 2면; 「朴純秉氏 夭折」, 『東亞日報』, 1926.8.27., 3면.

예심을 받던 피고인 105명 중에 박순병이 고문으로 사망하고, 남은 104명 중 5명은 무죄로 면소되면서, 피고인은 99명이 되었다. 예심이 끝난 후 조선공산당 가입 혐의가 있었던 피고인 두 명이 추가로 검거되어 병합심리가 결정되고, 피고인 101명은 이제 재판을 받게 되었다.

3. 공판의 개정과 피고인 고문 문제

101인 사건 공판은 1927년 9월 13일에 개정했다. 1925년 11월에 검거된 피고인은 벌써 2년 가까이 감옥에 있었다. 워낙 언론에 대대적으로 보도되던 대규모 사건이었기 때문에, 피고인뿐만 아니라 피고인 주변의 가족들, 친구들이 재판을 방청하기 위해 공판 개정 전날부터 사람들이 모여들었다. 경성지방법원 주변은 경관들이 삼엄하게 경계하고, 피고인들이 호송되는 모습이라도 보려고 몰려든 피고인의 가족까지 인산인해를 이루었다.[21]

공판은 배석판사 3명, 서기, 통역, 변호인단 20명, 신병을 이유로 분리심리를 하는 피고인을 제외한 피고인 94명 등이 경성지방법원 제3호 법정에 들어왔다. 게다가 방청인, 경찰로 법정 안이 가득 찼다. 그리고 공판이 공개로 시작되었다. 판사가 경어로 피고인의 이름, 연령 등을 피고

---

20 「朴純秉동무를 悼함」, 『불꽃』 제7호, 1926년 9월 1일, 4면, РГАСПИ ф.539 оп.3 д.775.

21 신문 보도에 따르면 공판 개정일인 9월 13일 밤부터 비가 부슬부슬 내렸다고 한다(「鐵筒같은 경계, 殺到하는 群衆 未明부터 法院門前大混雜」, 『每日申報』, 1927.9.14., 2면).

인에게 일일이 말하게 하는 인정신문을 하고 이것이 끝나자 101인 사건의 사건 번호와 공소사실을 낭독했다.[22]

판사의 모두절차가 끝나자마자 입회 검사는 이 공판이 "안녕질서를 해할 우려"가 있으므로 공판을 비공개로 진행하게 해 달라고 요청했다.[23] 공판의 쟁점 중 하나인 공판 공개, 비공개 문제가 공판 개정 첫날부터 시작된 것이었다. 101인 사건은 이른바 '사상 사건'이었다. 검사는 공판 내용이 외부에 알려지게 되면 공안을 방해할 수 있다고 생각하고 공판 공개 금지를 요청한 것이었다. 일제는 이 사건이 치안유지법 위반 사건이기 때문에 공판 내용이 외부에 알려지는 것을 꺼렸던 것 같다. 더욱이 이 사건은 세간의 이목을 받던 치안유지법이 시행된 이후에 발생한 대규모 '사상 사건'이었다. 이 사건은 당시에 발간되던 일간지에 대대적으로 보도되고 있었고, 일제 관헌은 이 사건이 세간에 알려지는 것을 문제시했다. 사회주의, 공산주의에 대한 정당성이 신문을 통해 보도되면서 이 사상이 일반 대중에게 알려지고, 피고인에 대한 연민을 키우는 결과를 초래할 가능성이 있기 때문이었다. 재판장은 검사의 의견을 수리하고 공판을 비공개로 진행할 것을 결정했다. 이후 제2회 공판부터는 비공개로 개정되었다.

피고인은 공판이 비공개로 진행되는 데에 반발하기도 했다. 제1차 검거 사건으로 재판을 받던 박헌영은 재판장의 공판 공개 금지에 대해 "방

22 「公判調書」, 1927.9.13., 『高允相 外 100名 (治安維持法違反等)(이하 '공판조서'로 줄임)』 1冊, 국사편찬위원회 전자도서관, 16~55쪽.

23 「公判調書」, 1927.9.13., 『公判調書』 1冊, 국사편찬위원회 전자도서관, 57쪽.

청을 금지하고 엄중한 경계를 하는 것은 무산계급을 억압하는 것이고, 재판을 인정할 수 없으니 재판장 마음대로 판결하라"라는 취지의 발언을 했다.[24]

공판 공개, 비공개를 두고 101인 사건 변호인이었던 김병로(金炳魯), 김태영(金泰榮), 후루야 사다오[古屋定雄]가 항의하자, 재판부는 공판을 휴정했다가 재개정했다가 반복했지만, 결국 재판부의 결정으로 공판은 비공개로 결정되었다.[25]

공판의 공개, 비공개에 대한 법적 기준은 뚜렷하지 않았다. 다만 공판 공개를 금지할 때는 그 취지와 이유만 공판조서에 기재하면 되는 것이었다. 공개 여부를 결정하는 것은 재판장의 재량이었다. 재판부는 공안 방해를 이유로 공판의 비공개 진행을 결정했지만, 이 공안 방해라는 것의 명확한 근거는 없었다.[26] 공판은 마지막까지 비공개로 열렸다.

쟁점은 또 하나 있었다. 변호인단이 이 사건의 관할을 두고 문제를 제기한 것이었다. 변호인단은 최초 사건이 신의주에서 발생해서 예심을 받는 중에 제2차 검거 사건이 경성에서 발생하면서 두 사건의 병합심리가 결정되고, 사건이 경성지방법원으로 이송되었다. 병합심리 결정으로 경성지방법원으로 이송한 제1차 검거 사건에 연루되어 있던 피고인 20명의 사건이 아직 신의주지방법원에 계류되어 있다고 주장했고, 따라

---

24 제목없는 문서, 9월 15일 공판 제2일에 박헌영이 말하기를…, 날짜 미상, РГАСПИ, ф.495 о п.135 д.146 с.1.

25 「管轄違問題로 法廷愈益騷然」, 『每日申報』, 1927.9.14., 2면.

26 윤효정, 「신간회 운동 연구」, 고려대학교 한국사학과 박사학위 논문, 2017, 87쪽.

서 제1차 검거 사건 피고인 20명에 대한 재판은 관할 위반이므로 무효라는 것이었다.[27] 변호인단은 이 문제를 두고 항변서를 제출하고 재판부에 항의하기도 했지만, 제2회 공판부터 이 문제는 크게 불거지지 않았다.

이 사건의 여러 쟁점 중 가장 중요한 것은 피고인에 대한 고문 문제였다. 앞서 언급한 것처럼, 예심 때 박순병이 고문으로 사망했다. 박헌영은 제4회 공판에서 피고인 고문 문제, 박순병 고문치사 사건을 언급하며 재판장을 향해 분노를 표했다. 박헌영은 일제가 겉으로는 "법률에 의거하고 있다"고 하면서도 심리 과정에서 피고인에게 온갖 고문을 자행했고, 그로 인해 피고인을 불구로 만들었다고 울부짖었다.[28] 박헌영은 피고인에게 가해진 고문을 공판정에서 폭로하면서 재판부를 재구성할 것을 요구하고, 박순병 고문치사 사건과 101인 사건 수사 과정에서 자행된 고문에 대해 소송을 제기해야 한다고 주장했다.[29] 박헌영은 공판정에서 이런 발언을 하고 나서 끌려 나갔고, 이후로 공판정에 등정할 수 없었다.

박헌영의 고문 폭로는 이후 제5회 공판부터 사실심리의 국면을 바꾸었다. 피고인들이 사실심리를 하면서, 자신들이 경찰 조사와 예심 과정에서 한 진술은 고문에 의한 것임을 폭로하기 시작한 것이었다. 고문 문제가 수면 위로 드러나면서 변호인단 또한 고문 문제에 대해 조직적인 행동을 하게 되었다.

---

27 「朴憲永外19名 合併審理는 不法」, 『每日申報』, 1927.9.14., 2면.
28 제목 없는 문서, 9월 15일 공판 제2일에 박헌영이 말하기를…, 날짜 미상, РГАСПИ, ф.495 оп.135 д.146 с.1.
29 위의 글, ф.495 оп.135 д.146 с.2.

박헌영의 고문 폭로와 함께 공판정에서 경관이 필기를 한 것도 변호인 단이 조직적 행동을 하게 되는 기폭제가 되었다. 박헌영의 고문 폭로가 있고 나서, 다음 공판에서 종로경찰서 경관 김면규(金冕圭)가 공판정에 들 어와 뒤에서 몰래 피고인 심리 내용을 적은 것이 문제가 되었다.[30] 김면 규는 피고인이 종로경찰서에 잡혀 왔을 때, 피고인을 직접 신문했던 사 람이었다. 변호인단은 공판이 비공개로 결정되었는데 어떻게 경관이 들 어와서 심리 내용을 적느냐며 항의했다. 변호인단은 이를 사법권 침해라 며 대책을 강구했다.[31]

변호인단이 조직적으로 움직이게 된 것 중 하나는 피고인의 보석신청 이었다. 사망한 박순병뿐만 아니라 사건에 연루된 피고인 대다수는 경찰 신문 과정에서 고문을 당했다. 공판정에 출정할 수 없을 정도로 건강 상 태에 이상이 있었던 피고인이 7명이 있었는데, 이들은 지속적으로 보석 신청서와 진단서를 검사에게 제출했다. 검사는 피고인의 보석신청서를 보고 보석 여부를 판단해서 재판장에게 제출하면, 재판장이 주문과 함께 보석 여부를 결정했다. 피고인의 건강 이상을 호소했지만, 재판부는 뚜 렷한 근거 없이 피고인의 보석을 허가하지 않았다.[32]

이렇게 피고인의 고문 문제, 공판 비공개 문제, 피고인 보석 문제 등 문제가 중첩되어 계속 불거지자 변호인단은 변호 사임계를 재판부에 제 출했다.[33] 변호인단이 단체로 사임계를 제출하고 공판에 출정하지 않자,

---

30 「박헌영의 身上 말할수업다」, 『朝鮮日報』, 1927.9.23., 2면.

31 「司法權侵害問題로 辯護士團蹶起抗議」, 『東亞日報』, 1927.9.24., 2면.

32 「決定」, 1927.9.20., 『公判調書』 1冊, 국사편찬위원회 전자도서관, 312~318쪽.

사실심리를 진행할 수 없었다.[34] 변호인단이 재판 거부를 행사하면서 두 차례 공판에서 사실심리를 하지 못하게 되었지만, 변호인단은 돌연 태도를 바꾸고 다시 공판에 출정하기로 했다. 변호인단이 재판을 거부하게 되면 오히려 재판만 계속 늘어지게 된다고 판단했기 때문이었다. 피고인이 101명이나 되고, 이 사람들에 대한 사실심리를 하는 데도 시일이 얼마나 소요될지 모르는 일이었다. 변호인단이 사임계를 제출한 것은 이 문제 많은 재판에 대한 조직적인 대응이었다.

공판은 다시 속개했다. 공판정에서는 피고인에 대한 사실심리가 계속 이어지고 있었고, 재판장이 경찰, 예심에서 피고인이 진술한 내용을 가지고 확인을 하면, 피고인은 경찰, 예심에서 그러한 진술을 한 이유는 모두 "고문을 당해서 그런 것이었다"라는 식으로 대응했다. 피고인이 고문을 당했다는 것을 공판정 밖으로 폭로하기는 어려웠다. 변호인단은 피고인과 함께 고문 문제를 법적으로 대응하기 위해 움직이기 시작했다. 피고인이 지속적으로 공판정에서 고문 사실을 언급하면서 혐의를 부인하자, 변호인단은 조직적으로 이 문제를 대외에 알리고, 피고인을 고문한 경관을 고소하기로 했다.

변호인이 피고인을 대리해서 고소장을 접수했다. 피고소인은 미와 와사부로[三輪和三郎], 요시노 도조[吉野藤藏], 오모리 히데오[大森秀雄], 김면규(金冕圭) 등 종로경찰서 경관이었다.[35] 이들을 고소한 사람은 조선공산당 중

---

33 「辭任屆」, 1927.9.27., 『公判調書』 1冊, 국사편찬위원회 전자도서관, 536~546쪽; 「辭任屆」, 1927.9.29., 『公判調書』 1冊, 국사편찬위원회 전자도서관, 547~552쪽.
34 「公判調書(第7回)」, 1927.9.27., 『公判調書』 1冊, 국사편찬위원회 전자도서관, 533~535쪽.

앙집행위원이었던 권오설(權五卨), 강달영(姜達永), 전정관(全政琯), 홍덕유(洪悳裕), 이준태(李準泰) 등이었다. 고문은 경관이 원하는 대답을 끌어내기 위해 자행된 것이었다. 이는 곧 형법 제195조에 해당하는 독직죄(瀆職罪)이며, 이러한 '범죄'를 저지른 종로경찰서 경관 4명을 고소한다는 것이었다.

형사소송법 제248조에 따르면 사법경찰관은 직무를 실시하고, 제135조에는 "사건을 조사하는 경관은 피고인에게 이익이 되는 사실을 진술할 기회를 주어야 한다"고 명시하고 있다. 사건의 조사가 진행 중이었고, 피고인의 형이 아직 확정되지 않은 상태에서 경관은 원하는 답을 강요하기 위해 피고인에게 고문, 폭행을 가했다.[36]

경성지방법원에서 고소장을 접수하고 나서 고소장을 접수한 조선공산당 중앙집행위원이자 피고인인 5명을 조사하고, 이어서 피고소인인 종로경찰서 경관 4명에 대한 취조가 예정되어 있었지만, 이것은 진행되지 않았다. 고문경관 4명에 대한 취조가 제대로 이루어지지 않고, 현장 검증도 되지 않았다. 얼마 지나지 않아 고문경관을 취조하기는 했지만 불충분했다. 고문경관에 대한 취조가 있고 얼마 지나지 않아 경관이 피고인을 고문한 증거가 없다고 고문경관 고소는 불기소로 끝났다.

일제강점기 내내 고문은 만연해 있던 문제였다. 고문은 일제 식민지 통치의 본질을 보여 주는 것이었다. 일제는 폭력을 동원하여 일제 식민

35 布施辰治, 「朝鮮公産党事件被告の拷問警官に対する告訴」, 『進め』 5年12号, 1927年12月(布施辰治, 『布施辰治 植民地関係資料集: 石巻文化センター所蔵 2, 朝鮮・台湾編』, 布施辰治資料研究準備会, 2006, 175쪽).
36 위의 책, 177쪽.

지 통치 질서를 유지하려고 했다. 101인 사건에서 드러난 고문 문제는 식민지 조선의 중앙이자 정치, 경찰, 제반 문화 활동의 중심지인 경성에서 경찰의 폭력성이 폭로된 것이었다.[37]

고문경관 고소가 있을 때도 피고인에 대한 사실심리가 계속 이어지고 있었다. 이 과정에서 변호인은 피고인이 경찰, 예심에서 한 진술이 고문과 폭력에 의한 것이었음을 입증할 증거조사신청서를 경성지방법원에 제출했다. 그런데 1927년 11월 17일 제28회 공판에서 재판부는 증거조사신청을 각하했다. 변호인단은 모두 퇴정해 버리고, 변호인단은 다시 들어와 재판을 거부하겠다는 재판장 기피신청을 했다.[38]

재판부가 판단하기에 '증거'는 이미 다 만들어져 있었다. 재판부의 입장에서 '증거'란, 경찰 조사와 예심에서 작성된 신문조서였다. 이러한 '증거'가 이미 있는데 다시 증거를 조사할 필요는 없었다. 변호인이 제시한 증거가 피고인에게 이익이 되는지 여부는 중요하지 않았다. 재판부가 인정하는 유일한 '증거'는 신문조서였다. 재판부는 이러한 이유에서 증거조사신청을 거부한 것이었다.

재판장 기피신청은 변호인이 제28회 공판에서 즉흥적으로 결정한 것이 아니었다. 앞서 사법권 침해 문제가 있었을 때, 변호인은 사임계 제출을 통해 강경한 태도를 보였다. 이때부터 피고인이 공판정에서 진술할 때 방해가 되거나, 불리한 진술을 하는 상황이 생기면 재판장 기피를 할

---

37 「朝鮮警察의 正體」, 『東亞日報』, 1927.10.18., 1면.
38 「五十人의 證人申請 昨日에 再次 却下」, 『每日申報』, 1927.11.18., 2면.

작정이었다. 변호인이 재판장 기피신청을 한 것은 고문경관 고소에 이어 더 직접적인 재판에 대한 배척 행동이었다. 경관 고소를 통해 고문 사실을 대외에 알리면서, 다른 피고인의 법정 태도에도 영향을 미쳤지만, 이는 불기소로 끝나게 되었다. 이어서 증거조사신청도 기각되자 재판장을 거부하겠다는 태도를 보인 것이었다.

재판장 기피신청을 하면서 공판은 정지되었다. 변호인이 제출한 재판장 기피신청서에 나타나는 재판장 기피신청의 이유는 첫째, 피고인이 경찰, 예심 신문 과정에서 고문이나 폭행을 당했다고 진술했고, 둘째, 피고인이 조선공산당, 고려공산청년회와 관계가 없음을 입증하기 위해서 재판장 기피신청을 한다는 것이었다. 변호인은 신문을 통해 재판장 기피신청 이유를 설명하는 기사를 발표했는데, 기사를 통해 보면 피고인이 고문에 의해 사실이 아닌 공술을 하게 된 것, 그리고 피고인이 반증할 수 없으므로, 사건의 진실한 내용을 밝히기 위해 재판장 기피신청을 하게 되었다고 밝혔다.[39]

피고인은 경찰, 예심 신문 과정에서 고문, 폭행을 당하고 정신이 혼미한 상태인 데다가 공포를 느꼈다. 이런 상황에서 경찰, 예심판사가 묻는 대로 대답을 할 수밖에 없었다. 경찰, 예심 신문조서는 모두 경찰과 예심판사가 임의로 작성한 것이라고 주장하는 피고인도 있었다. 공판정에서 사실심리를 할 때 재판장이 피고인에게 묻는 '범죄 사실'을 부인하고, 자신이 고문당했음을 폭로하는 피고인도 있었다.[40]

---

39 「聲明書 全文」, 『東亞日報』, 1927.11.20., 2면.

재판부 측에서는 변호인의 증거조사신청을 모두 기각했다. 피고인이 경찰, 예심 신문 단계에서 진술한 내용이 사실이 아님을 증명하기 위해 고문을 가한 경관 4명, 신의주 경찰서 관계자 2명, 사건의 예심판사 1명, 입회 서기 1명을 증인으로 신청했지만 모두 기각했다. 증거조사도 하지 않았다.

'재판부'가 피고인이 고문을 당해 거짓 진술을 할 수밖에 없었다는 공판정에서의 폭로도, 증거조사신청도 기각한 이유는 이미 101인 사건의 '전모'가 경찰, 예심 단계에서 만들어졌기 때문이었다. 경찰의 의견서를 토대로 예심 회부 여부를 결정하고, 예심에 회부된 피고인에게는 또다시 경찰 조사를 바탕으로 신문조서가 작성되었다. 공판에서는 예심에서 작성된 신문조서를 가지고 재판장이 피고인에게 조서 내용이 맞는지 확인하고 형량을 구형하는 과정이었다.

변호인은 이러한 재판 절차 자체를 문제시하고 증인조사를 요청했지만, 증거조사 신청은 기각되었다. 변호인은 '재판부'가 증거조사신청을 기각했기 때문에, 이 재판이 피고인에게 불리하게 돌아갈 수 있으므로 재판장 기피신청을 하게 되었다.[41]

형사소송 절차상 재판장 기피신청을 하게 되면 진행되던 재판은 멈추고 이 기피신청에 대한 재판을 해야한다. 기피재판을 하기 위한 기피재판 재판부를 새롭게 꾸리고, 기피신청을 하고 나서 15일 이내에 공판을

---

40 「忌避申請書」, 1927.11.17., 『公判調書』 4冊, 국사편찬위원회 전자도서관, 618쪽.
41 위의 책, 620쪽.

다시 시작하지 않으면 공판은 처음부터 다시 시작해야 한다. 기피재판은 그렇게 시간 여유가 있는 사안이 아니었다.[42]

기피신청을 받은 기피재판부는 기피 이유가 없다며 재판장 기피신청을 기각했다. 경찰, 예심 신문조서에 있는 피고인의 진술에 모순이 없고, 이 진술 내용이 '범죄' 성립 여부, 사건의 진상을 드러내는 유일한 증거라는 것이었다.[43] 피고인이 경찰, 예심에서 진술한 내용이 곧 증거인데, 다시 증인을 소환하거나 증거를 조사할 필요가 없다는 주장이었다. 그래서 101인 사건 담당 판사들이 증인 신청도 각하했던 것이며, 불공정한 재판을 할 이유가 없다는 게 기피 '재판부'의 기피신청 각하 이유였다.

101인 사건에서는 피고인의 '자백'이 증거로 작용했기 때문에, 피고인의 '자백'이 담긴 신문조서가 재판의 유일한 증거였다.[44] 수사기관이 작성한 조서에 '법령에 따라 작성된 신문조서'의 자격을 부여한 것이었다. 그러므로 피고인의 '자백'을 얻기 위한 고문과 폭력이 자행되었다.[45] 이러한 '자백'의 임의성에 대해 피고인이 고문경관을 고소한 것이었고, 재판장 기피신청으로 이어진 것이었다. 변호인단은 재판장 기피신청 재판이 기각된 것을 놓고 이에 항소하겠다고 했지만, 이때가 12월이고 이제 남은 절차가 검사 논고, 구형, 변론 등이 남아 있었다. 그래서 이제 기피신청에 대한 항소는 하지 않기로 하고, 남은 재판을 받게 되었다.

---

42 「共産黨事件 裁判長의 忌避申請은 却下 乃已」, 『東亞日報』, 1927.12.6., 2면.

43 「却下理由全文 (2)」, 『東亞日報』, 1927.12.9., 4면.

44 지수걸, 「치안유지법과 고등경찰제도」, 『20세기 한국의 야만』, 일빛, 2001, 69쪽.

45 정긍식, 「특집 조선총독부-사법제도 운용의 실상」, 『역사비평』 24, 1994, 230쪽.

4. 다시 시작된 공판과 판결

재판장 기피신청으로 공판이 한 달 정도 정지되어 있다가 1927년 12월 15일 제29회 공판으로 다시 공판이 열렸다. 남은 절차는 검사 논고, 검사 구형, 변호인 변론, 판결이었다. 1927년 9월 13일에 공판이 시작되었고, 벌써 3개월째 공판이 이어지고 있었다.

피고인의 사실심리가 끝난 후에는 검사의 논고가 있었다. 검사는 101인 사건 피고인을 치안유지법을 위반한 '범인'으로 보고, 이 범인들이 공산주의를 실현하려고 했기 때문에, 이들의 죄를 처벌해야 할 대상으로 파악했다. 101인 사건은 식민지에서 발생한 치안유지법 위반 사건이었다. 검사를 비롯한 '재판부'는 일본 제국이 통치하는 곳에서 일어난 '사상 사건'의 '범인'을 법으로써 다스리려고 했다.[46] '재판부'는 '범인'들을 일본 제국이 통치하는 지역의 질서를 방해하는 사람들로 보았다. 이 '범인'들이 비밀결사를 조직하여 사유재산제도를 부인하면서 제국의 질서를 해치려고 했기 때문에 치안유지법으로 다스려야 한다고 주장했다.

이어서 변호인의 변론이 이어졌다. 변호인과 검사는 치안유지법 적용을 놓고 논쟁을 벌였다. 변호인은 조선공산당, 고려공산청년회가 조직된 시점이 식민지 조선에서 치안유지법이 시행된 시점보다 앞서 있기 때문에 치안유지법을 적용할 수 없다고 주장했다.[47] 변호인은 법률 불소

---

46 「公判調書(第31回)」, 1927.12.17., 『公判調書』 4冊, 국사편찬위원회 전자도서관, 815~816쪽.

급 원칙에 따라 피고인에게 치안유지법을 적용하는 것은 무효라고 변론했다.

반면 검사는 조선공산당의 조직 여부와 상관없이 이미 치안유지법을 위배하는 결사를 조직했기 때문에 피고인에게 치안유지법을 적용할 수 있다고 주장했다.[48]

사건 선고 공판이자 제48회 공판은 1928년 2월 13일에 열렸다. 공판은 계속 비공개로 열렸는데, 선고 공판은 공개로 개정되었다. 이날 선고 공판을 마지막으로 공판은 끝났다. 피고인 95명은 치안유지법, 대정8년 제령제7호(이하 '제령7호'로 줄임), 출판법 위반으로 징역 6년에서 징역 8개월에 집행유예 2년을 선고받았다. 무죄 판결을 받은 피고인도 있었다. 1927년 9월 13일에 개정한 제1심 공판은 1928년 2월 13일까지 무려 5개월이나 걸렸다. 공판 개정 후 피고인에 대한 사실심리만 2개월이 걸렸다. 재판장 기피신청으로 공판이 한 달간 휴정하고, 재개된 공판에서 검사 논고, 변호인의 변론도 두 달이 소요되었다.

공판이 오래 걸린 이유는 101인 사건이 치안유지법 위반 사건이기 때문이었다. 식민지 조선에서 치안유지법이 1925년 5월 12일에 시행된 이후, 101인 사건처럼 공산당 관계를 이유로 치안유지법이 적용된 대규모 사례는 없었다. 1924년에 발생한 '고려공산당 창립준비위 사건'의 경우, 치안유지법이 제정되기 이전에 발생한 사건이었기 때문에 제령7호가 적

---

47 「公判調書(第46回)」, 1928.1.13., 『公判調書』 5冊, 국사편찬위원회 전자도서관, 85쪽.
48 위의 책, 85쪽.

용되었다.[49] 이 사건 이후 치안유지법이 적용되어 판결을 받은 사례는 있으나, 공산당 관련 사건은 없었다.

판결은 모두 95명에게 선고되었다. 처음 공판이 시작될 때는 피고인이 101명이었다. 101명 중 백광흠(白光欽)과 박길양(朴吉陽) 2명은 판결 선고가 있기 전에 사망했다. 나머지 99명 중에서 보석으로 분리심리가 진행 중인 피고인 박헌영, 조리환(曺利煥), 이재익(李在益), 주종건(朱鍾建) 등 4명을 제외한 피고인 95명에게 판결이 선고되었다.

백광흠, 박길양은 옥중에서 사망했다. 앞서 봤던 박순병과 마찬가지로 고문으로 희생된 사람들이다. 백광흠, 박길양은 지속적으로 보석신청을 했다. 이들은 병원에 보내 달라고 계속해서 요청했음에도 보석이 기각되었다.[50] 백광흠은 조선일보사 동래지국장이자 조선노동공제회 상무간사였다. 백광흠은 늑막염과 신경쇠약을 진단받고 보석을 신청하는데 기각되었다. 이후 두 번을 더 보석신청을 하고 마지막에 보석보증금을 내고 출옥할 수 있게 되었다.[51] 그리고 2개월이 지나고 고향인 동래에서 사망했다. 사망진단서에는 백광흠의 사인이 '급성늑막염'이라고 적혀 있다.[52]

박길양은 공판이 진행되던 1928년 1월 19일 오전 4시 50분, 서대문형무소 안에서 사망했다. 박길양도 고려공산청년회 성원이었다. 서대문형

---

49 京城地方法院, 「大正14年刑公第830號 判決」, 1925.9.12., 국가기록원, 14~15쪽.

50 「保釋申請(白光欽)」, 1927.9.14, 『公判調書』 1冊, 국사편찬위원회 전자도서관, 86쪽; 「意見書(白光欽)」, 1927.9.15., 『公判調書』 1冊, 국사편찬위원회 전자도서관, 87쪽.

51 「決定(白光欽)」, 1927.10.13., 『公判調書』 1冊, 국사편찬위원회 전자도서관, 349쪽.

52 「死亡診斷書」, 1927.12.15., 『公判調書』 5冊, 국사편찬위원회 전자도서관, 21쪽.

무소 감옥의의 진단에 따르면, 박길양의 사인은 '십이지장충증과 진행성 악성 빈혈증'이었다.[53] 박길양은 사망하기 하루 전인 1월 18일, 보석이 허가되었다. 보석보증금 100원을 내야만 서대문형무소를 나갈 수 있었다. 보석보증금 100원도 문제였지만, 피고인이 사망하기 직전의 상태가 되어야만 '재판부'는 보석을 허가한 것이었다.

두 피고인의 진단명은 늑막염, 폐결핵 등이었다. 신문 과정에서 자행된 고문, 폭력, 그리고 미결수 상태로 2년 가까이 감옥에 갇혀 있던 상황들을 고려해 봤을 때 사인은 여러 개가 따라붙을 수 있겠지만, 직접적인 원인은 고문 때문이었다.

95명이 치안유지법, 제령7호, 출판법 위반으로 판결을 받았다. 가장 많은 징역을 받은 사람은 조선공산당 책임비서였던 김재봉, 강달영이었다. 이들은 징역 6년을 선고받았고, 가장 적은 징역을 받은 사람이 징역 8개월에 집행유예 2년을 선고받았다. 무죄가 선고된 사람은 12명이었다.

유죄가 선고된 83명 대부분은 치안유지법 제1조 제1항이 적용되었다. 치안유지법을 다시 보자. 치안유지법 제1조 제1항에는 "국체를 변혁하거나 사유재산제도를 부인할 목적으로 결사를 조직하거나 이에 가입한 자는 10년 이하의 징역 또는 금고에 처한다"라고 명시되어 있다. 제1조 제1항에서는 ① 국체를 변혁 ② 사유재산제도 부인을 목적으로 Ⓐ 결사를 조직 Ⓑ 조직의 목적을 알면서 가입한 자는 10년 이하의 징역 또는 금

---

53 「死亡診斷書」, 1928.1.19., 『公判調書』 5冊, 국사편찬위원회 전자도서관, 110쪽.

고에 처한다고 규정한다. 101인 사건 피고인 중 79명에게는 이 조항이 적용되어 유죄가 선고되었다.

치안유지법은 제정된 1925년부터 1945년까지 사회주의, 무정부주의, 독립운동 등 민족해방운동에 광범위하게 적용되던 사상통제법이었다. 특히 제1조 제1항은 "조선 민족해방 관념에 공산주의 사상을 섞은 일종의 공산주의 운동"을 탄압하는 기제로 작동했다.

101인 사건 피고인 중 유죄가 선고된 83명 중 제령7호가 적용된 피고인 4명을 제외한 나머지 79명에게는 치안유지법 제1조 제1항이 적용되었다. 제령7호 위반으로 유죄가 선고된 피고인 4명은 조선공산당, 고려공산청년회 조직, 가입 혐의가 아니라 조선공산당이 주도해서 1926년 순종 인산일에 만세 시위를 계획했던 6.10만세운동에서 격문을 인쇄하거나 배포하여 독립운동을 했기 때문에 제령7호가 적용되었다. 이 4명은 조선공산당이나 고려공산청년회와 같은 비밀결사에 가담한 것이 아니고, 독립운동을 했다는 혐의만 인정했기 때문에 치안유지법을 적용하지 않았다. 101인 사건 판결에서는 독립운동에 대해서는 치안유지법을 적용하지 않았다.

재판부는 제령 7호가 아닌 치안유지법을 통해 공산당 조직 행위를 탄압하려는 의도가 있었다.

치안유지법 제1조 제1항 위반으로 유죄가 선고된 피고인 79명에게 재판부는 피고인이 조선공산당, 고려공산청년회를 조직하거나 가입한 '사실'을 확인한 경우, 이 법을 적용하여 유죄를 선고했다.

치안유지법은 제정 초기부터 피고인의 행동, 즉 비밀결사 조직, 가입,

선전 등의 행위를 탄압하려고 했고, 이런 행위를 했을 때는 징역 10년을 선고할 수 있었다. 치안유지법은 1928년 개정 이후에 최대 사형까지 선고할 수 있었고, 비밀결사 조직, 가입, 선전 등 피고인의 행동뿐만 아니라 전향을 통해 피고인의 사상까지 탄압했다. 일제는 애초에 이 법을 통해 피고인의 사상과 양심을 탄압하는 것이 목적이었다. 그러나 1925년에 제정된 치안유지법은 피고인의 사상까지 탄압하는 것은 불가능했다. 피고인의 결사 조직, 가입만 탄압할 수 있었다.

5. 맺음말

101인 사건은 1925년 11월과 1926년 6월에 발생한 두 차례의 조선공산당, 고려공산청년회 검거 사건의 재판이다. 일제는 두 차례의 검거 사건의 성격이 유사한 것으로 판단하고 병합심리를 결정해서 기소했다. 예심에 부쳐진 피고인은 모두 105명이었고, 예심을 마친 피고인은 104명이었다. 이 과정에서 일제의 고문에 의해 박순병이 사망했다. 그리고 재판 과정에서 백광흠, 박길양이 사망했다.

101인 사건 피고인은 일제로부터 치안유지법으로 행위를 탄압당했다. 피고인은 대의를 위해 비밀결사를 조직하고 여기에 가입했다. 피고인의 행위는 어떤 개인의 출세를 위한 것이 아니라, 피억압 민족의 이익을 위한 것이었다. 피고인은 피억압 민족의 해방이라는 대의를 위해 비밀결사를 조직하고 활동한 것이 치안유지법 위반의 이유가 되어 검거되고 일제에 의해 '처벌'받았다. 대의를 위해 비밀결사를 조직하고, 가입한 피고인은 치안유지법 제1조 제1항이 적용되어 징역 1년에서 징역 6년을 선고받았다.

101인 사건은 식민지 조선에서 치안유지법이 적용된 가장 대규모 사건이었다. 이 사건으로 비밀결사 조선공산당과 고려공산청년회가 만천하에 드러났고, 검거된 피고인은 재판에 회부되는 등의 고초를 겪었다. 이들은 치안유지법 위반 혐의로 예심과 공판을 거쳐 판결을 받고 이후에 오랜 시간 복역을 해야 했다. 재판이 끝난 이후에 복역하면서 권오상, 권오설 등이 사망했다. 피고인이 복역을 다 마친 이후에도 다시 운동 일선으로 복귀하는 피고인은 얼마 없었다. 출옥하고 얼마 지나지 않아 사망하는 피고인도 있었고, 정신을 놓게 되는 사람도 있었다. 모두 고문에 의한 희생이었다.

京城地方法院, 『訊問調書 姜達永外47名治安維持法違反』, 1926.

_____, 『治安維持法違反訊問調書 權五高外11名』, 1926.

_____, 『高允相 外 100名 (治安維持法違反等)』1~5冊, 1927.

김국화, 「'101인 사건'을 통해 본 일제하 형사재판」, 성균관대학교 사학과 박사학위 논문, 2020.

김승일, 「일본제국주의 식민통치지역 재판소제도의 비교 연구」, 『역사문화연구』 38, 한국외국어대학교 역사문화연구소, 2011.

문준영, 『법원과 검찰의 탄생』, 역사비평사, 2010.

안유림, 「일제 치안유지법체제하 조선의 豫審제도」, 『이화사학연구』 38, 이화사학연구소, 2009.

윤효정, 「신간회 운동 연구」, 고려대학교 한국사학과 박사학위 논문, 2017.

임경석, 『이정 박헌영 일대기』, 역사비평사, 2004.

_____, 『잊을 수 없는 혁명가들에 대한 기록』, 역사비평사, 2008.

_____, 「조선공산당 창립대회 연구」, 『대동문화연구』 81, 성균관대학교 대동문화연구원, 2013.

정긍식, 「특집 조선총독부-사법제도 운용의 실상」, 『역사비평』 24, 역사비평사, 1994.

제목 없는 문서, 9월 15일 공판 제2일에 박헌영이 말하기를…, 날짜 미상, РГАСПИ, ф.495 оп.135 д.146 л.175~177.

지수걸, 「치안유지법과 고등경찰제도」, 『20세기 한국의 야만』, 일빛, 2001.

布施辰治, 『布施辰治 植民地関係資料集: 石巻文化センター所藏 2, 朝鮮·台湾編』, 布施辰治資料研究準備会, 2006.

한국역사연구회 1930년대연구반, 『일제하 사회주의운동사—조선공산당 재건운동을 중심으로』, 한길사, 1991.

『동아일보』.

『매일신보』.

『불꽃』 제7호, 1926년 9월 1일, РГАСПИ ф.539 оп.3 д.775.

『조선일보』.

우생학, 과학에서 미신의 경지로

정일영

서강대학교 사학전공 조교수

■ 이 글은 한양대 의과대학 신영전 교수가 주 저자를 맡고 본인이 공저자로 참여한 논문 「미수
(麋壽) 이갑수(李甲秀)의 생애와 사상: 우생 관련 사상과 활동을 중심으로」, 『의사학』 28-1, 2019
를 바탕으로 삼았다.

2023년 5월 22일, 미국 워싱턴 D.C.에서 한 10대 남성이 백악관 보안 장벽을 뚫기 위해 차량을 몰고 돌진했다. 차량에서는 나치 문양이 발견되었고, 범인은 체포된 뒤 히틀러를 찬양하며 나치의 위대한 역사, 우생학과 권위주의를 존경한다는 발언을 했다고 한다.[1] 제2차 세계대전에서 나치가 우생학을 근거로 많은 생명을 앗아 갔던 사실은 이미 잘 알려져 있다. 그렇다면 우생학은 서양에서 유행했던 사조에 불과하며, 이제 시대착오적인 범죄자만이 숭배하는 것일까? 뜻밖일지 모르겠으나, 일제 식민지 시기 한반도에서도 우생학이 최신의 학문으로 여겨졌었다. 이 글에서는 이갑수(李甲秀)라는 인물을 통해 일제 식민지 시기의 우생학 담론을 살펴보고자 한다.

우선 우생학에 대해 간략히 살펴보자. 【그림 1】의 인물은 프랜시스 골턴(Francis Galton)이다. 1822년 영국에서 태어난 그는 우생학의 창시자로 불리는 인물이다. 그는 학자로 활동하며 우생학 관련 저서도 다수 출간

---

1 「"대통령 죽일 거야" 히틀러 추종 10대, 트럭 몰고 백악관 돌진하다 체포」, 『한국일보』, 2023. 5.24.

했다. 그는 '진화론'으로 널리 알려진 찰 스 다윈(Charles Robert Darwin)의 사촌이기 도 하다. 그의 주장에는 다음과 같은 내 용이 있다. "재능, 성격 지능 등은 유전된 다. 가난한 사람은 생물학적으로 열등하 기 때문에 가난해졌다.", "인간도 선택적 으로 번식해야 한다."

【그림 1】 프랜시스 골턴(Francis Galton)

키가 큰 부모의 자식은 키가 클 확률 이 높다. 그것은 상식에 가깝다. 지능 또 한 그럴 가능성이 있다. 그런데 골턴은 이 '유전'을 극한까지 끌고 갔다. 가난의 상태까지도 유전적 열등함과 연 결한 것이다. 가난한 자는 사회적인 요인 때문에 가난해진 것이 아니라, 가난하게 살 수밖에 없는 열등한 인자를 가지고 태어났기 때문에 가난하 게, 열등하게 살고 있다는 것이다. 쉽게 말하면 인간은 태어날 때부터 자 신이 타고난 유전자에 의해 운명이 정해져 있다는 이야기다. 이 논리는 '번식'에 대한 방법론에도 영향을 미쳤다. 즉, 인간도 선택적으로 번식해 야 한다는 것이다. 사랑하는 남녀가 만나 아이를 낳는 것이 아닌, 우수한 인종을 재생산하기 위해 번식하는 셈이다. 종종 SF영화에 나오는 것처 럼, 우수한 인종만 가려 그들만 아이를 낳을 수 있도록 해야 사회가 발전 할 수 있다고 믿은 것이다.

오늘날 이런 주장을 하면, 사회적으로 큰 문제가 될 것이다. 그러나 19세기와 20세기에 걸쳐 이 우생학은 전 세계적으로 첨단 과학으로서 맹위를 떨쳤다. 대표적인 것이 앞서 언급한 나치다. 나치의 인종 절멸 정책이 바로 여기서 시작되었다. 유대인, 신티-로마('집시'라고도 하지만 이 용어에는 비하의 의미가 있다), 흑인, 동양인, 모두 순혈 게르만 민족이 아니고는 이등, 삼등 인종들이기 때문에 '청소'하듯이 없애거나 격리하는 것이 세계에 도움이 된다고 생각했다. 오늘날에도 인종 차별 사례는 끊이지 않는데, 이런 차별이 등장하는 근거 중 하나가 바로 우생학이다.

하지만 우생학이라고 하면 왠지 한국과는 거리가 먼 것처럼 느껴지기도 한다. '단일민족'의 신화가 여전히 힘을 발휘하는 데다, 한국에서 인종 차별은 없거나 약하다고 믿는 이들이 많기 때문이다. 그러나 실은 한국도 이미 일찍부터 우생학의 영향을 받았고, 여전히 우리는 우생학의 영향을 받은 문화 속에 살고 있다. 대표적인 것이 일제 식민지 시기의 식민사관이다. 조선인은 태어날 때부터 못나게 태어났기 때문에 평생 그렇게 살아야 한다는 논리가 그 시대를 지배했다. 식민자인 일본인만 그렇게 주장한 것이 아니라, 이광수처럼 식민지의 지식인이자 명사마저도 이 논리를 내면화하여 확산시키려 했다. 그가 쓴 「민족개조론」이 그 대표적인 사례라고 할 수 있을 것이다. 이광수는 「민족개조론」에서 조선인은 애초에 열등한 자질, 즉 민족성을 가지고 태어났기에 자치니, 독립이니 말할 자격이 없고, 천년만년 계속 자기 계발을 해야만 한다고 주장한 바 있다. 이 주장 또한 궁극적으로는 우생학에 기반을 두고 있다고 볼 수 있다.

소록도에서 한센인을 대상으로 자행된 단종 시술도 마찬가지다. 한센인에 대한 우생학적 단종 시술은 일제 식민지 시기에도 진행됐지만, 해방 이후에도 계속되었다는 것이 밝혀졌다. 이 우생학적 단종 시술이야말로, 앞서 골턴이 주장했던 핵심 내용이다. 한센병은 유전되고 그들의 병이 유전되면 이 사회를 '오염'시킬 수 있기 때문에, 한센인은 아예 처음부터 아이를 낳아서는 안 된다는 것이다. 이런 논리로 소록도에서는 본인의 동의 없이 강제로 한센인에게 불임 시술을 하거나 단종 시술을 했다. 사실 여기에는 큰 오류가 자리 잡고 있다. 바로 한센병은 유전되지 않는다는 사실이다. 그런데도 '과학'이라는 이름으로 과학에 근거하지 않은 비윤리적인 행위가 자행된 것이다.

이처럼 한국에서도 우생학의 이름으로 사회적 소수자에게 고통을 가했던 일이 분명히 있었다. 그렇다면 일제 식민지 시기에 우생학이 어떻게 도입되었고 유행했는지 좀 더 자세히 살펴볼 필요가 있다. 일제 식민지 시기에 의사로 활동했던 한 인물을 통해 일제 식민지 시기 우생학의 양상을 잘 살펴볼 수 있다. 그가 어떤 주장을 했는지, 그리고 과학이라는 이름으로 어떠한 비과학적 주장을 하게 되었는지 살펴보면, 오늘날 우리가 이러한 과거의 현상을 어떻게 받아들이고 해석할 것인지 고민해 볼 수 있을 것이다.

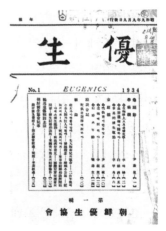

【그림 2】조선우생협회가 1934년에 발행한 잡지 『우생』의 창간호 표지

『우생』의 창간호 표지만 봐도 서구에만 우생학이 있었던 것이 아니라, 한반도에도 우생의 역사가 있었음을 확인할 수 있다. 이 잡지를 발행한 조선우생협회는 1933년 9월에 발족했다. 회장은 윤치호(尹致昊)였고, 이사진은 여운형(呂運亨), 송

진우(宋鎭禹), 방응모(方應謨), 유억겸(兪億兼), 김성수(金星粹), 김활란(金活蘭), 오긍선(吳兢善) 등 당대의 명사들이었다. 여운형과 송진우는 해방 이후에도 정치 활동을 했던 거물급 인사였으며, 방응모나 김성수는 언론인 혹은 기업인으로 유명한 이들이었다. 유억겸, 김활란 또한 당대의 유명 지식인이었다. 즉, 당대에 내로라하는 조선의 지식인들이 조선우생협회 창립에 가담했다는 것을 알 수 있다. 이는 당시 우생학이 지식인이라면 다들 한마디씩 하며 조금이라도 아는 척하려는 '선진 지식'이자 '첨단 과학'이었다는 것을 말해 준다.

표지에는 목차가 게재되었는데, 주요 기사의 제목을 보면 다음과 같다.

학술란

◇ 생물학상으로 본 우생학

◇ 혈형유전에 관하여

◇ 세계적 우생운동

가정란

◇ 성교육이란 무엇?

◇ 유전에 대하여

◇ 결혼과 연령

좌담회기

◇ 배우자 선택에 대하여

이 중 「세계적 우생운동」이라는 글을 쓴 이를 주목할 필요가 있다. 그는 조선우생협회 창립 당시 총무이사를 맡았고, 잡지 『우생』의 편집인과 발행인을 맡았던 이갑수다. '미수'를 호로 사용했던 그는 일제 식민지 시기에 유학을 다녀온 의사이자, 해방 후 이승만 정권의 보건부 초대 차관을 지냈던 인물이다.

우선 이갑수가 어떤 삶을 살았는지 간략히 살펴보자. 그는 1899년 4월 23일 황해도 김천군에서 태어났다. 이승경이라는 친척에게 양자로 입양되었다가, 이후 이승경의 남동생인 이승모에게 재입양되었다. 어린 나이에 두 번이나 입양될 정도로 우여곡절을 겪은 것이다. 반면 집안 형편은 괜찮은 편이었던 것 같다. 해방 후 자신의 삶을 반추하는 신문 인터뷰 기사를 보면 "13대를 이어온 만석거리 대지주의 아들"이라는 표현이 나올 정도로 유복한 가정환경에서 유년을 보내고 고등교육의 기회도 누릴 수 있었다. 그는 매동보통학교와 경성제일고등보통학교를 졸업한 후, 1920년에 경성의학전문학교를 졸업했다. 그리고 1921년에 독일로 유학을 떠났다. 당시의 상황을 감안하면, 식민지 조선인으로서 최고 엘리트 코스를 밟았다고 할 수 있겠다.

1921년 독일로 유학을 떠나 1924년에 베를린 의과대학을 졸업하고 프라이부르크대학교 내과에서 1년간 수련을 한 뒤 귀국했다. 돌아오기 직전에는 미국으로 가서 미국 여행을 한 다음 돌아왔기 때문에, 당시에 보통 사람들이 하기 쉽지 않은 경험을 하고 돌아온 셈이었다. 미국에서 귀국한 이후에는 1926년 서울 수송동에 진료소를 신축하여 '이갑수 내과의원' 혹은 '이내과의원'으로 불리는 병원을 개원했다. 1927년 6월부터

1928년 8월까지는 『동아일보』의 의학 상담란을 맡을 정도로 유명한 의사가 되었다.

국내에서 의사로 활동하던 중, 그는 1933년에 다시 일본으로 유학을 떠났다. 일본 유학행은 박사학위를 받기 위해서였는데, 결국 1936년 교토 제국대학에서 박사학위를 취득했다. 당시 그의 박사논문 지도교수는 오규 기쿠오[荻生規矩夫]로 독일과 오스트리아에서 유학했던 인물이었다. 뒤에 다시 언급하겠지만, 이 또한 이갑수가 우생 사상을 받아들이는 데 큰 영향을 미쳤던 것으로 보인다.

그가 조선우생협회 창립에 참여한 것은 일본으로 유학을 갈 즈음이었다. 학위를 빨리 받기 위해 유학을 택한 것이기 때문에, 이 시기 조선과 일본을 자주 오갔던 것으로 보인다. 조선우생협회는 1933년 9월 14일 황금정에 있던 '지오다 그릴'이라는 식당에서 40여 명의 인사가 모여 발회식을 가지며 창립되었다. 이갑수는 조선우생협회의 초대 총무이사로서 협회의 창립, 강연회 개최 등 협회를 운영하는 데 핵심적인 역할을 수행했다. 조선우생협회의 잡지인 『우생』의 창간과 발간에도 중요한 역할을 했고, 이미 앞에서 살펴본 것처럼 본인도 잡지에 우생학과 관련한 여러 글을 게재하였다.

또 한 가지 흥미로운 점은 그가 '결혼상의소'라는 것을 설치해야 한다고 주장했고, 실제로 그것을 설치하여 운영했다는 점이다. '결혼상의소' 혹은 '결혼상담소'를 설치하고 운영한 의도는 골턴이 주장했던 내용, "인간도 선택적으로 번식해야 한다"는 것을 실천하기 위함이었다. 좋은 유전자를 가진 우월한 인간끼리 결혼을 해서 아이를 낳아야 하기 때문에,

결혼에는 '과학적' 상담과 지도가 필요하다는 것이었다. 즉, 연애나 결혼 자체를 위한 상담이 아니라, 어떻게 하면 좋은 유전자를 가진 배우자를 만나서 결혼할 수 있는지를 '생물학적', '과학적'으로 상담하는 기관을 만든 것이다. 그가 우생학에 경도되었음을 직접적으로 알 수 있는 행적이다.

이갑수는 해방 전후에도 우생학 관련 글을 신문 잡지에 계속 기고하였다. 『우생』에 게재했던 「세계적 우생운동」 외에도, 1932년 잡지 『중앙』에 게재한 「우생학적 운동이란 무엇인가」, 1933년 잡지 『신여성』에 게재한 「우생학적 산아제한론」, 1938년 『매일신보』에 게재한 「단종법」, 해방 후 잡지 『현대과학』에 게재한 「조국재건과 민족우생운동」 등의 글을 발표하였다. 글의 제목에서 잘 드러나듯이, 이갑수는 열등한 유전자를 가진 사람들은 아이를 낳아서는 안 되며, 국가는 그것을 통제할 필요가 있다고 생각했다. 그리고 그의 주장을 뒷받침하는 중요한 근거는, 이러한 우생학적 조치를 '선진국'들이 모두 시행하고 있다는 점이었다. 그는 다수의 글에서 유럽이나 미국에서 시행하는 우생학적 조치를 소개했는데, 그러한 내용을 소개하는 이유는 '세계적 추세'를 빨리 따라가야 한다는 것이었다. 해방 후 기고한 글에서도 새로운 국가를 만들었으니, 국가를 발전시키기 위해서는 우생학에 근거하여 정책을 운영할 필요가 있다고 강조했다.

해방 후 이갑수의 중요한 활동 중 하나는 조선우생협회를 계승한 우생협회를 재발족한 것이다. 이름을 한국민족우생협회로 변경하였는데, 재발족이라는 용어에서 드러나듯 일제 식민지 시기의 조선우생협회를 계승한 단체였다. 한국민족우생협회의 목적은 "조선민족의 건강과 우생학적 결혼을 연구 실천"하는 것이었다. 협회가 설립된 뒤, 화신백화점 내에 국민우생결혼상의소를 설치, 운영하였다. 일제 식민지 시기에 진행했던 방식에서 조금도 벗어나지 않는 형식으로 우생학을 실천에 옮겼던 것이다.

협회의 창립회에는 이승만과 이범석이 참석하여 직접 강연할 정도로 당대 명사의 관심을 끌었다. 즉, 유력 정치인들 또한 '민족 우생'에 많은 관심을 보였고, 이 행사에 적극적으로 참석하는 것이 당시 본인의 정치적 입지를 다지는 데 도움이 되었다는 점을 확인할 수 있다. 이처럼 일제 식민지 시기에 그랬던 것처럼, 해방 뒤에도 우생학은 여전히 사회의 첨단 지식, 진보적인 사상으로 여겨졌다. 여기서 주목할 만한 점은 한국민족우생협회가 '재발족'했다는 점이다. 조선우생협회 창립 때 참여했던 인물의 면모는 앞에서 살펴본 바와 같다. 그런데 당시 참여했던 인물 대부분이 1930년대 말에서 1945년 해방 직전까지, 제국주의에 부역한 혐의가 있는 인물들이었다. 이들이 조직했던 단체를 해방 직후에 '계승'했다는 것은 쉽게 할 수 있는 일이 아니었다. 정치적, 도덕적으로 문제의 소지가 있으며, 대중의 강한 비난을 받을 수도 있었다. 차라리 새롭게 만들었다고 하는 것이 오히려 안전할 텐데, '계승'을 이야기했다. 이는 우생 관련 단체가 정치적 집단이 아니라 '객관적인 과학의 이름으로' 민족을 위한다는 대의명분을 내세웠기 때문에 가능한 일이었다.

남한 단독정부 수립 후, 이갑수는 1949년 6월 11일부터 1950년 11월 1일까지 초대 보건부 차관으로 활동했다. 당시 그가 보건부 차관으로서 관심을 가졌던 정책은 감염병 대비책, 의료인 면허 제도 도입, 의료보험 제도 도입, 청소년 흡연 문제 등이었다. 그리고 또 하나, 그가 지대한 관심을 가졌던 분야가 있다. 바로 한센병 정책이었다. 사실 그의 재임 기간은 그리 길지 않은데, 말년의 인터뷰나 자신의 저서에서 가장 큰 아쉬움을 표하는 부분이 한센병 정책을 완성하지 못했다는 점이었다. 그렇다면 그가 추진하고자 했던 한센병 정책은 어떠한 정책이었는가? 한센병 환자의 분포 실태를 조사한 뒤, '나예방협회' 활동이나 '구라사업회원권' 등을 판매하는 등의 활동으로 한센병 정책의 기반을 마련하는 것이 우선이었다. 중요한 것은 그가 이러한 기반을 만든 뒤 한센인을 치료하는 정책을 추진하고자 한 것이 아니었다는 점이다. 그가 보건부 차관으로 재임 중이던 1949년 8월 『충청일보』에 게재된 이갑수의 발언을 살펴보자.

> 보건부로서 강력한 대책을 강구하고 있으며 금번 경남북 양도의 나환자 수용소를 시찰하였는데, 충남에는 나환자가 극소하니만큼 충남의 나환자를 경남북에 이송하거나 그것이 여의치 않으면 충남의 현재 수용된 나환자는 물론 부랑나환자를 전폭적으로 수용할 만한 기관을 설치하여 충남의 나환자를 완전히 없애려 한다.[2]

즉, 그가 추진하려고 한 한센병 정책은 '강력한 대책'으로 한센인을 모두 격리·수용하여 '일반 사회'에서 한센인을 '완전히 없애'는 것이었다.

---

2 『충청일보』 1949.8.28.

나치의 절멸 정책이 연상되는 이 발언은 그저 발언으로 그치지 않았다. 이갑수는 우생운동을 법제화하려고 시도했다. 1951년 '국민의료법'이 제정되는데, 이 법안의 초안 중 제1조 안은 다음과 같다.

> 제1조 본 법은 민족의 우생적 발전을 도모하기 위하여 국민의 보건 향상과 국민의료의 적정을 기함을 목적으로 한다.

법안의 제1조는 매우 상징적인 기능을 담당한다. 보통 법안의 궁극적인 목적을 설명하고 그 명분을 이야기하는데, 이 초안 작성에 이갑수가 깊숙이 개입했다. 이 초안은 국가 정책으로서 '민족의 우생적 발전을 도모'를 목적으로 삼아 보건 및 의료 정책을 추진하겠다는 의지를 표명했다. 당시 '우생적'이라는 단어가 제2차 세계대전 이후 민감할 수도 있는 상황이었는지, 법안이 최종 제정될 때 결국 제외되긴 했다. 그렇다면 국민의료법 제1조에 우생이라는 단어를 넣으려고 힘썼던 이갑수의 우생사상은 어떻게 형성된 것일까?

그의 청년 시절은 국제적으로 혼란기였다. 제1차 세계대전이 일어나고, 러시아혁명이 일어났으며, 국내에서는 3.1운동이 일어났다. 그런 시기를 거치고 유학 경험을 하면서 결국 힘이 지배하는 국제 정세에 민감하게 반응할 수밖에 없었다. 당시의 여느 식민지 지식인들처럼 살아남기 위해서는 힘을 키워야 한다는 결론으로 치달을 가능성이 컸다. 거기에 더하여 사회·경제적 문제를 과학으로 해결하려는 '과학 중심주의' 또한 전 세계적으로 고조되던 시기였기 때문에, 그 시기에 유학했던 이갑수도 큰 영향을 받을 수밖에 없었던 것으로 보인다. 때마침 유럽에서도 우생학 열풍이 일어나고 있었고, 그 또한 우생학의 영향을 받았다.

특히 이갑수는 독일로 유학을 갔는데, 당시 교통의 한계로 오가는 여정이 굉장히 길어질 수밖에 없었다. 반강제적으로 여행을 할 수밖에 없는 상황이었던 것이다. 그는 이 여정 중에 중국 상해도 방문했는데, 휘황찬란한 국제도시를 직접 목도하고 충격을 받았던 모양이다. 당시 그가 상해를 평가하면서 썼던 글이 의미심장하다. "여러 나라들이 서로 경쟁하여 집합한 결과 금일과 같은 번영한 대처(大處)가 되었다." 즉, 상해가 이렇게도 발전한 것은 경쟁을 통해 강자 혹은 우월한 자만이 살아남았기 때문이고, 그렇기에 상해가 이렇게 대단한 도시가 되었다고 생각했다. 우승열패, 즉 강자가 살아남는 경쟁 무대를 강요하고 권장하기 때문에 상해처럼 대도시가 발달하고 사회가 발전한다고 여긴 것이다. 이 또한 우생학에 기반한 발상이라고 볼 수 있다.

이갑수가 독일 베를린대학을 졸업하던 1924년은, 뮌헨 폭동에서 실패한 뒤 투옥 중이었던 히틀러가 『나의 투쟁』 1권을 집필하던 시기였다. 그가 히틀러의 영향을 직접 받은 것은 아니겠으나, 당시 독일의 분위기에 영향을 받을 수밖에 없었다. 그는 귀국 후 『우생』 창간호에 독일의 '유전병 방지법'을 번역하여 소개하였다. 소개의 맥락은 당연히, '이러한 선진법을 우리도 도입해야 한다'는 것이었다. '유전병 방지법'은 특정 질병이나 장애를 유전병으로 규정하고 그들을 절멸하는 것이었다. 처음에는 단종으로 시작했다가, 결혼 금지, 출산 금지까지 했다가 최종적으로는 절멸을 추구했다. 이후 홀로코스트의 법적 근거를 제공한 결정적인 법령이 바로 이 '유전병 방지법'이었는데, 이갑수는 귀국하자마자 이것을 번역하여 소개한 것이다.

　앞서 이갑수가 결혼상담소를 운영한 사실은 이미 언급하였다. 그런데 이 또한 이갑수 자신의 고유한 아이디어가 아니었다. 결혼상담소는 이미 서구에서 많은 우생학자가 도입했던 제도 중 하나였다. 대표적인 것이 미국의 대표적인 우생학자인 폴 포페노(Paul Popenoe)의 우생 활동이었으며, 일본 우생학의 아버지이자 이갑수의 롤 모델이었던 나가이 히소무[永井潛] 또한 우생학에 근거하여 결혼을 통제하려는 활동을 한 바 있었다. 이들의 활동은 '우월한 유전자'를 가진 사람들끼리 결혼해서 자식을 낳을 수 있게 하고 '열등한 유전자'를 가진 사람들은 산아제한을 하면, 그 결과 국가가 발전한다는 논리에 기반한다. 이갑수는 이 사상을 스펀지가 물을 빨아들이듯 흡수하여 귀국 후 직접 실천으로 옮겼던 것이다. 신문, 잡지에 글을 기고하는 등의 활동에서 그친 것이 아니라, 기관과 협회를 만들고 해방 뒤에는 차관이 되어 직접 정책을 운영했던 것이 이갑수 우생학의 가장 큰 특징이라고 할 수 있을 것이다.

　그의 개인사에서도 흥미로운 점이 한 가지 있다. 이갑수는 두 번의 입양을 경험했는데, 양부였던 이승경은 양녕대군의 16대손이었다. 그런데 이갑수는 이 점을 굉장히 강조했으며, 이승만과 인척 관계라는 점도 평생 강조했다. 1950년대 중반에는 『위인 이승만박사 전기』라는 책을 쓰기도 했다. 그가 자신의 출신이나 혈통을 굉장히 강조한 것, 선민의식을 강하게 가지고 있었던 것 또한 그의 우생 사상과 관련이 있다고 볼 수 있다. 또 이갑수는 세 번 결혼했는데, 한 번은 합의 이혼, 두 번째는 사별 후

세 번째 결혼을 했다. 그는 이 결혼 생활에서 얻은 다섯 명의 자녀를 모두 다 미국 등지로 입양 보냈다. 사실 상식적으로 잘 이해되지 않는 행동인데, 우생이라는 키워드를 놓고 그의 인생사를 보면 그의 삶과 행동의 기저에 우생이 깊게 자리 잡고 있었음을 알 수 있다.

이갑수 우생 사상의 특징을 살펴보면, 그가 우생운동을 펼치며 동원했던 두 가지 주요 논리가 있다는 점을 알 수 있다. 첫 번째 논리는 주요 선진국이 이미 우생 정책을 시행하고 있다는 것이었다. 선진국이 이미 시행하고 있는 '선진 정책'이므로 하루빨리 시행해야 한다는 논리였다. 두 번째는 우생학이 과학이자 의학이라고 내세울 수 있었다는 점이다. 즉, 그는 우생학을 주장하면서 과학과 의학이라는 권위에 기대었던 것이다. 이런 논리를 바탕으로 주장했던 이갑수의 우생론은 어디에 위치하는가? 이론적으로 볼 때, 우생론을 다음과 같이 분류할 수 있다.

【표 1】우생론 분류

	진흥 우생론	억제 우생론
경성 우생론	강제적으로 '좋은' 유전자 양산	단종법과 같이 출산 강제 금지
연성 우생론	교육, 홍보, 권장을 통한 자발적인 '바람직한' 결혼과 출산 유도	교육, 홍보, 권장을 통한 자발적인 '바람직하지 않은' 결혼, 출산 억제 유도

단종법 등 방법론적으로 강하게 우생론을 주장하는 것이 경성 우생론이라면, 교육이나 홍보, 권장을 통해 우생학을 실천에 옮기려는 것이 연성 우생론이다. 또, '좋은 유전자' 재생산에 초점을 맞춘다면 진흥 우생

론으로 분류할 수 있고, 반대로 '좋지 않은 유전자' 재생산을 금지하는 것은 억제 우생론으로 분류할 수 있다. 이 분류에서 단종법은 경성 우생론이면서 억제 우생론에 해당하는 것이다. 이갑수는 그의 글이나 발언에서 경성 우생론을 직접 주장하지는 않았다. 그가 철저한 기독교 신자였기 때문에 낙태 등을 쉽게 이야기할 수는 없었을 것이다. 그래서 그의 글에 나타나는 주장의 결을 살펴보면, 언뜻 연성 우생론을 주장한 것처럼 보인다. 많은 글에서 스파르타, 플라톤, 아리스토텔레스의 강경한 우생학적 사고를 비판적으로 서술하기 때문이다. 그러나 결국 그가 『우생』 등의 잡지에 우생학 관련 글을 기고하는 것은 우생운동의 필요성을 강조하기 위함이었다. 앞서 언급한 역사상의 예들이 좀 심하긴 하지만, 결국 정책적으로는 경성이자 억제 우생론을 시행해야 할 수밖에 없다는 식으로 논리를 이어 갔다. 특히 장애인이나 한센인에 대해 이야기할 때는, 경성우생론이 너무 과하다는 식으로 서술했던 것과 달리 매우 쉽게 단종법을 해결책으로 삼았다. 독실한 감리교 신자였던 그는 경성 우생론을 표면적으로 강하게 주장하지는 않았으나, 완전히 반대하지도 않았다. 그가 1938년 『매일신보』에 기고한 글을 보자.

이 단종을 실행하는 목적은 국민으로부터 열등 분자를 없애자는 데 있습니다. 열등 분자는 우생학상으로 열등 분자를 말함이니, 즉, 정신병, 화류병, 간질 기타 유전성의 악질을 가진 사람들을 단종시킴으로써 세상에서 자취를 질초도록하여 민족의 피를 깨끗이 하자는 것이 단종의 목적인데, 국민체위향상을 위하여 또는 국민보건을 위하여서는 절대

로 필요한 일이라고 하겠습니다.[3]

단종법을 설명하며 '열등 분자'의 절멸을 이야기하고, 그것이 "민족의 피를 깨끗이"하는 데 필요하며 '국민체위향상'과 '국민보건'을 위해 '절대로 필요한 일'이라고 주장했다. 이런 그의 주장은 해방 이후에도 고스란히 이어졌다. 그는 1953년 출간된 『국민의학』의 추천사를 쓰기도 했는데, 그 내용 중 일부는 다음과 같다.

> 이 단종이라 함은 전체민족질을 좀먹어 민족멸망의 두려운 결과를 가져오는 즉 상술(上述)한 악질 유전병을 가진 자를 생식단절을 시킨다든가 또는 격리 등 여러 가지 적당한 방법으로써 그 악질 유전질을 그 병자에게 국한시키고 또다시 후손에게는 유전되지 않도록 하는 방법인데, 즉 단종인 바 이 단종을 실시함에는 그 개인 의지에 맡긴다든가 또는 개인의 자제력과 교양에 기대함과 같은 것은 도저히 기약한 바 목적을 달성치 못하는 것이다. 결국은 국법과 국가적 시책으로서만 가능한 것이라.

사람들에게 자발적으로 우생운동을 맡기면 목적을 달성하기 어렵기 때문에, 법과 국가적 정책을 통해 강제적으로 시행해야 한다고 주장한 것이다. 일제 식민지 시기의 글과 결합해 보면, 정신 질환과 '화류병', 한

---

3 「단종법 국민의 체질을 노피자는 법」, 『매일신보』, 1938. 2. 16.

센병까지 억제우생론을 적용해야 한다고 주장한 셈이다.

홍미로운 점은 그가 의학과 과학을 내세워 우생론을 주장했고 그의 직업 또한 의사였으나, 그의 주장에는 결정적인 의학적 오류가 있었다는 점이다. 그가 저런 주장을 하던 시기, 한센병은 전염성이 확연히 떨어진다는 점, 더군다나 유전되는 병이 아니라는 점이 이미 의학계에서 밝혀진 시점이었다. 잘 알려지지 않은 사실이 아니라, 국제적으로 공유되고 있던 의학적 상식이었다. 그런데도 의사였던 이갑수가 계속 이러한 주장을 한 것은, 그의 주장이 의학적·과학적 소견이 아니라 '확장된 우생관'의 한 형태였다는 점을 잘 보여 준다. 신념이 지식을 압도하게 되는 현상을 적나라하게 보여 주는 예라고 할 수 있다.

그렇기 때문에 이갑수의 우생학적 사상은 사실 자가당착에 빠져 있다고 볼 수 있다. 그는 일제 식민지 시기에 동양인 피식민자로서 약자로 규정될 수밖에 없는 입장이었다. 사실 그도 유학 기간 많은 인종 차별을 당한 경험이 있었다. 독일과 일본에서 많은 인종 차별을 받았는데, 독일에서는 서양 여성과 연애도 했지만 여성 측 집안의 반대로 사랑을 이어 나갈 수 없었다. 물론 반대의 이유는 그가 동양인이라는 이유 때문이었다. 어린 시절 재입양을 당한 것도 결국 적자에게 밀렸기 때문이었다. 이러한 경험을 했음에도 그는 이러한 차별과 배제를 비판적으로 보지 않고 오히려 그 차별과 배제의 논리 속으로 깊이 뛰어들고자 했던 것이다.

결국 근대에 전 세계적으로 유행했던 우생학은 일종의 유사 과학이었고 그럼에도 과학과 의학의 이름으로 '미신의 경지'에 다다랐다. 이갑수와 같은 식민지의 우생론자들은 기존의 부당한 사회 구조를 인정하고 강자의 논리를 내면화하여 자신도 강자가 되길 원했다. 구조가 잘못되었으니 그 구조를 바꾸자는 주장을 하는 것이 아니라, 구조를 인정하고 그 속에서 내가 어떻게 힘을 키워 도생할 것인가를 고민했던 것이 이갑수를 비롯한 우생학 신봉자들의 태도였던 것이다.

이처럼 이갑수의 생애와 사상을 통해 과학이라는 시대적 권위를 바탕으로 자신의 뒤틀린 신념을 계속 고수한 식민지 지식인의 한 모습을 확인할 수 있었다. 그리고 이 모습은 오늘날에도 여전히 사라지지 않고 남아 있다. 자신을 포함한 다수의 이익을 위해서라면 소수의 고통은 감수할 만하다고 여기는 사회적 우생학의 논리를 오늘날 우리도 내면화하고 있지는 않은지 돌아볼 필요가 있다.

1930년대
정다산 기념사업의 재조명

조형열
동아대학교 역사문화학부 사학전공 조교수

1. 왜 정다산이었나

1930년대는 다산(茶山) 정약용(丁若鏞)에 대한 기념사업이 활발히 전개된 시기였다. 1935년은 다산이 세상을 떠난 지 100년이 되던 해였으며 조선 사회는 1934년 99주기 기념 강연회를 비롯하여, 1935년에는 각종 신문과 대중 강연을 통해서 정다산 기념사업을 활발하게 전개했다. 그리고 1938년에는 다산 전집인 『여유당전서(與猶堂全書)』가 간행되었다. 1935년에 진행된 기념행사를 당시 사업을 기획했던 이들과 신문은 '정다산 서세(逝世) 100년제(祭)'라고 불렀으며 100년제를 중심으로 기념사업이 진행된 것이다.

그렇다면 여기서 질문이 생긴다. 왜 정다산이었나. 역사상 많은 인물이 있었음에도, 또 사후 몇 주기를 맞이하는 사람이 정다산만이 아니었을 텐데도 불구하고, 왜 이 기념사업을 준비한 사람들은 정다산에게 주목했는지 질문하지 않을 수 없다. 역사 속 인물을 현재에 소환하는 행위는 당연히 목적의식적이다. 정다산을 과거로부터 소환한 사람들은 정다산을 통해 무엇을 말하고자 했을까. 그리고 그들은 정다산을 어떠한 이미

지로 만들어 냈을까. 정다산 서세 100년
제를 정점으로 한 일련의 기념사업을 돌
아보면서 다시 한번 살펴보아야 할 점
이다.

【그림 1】다산 정약용의 초상

다산 정약용은 1762년(영조 38)에 태어
나 1836년(헌종 2)에 사망했고, 『한국민족
문화대백과사전』에는 그가 『경세유표(經
世遺表)』, 『목민심서(牧民心書)』, 『여유당전
서』 등을 저술한 유학자이자 실학자(實學
者)라고 기록되어 있다. 정다산은 남인(南
人) 계열 가문 출신으로 성호(星湖) 이익(李
瀷)의 학문을 접하면서 자신의 생각을 형
성해 나가기 시작했다. 정조 대에는 관료로 일하면서 수원 화성 축조라
든지 과학기구 발명 등 과학자로서 면모도 인정받았다. 또한 천주교에
관심을 가지기 시작했고 이로 인해 장기간의 유배 생활을 했다. 이 가운
데 정다산은 당시 사회의 피폐상을 직접 목격하게 되고 각종 사회 분야
에 대한 현상과 개혁안을 포괄적으로 서술하면서 방대한 학문적 업적을
남기게 된 것이다. 일반적으로 그를 '실학의 집대성자'라고 평가하는 이
유도 이러한 성과에 있었다.

정다산에 대한 사전 내용 중 눈에 띄는 것은 다른 무엇보다 그가 실학
자이고, 실학을 종합할 만큼 학문의 발달에 한 획을 그은 인물이라는 평
가이다. 실학이라는 말은 근대 이후 경세치용(經世致用)의 성격이 담긴 '실

질적 학문', '실용적 학문'이라는 의미로 조선 후기에 등장한 개혁 사조, 개혁 사상을 개념화한 것이다. 바로 그 개념이 확산되기 시작한 것이 1930년대 정다산 기념사업을 통해서였다. 실학 규정은 1930년대 정다산 기념사업을 거치며 학자들이 퍼뜨리기 시작해, 1960년대 이후 한국학이 발전하게 되면서 일반화되기에 이르렀다. 정다산 기념사업이 '문제적'인 이유가 일단 여기에 있다.

2. 근대가 주목한 '우리'의 학문적 조류

어느 나라나 마찬가지이지만 근대에는 국민으로서의 일체감을 확보하기 위한 역사학과 역사교육의 역할이 강조되었다. '우리'를 명확히 인식하기 시작하는 것이 대부분 근대적 현상이라고 할 수 있겠다. 물론 근대 이전에도 같은 혈통과 문화를 가진 집단이라는 인식이 아예 없을 수야 없었겠지만, '우리'를 확인하는 데 가장 중요한 역할을 한 것은 너무나 잘 알려져 있는 바이지만 베네딕트 앤더슨(Benedict Anderson)이 지적했듯이 신문 등의 인쇄 매체였다. 또한 근대 교육이 시행되면서 같은 교육과정과 교과서를 통해서 공부하는 것도 국민 형성에 큰 영향을 미쳤다.

한국에서 '우리'와 '우리의 것'을 발견하기 위한 시도들은 1890년대 이후 신문과 잡지를 통해 활발하게 진행되었다. 『황성신문(皇城新聞)』과 『대한매일신보(大韓每日申報)』 등이 계몽운동을 주도하며 1910년 일제 강점 이전까지 이러한 흐름을 이끌었던 것이다. 이 시기 신문은 다양한 역사적 위인을 호출했다. 조선 세종의 문화적 활동, 태조 이성계의 강역(疆域) 확정, 고려 장군들의 외세에 대한 저항 등이 여러 차례 지면을 통해 소개되었다. 문필 활동에 참가한 지식인들을 통해 서구 학문의 수용과 각종 근대화 정책이 제시되는 가운데 '우리'의 과거에 대한 조망이 이루어지기 시작한 것이다.

특히 조선 후기의 학문에 주목한 것은 서구 학문이 밀려오는 상황에서 한국에도 새로운 변화를 추동하기 위한 노력이 있었다는 점을 강조하기 위한 의도가 있었다. 1890년대, 1900년대에 활동했던 지식인들은 바로 이러한 학문을 '실용학(實用學)', '경세학(經世學)', '이용후생(利用厚生)의 학(學)'이라고 이름을 붙였다. 서양의 근대가 경제학, 법학, 기술학 등 현실과 긴밀한 관련을 맺는 학문을 바탕으로 형성되었다고 본 이들이, 서구 학문을 의식하면서 서구와의 비교 가운데 한국의 보편성을 찾고자 했던 것이다. 조선 후기 학자들 가운데 현실 개혁과 민중 생활을 고민하는 경향이 발견된다는 것이 출발점이었지만, 여러 사례들이 발굴되면서 점차 학문적 경향을 하나의 집단으로 인식하게 되었다.

1900년대 무렵에는 인쇄술의 발달에 따른 서적 출판도 활발해지면서 조선 후기 개혁적 학자들의 저서가 시중에 널리 유통되었다. 당시 신문 광고에 많은 비율을 차지한 것이 주로 서포(書舗), 즉 책방 광고였고, 각 책방들은 서구 학문 소개서, 문학작품 등과 함께 이들 저서를 '고전'으로 취급했던 것이다. 대표적인 출판물이 정다산의 『흠흠신서(欽欽新書)』, 『목민심서』, 『대한강역고(大韓疆域考)』 등이었다. 『대한강역고』는 본래 정다산이 지은 『강역고』[혹은 『아방강역고(我邦疆域考)』]를 대한제국기의 대표적인 개신 유학자 장지연(張志淵)이 여러 문헌을 덧붙여서 증보 출판한 책이었다. 이 밖에도 『연암집(燕巖集)』, 『열하일기(熱河日記)』 등 박지원(朴趾源)의 책이 출간되기도 하였다.

이렇듯 근대 전환기에 들어서면서 조선 후기의 새로운 풍조, 그리고 서구를 의식하고 새로운 변화를 인식하고 있었던 학문에 대해 몇몇 지식인들이 주목하게 되었고, 일제 강점 직후에도 비록 그 강도는 약해졌지만 신문관(新文館)을 이끌었던 최남선(崔南善)과 여러 학자에 의해 계속해서 부름을 받게 되었다. 그리고 이러한 시도들이 1930년대까지 이어지면서 정다산 서세 100년제를 기점으로 한 기념사업으로 계승되었던 것이다.

3. 기념사업의 첫 번째 주역, 안재홍

1930년대 정다산 기념사업을 이끌었던 대표적 인물은 민세(民世) 안재홍(安在鴻)과 위당(爲堂) 정인보(鄭寅普)였다.

안재홍은 경기도 평택 사람으로 그가 즐겨 쓴 민세라는 호는 민족과 세계의 합성어였다. 그는 민족주의와 국제주의가 합류해야 한다고 강조하였고, 스스로 민세주의라는 이념을 내세웠다. 안재홍은 1891년 출생해서 1965년에 세상을 떠났다. 정인보와 완전히 동시대에, 거의 같은 활동 영역 속에서 살았다. 안재홍은 일본에서 와세다대학[早稻田大學] 전문부 정경과를 졸업하였고, 조선 유학생 학우회를 조직하여 활동하였다. 일본 유학을 통해서 서구 근대 학문을 수용한 것이 그의 사상을 형성하는 데 중요한 배경이 되었다.

안재홍은 언론 영역에서 가장 많
은 시간을 보냈다. 안재홍을 가리
키는 호칭으로 독립운동가, 역사학
자 등 여러 가지가 있지만, 언론인
안재홍으로 부르는 게 가장 자연스
럽게 느껴지는 이유이다. 일제하의
언론인은 일제의 통제 아래 사회 각
분야가 아직 충분히 발전되지 못하

【그림 2】 민세 안재홍(1891~1965)

고 전문 직종이 제한된 상태에서 조선인 사회의 여론을 형성하는 데 중요
한 역할을 했다. 1920년 『동아일보』, 『조선일보』의 창간을 시작으로 민간
에서 세 개의 한글 신문이 1930년대 후반까지 조선인의 목소리를 대변하
고자 했고, 언론인으로서 활동한다는 것은 당시의 대표적인 여론 주도층
이라는 의미였다. 안재홍은 시대일보사(時代日報社) 이사로 언론 활동을 시
작하였고, 이후 조선일보사의 주필, 부사장 등을 역임하였으며, 1930년
대 중반 이후에는 본격적으로 조선사(朝鮮史) 서술에 몰두하였다.

한편 민족운동의 일선에 참여한 것에도 주목할 필요가 있다. 안재홍
은 1912년 중국 상해에서 망명 독립운동가들과 함께 동제사(同濟社)에 가
담하였다. 동제사는 강렬한 민족의식을 갖고 있던 이들이 군주정이 아닌
민주정·공화정의 수립을 위해 힘쓴 단체였으며, 1912년은 중국에서 신
해혁명(辛亥革命)이 일어난 다음 해였고 민주주의 혁명의 흐름이 중국 전
역과 조선으로 확산되고 있던 때였다. 1919년 3.1운동 이후에는 대한민

국임시정부 활동을 국내와 연결하고자 서울에서 설립된 대한민국청년
외교단(大韓民國靑年外交團)에서 활동하였고, 이로 인해 약 2년여 동안 옥고
를 치렀다.

안재홍의 활동에서 뺄 수 없는 것 가운데 하나가 신간회(新幹會) 참여였
다. 1927년부터 1931년까지 좌파 사회주의자와 우파 민족주의자가 연합
하여 활동한 신간회는 1920년대 중후반 민족통일전선운동을 대표하는
단체였고, 안재홍은 경성지회(京城支會)를 중심으로 활동하는가 하면 사회
주의자의 해소론이 1929년부터 제기되는 가운데 신간회 고수를 주장한
비해소파의 일원이었다. 안재홍이 정다산 기념사업을 주도한 것도 바로
신간회 해소 이후 새로운 길의 모색과 깊은 관련이 있었다. 1931년에는
이충무공유적보존회(李忠武公遺蹟保存會)와 일제 말기에는 민족주의운동으
로서 큰 탄압을 받았던 조선어학회(朝鮮語學會)에 관계하기도 하였다. 이처
럼 신간회 해소 이후에는 주로 학술운동·문화운동을 전개하였고, 「조선
상고사관견(朝鮮上古史管見)」을 『조선일보』에 연재하는가 하면 1937년부터
『조선상고사감(朝鮮上古史鑑)』의 원고를 쓰기 시작해 1947년에 출간하였다.
학술운동·문화운동을 펼치는 것과 함께 그 자신도 조선 연구를 본격화
한 것이다.

해방 이후 안재홍은 건국준비위원회(建國準備委員會)에 여운형(呂運亨)과
함께 참여했지만, 갈등을 빚고 탈퇴하여 조선국민당(朝鮮國民黨)·한국독
립당(韓國獨立黨)과 같은 중도우파적 정당에서 활동하는가 하면 미군정이
세운 남조선과도입법의원(南朝鮮過渡立法議院)의 민정장관(民政長官)을 역임하
기도 하였다. 그리고 신간회 당시 민족통일전선운동을 전개했던 것처럼

1948년 4월 남북분단이 가시화된 상황에서 남북협상을 지지했지만 실패로 돌아가고, 5.10선거에는 불참했으나 1950년 제2대 총선에는 고향 평택에서 출마해 당선되었다. 그러나 6.25전쟁이 발발하고 바로 납북되었다.

납북된 이후 안재홍은 재북평화통일촉진협의회(在北平和統一促進協議會) 최고위원을 역임하였고, 북한에서는 안재홍을 활용하여 남북 대화와 교류를 추진하려고 하였다. 안재홍은 납북 15년이 된 1965년 평양의 한 병원에서 사망하여 평양 재북인사 묘역에 안장되었다. 흥미로운 것은 그가 세상을 떠난 직후 『안재홍 유고집』이 출간되었다. 이 책의 내용이 안재홍이 일찍부터 가지고 있던 민족의 통합이라는 생각들을 올바로 담고 있는 것인지, 아니면 납북 이후 북한 정치 정세의 영향을 받으면서 신변이 안정되지 않은 상태에서 강요된 진술을 한 것인지 정확히는 판단하기 어렵지만, 아마도 주변의 압력이 영향을 미쳤을 것이라고 추정할 수 있다.

이제 다시 신간회 해소 이후 학술운동·문화운동을 모색했던 장면으로 돌아가 보면, 신간회 비해소파 안재홍은 국내의 거의 모든 공개적 활동이 중단된 상황에서 합법적이고 대중적 방식으로 민족의식을 고취할 수 있는 방법을 찾아야 한다고 생각했다. 민세주의는 제국주의 식민지 관계가 굳건히 자리 잡고 있는 상황에서 국제적 모순이 응축된 존재로서 민족의 앞길에 대해서 모색해야 한다는 주장이었다. 민족주의와 국제주의라는 양극단 가운데 세계평화를 이루는 길도 민족의 독립에 있다고 생각했다. 즉 민족해방이 편협한 민족주의에 한정되는 것이 아니라 국제주의로 가는 도정에 있다고 보았으며 결과적으로 국제적 계급적 차원의 사회개조와 국민적 민족적 차원의 약소민족운동이 함께 가는 것, 즉 중층적으로 병존하는 것이었다. 이처럼 안재홍은 민족과 세계의 문제를 함께 고민했던 대표적인 지식인이라고 할 수 있다.

안재홍은 1930년대 초반부터 시작된 세계적 변동에 특별히 주의를 기울였다. 1931년에 만주사변이 일어나고 일본 내에서도 군부 세력들의 군국주의 경향이 강화되어 가는 상황을 보면서 민족 문화 수호운동이 최선은 아니지만, 식민 지배에 맞서는 활동이 사실상 가로막혀 있는 상황에서 어쩔 수 없는 차선책이라고 생각했다. 따라서 그는 학술운동·문화운동을 '정치적 차선책'이라고 하면서 1930년대 정다산 기념사업을 추진하게 되었다.

4. 기념사업의 또 다른 주역, 정인보

정인보는 1893년에 태어났으며 안재홍과는 두 살 차이로 동년배였다. 정인보는 일제하 해방 직후에 걸쳐 활동했던 대표적인 교육자이자, 소론(少論) 계열 강화학파(江華學派) 정제두(鄭齊斗)의 양명학 학풍을 계승한 한학자(漢學者)였으며, 또한 많은 조선사 저서를 남긴 역사학자였다. 위당은 그의 아호였으며 18세 무렵부터 이건방(李建芳)의 제자가 되었고, 이러한 지적 흐름의 영향이 후일 「양명학연론(陽明學演論)」을 집필하는 배경으로 작용하였다.

정인보는 강점 직후 만주에 가서 신민회 인사들이 주축이 되어 조직한 신흥강습소(新興講習所, 신흥무관학교)를 방문한 바 있으며, 안재홍과 신채호(申采浩)·신규식(申圭植) 등도 활동했던 동제사에 가입하였다. 정인보도 20세 전후에 일제 강점과 중국 외유(外遊)의 경험을 통해 민족의식을 확립하고 신해혁명의 영향을 받았을 것으로 판단된다. 그러나 정인보의 중국 체류는 길지 않았다. 1913년 부인이 세상을 떠

【그림 3】 위당 정인보(1893~?)[1]

나면서 국내로 돌아왔고, 1910년대에는 특별한 사회 활동 없이 학문과 조선 문화 연구에 몰두했던 것으로 보인다.

정인보는 1923년 이후 연희전문학교에서 전임 교수직을 역임하며 학문적 두각을 나타냈다. 식민지시기 전문학교의 교원은 소수의 지식인에게만 허용된 기회였고 이는 발흥하고 있던 조선의 학술계에서 다른 이들보다 학문적 안정성을 획득하는 데 유리한 조건이었다. 평생을 언론계에 종사하면서 비제도적 학술 영역에서 학문의 꿈을 키워 갔던 안재홍에 비하면, 정인보는 제도적 학술 영역에 발을 딛고 저널리즘의 공간으로도 진출할 수 있게 된 것이었다. 정인보는 1937년까지 연희전문학교에서 교육과 연구를 병행하며 한문과 역사를 가르쳤다. 이 밖에도 협성학교(協成學校), 불교중앙학림(佛敎中央學林) 등 여러 학교에 출강하였고 동아일

---

1 출처: 국사편찬위원회

보사의 논설위원으로도 선임되었다. 또한 1925년에 경영난에 빠진 시대일보사의 간부로 잠시 활동하기도 하였다. 이와 함께 조선어사전편찬회(朝鮮語辭典編纂會)의 발기인과 위원으로 참여하였고 대종교(大倧敎)의 일원이 되었다.

연구의 이력으로 본다면, 1920년대까지만 하더라도 시조(時調) 부흥이라든지 문학과 관련된 연구를 전개하다가 1930년을 전후하여 고전 해제와 조선사 연구를 적극적으로 이끌었다. 그리고 이러한 고서(古書)와 역사에 대한 관심은 해방 이후까지도 계속해서 이어졌다. 정인보의 학문이 가장 번성했던 시기는 1920년대 후반부터 정다산 기념사업이 진행되었던 1930년대였다. 1929년 정인보는 「성호사설(星湖僿說) 해제」를 발표하였고, 1931년에는 『동아일보』 연재분을 묶어 『조선고전해제(朝鮮古典解題)』를 간행하였다. 또한 1935년부터 『동아일보』에 「오천년간 조선의 얼」을 연재하여 '얼' 중심의 정신 사관을 제창하였다. 이는 단군을 현존했던 인간으로 조명하면서 고조선의 역사를 통해 웅장했던 고대사를 만들기 위한 기획이었다. 그리고 바로 이 시기가 안재홍과 함께 정다산 기념사업을 종횡무진 열정적으로 전개했던 때였다.

이와 같은 정인보의 문필 활동과 그를 바탕으로 한 강연 등은 조선총독부 당국자들에게 기피 대상이 되었다. 강사로 내정되어 있던 역사 강좌가 종종 금지된다든지, 『동아일보』에 기고한 글들이 번번이 압수되었다고 한다. 이로 인해 정인보는 결국 1938년 이후 칩거의 길을 선택했고 1940년에는 경기도 양주군으로 이주하였으며, 1943년에는 전라북도 익산군으로 내려가 은거하였다. 해방의 날까지 민족적 지조를 지키며 일체

활동을 거부하며 산 것이다.

정인보는 해방이 되자 다시 사회로 나와 건국준비위원회에 가담하는가 하면, 미군정의 요청에도 협조하면서 새 나라 건설에 힘을 보탰다. 1945년 11월 미군정 학무국 산하 조선교육심의회(朝鮮敎育審議會) 교육이념 분과위원으로 위촉되었으며, 12월 말부터 시작된 신탁통치반대운동을 계기로 정치활동에도 참여하였다. 1946년 초에는 우익 세력의 결집체인 비상국민회의(非常國民會議)의 최고정무위원으로 활동하였다. 그러나 곧이어 정치단체를 탈퇴하고 국학대학(國學大學)의 학장으로 취임하였다. 어수선한 정국 가운데에서도 다시 학문의 길로 돌아온 것이었으며, 「오천년간 조선의 얼」을 묶어 서울신문사에서 1946~1947년에 걸쳐 『조선사연구』(상·하)를 출간하였다.

1948년 대한민국 정부의 수립 이후 정인보는 '깨끗한 정치'를 실현하기 위해 감찰위원회의 위원장으로 취임하였고, 이승만(李承晩) 대통령의 측근이던 임영신(任永信) 상공부장관의 면직(免職)을 결의하고 이를 국회의장에게 통고하기도 하였다. 그러나 이러한 청렴함이 좋게만 받아들여지기 어려운 상황에서 감찰위원장을 물러나 다시 국학을 집중적으로 연구하던 중, 1950년 6.25전쟁이 일어나 납북되기에 이르렀던 것이다. 납북 이후 활동에 대해서는 거의 알려진 바가 없으며, 사망한 시기도 확인되지 않는다.

이제 다시 정다산 기념사업에 열중했던 1930년대 상황으로 돌아가 보자. 안재홍이 신간회 해소 이후 '정치적 차선책'으로 학술운동·문화운동의 입장에서 기념사업을 계획했다면, 정인보의 경우 민족독립운동과는 일정한 거리를 두고 있었기 때문에 그의 활동은 조선민족을 결집시킬 수 있는 학술운동·문화운동 그 자체에 대해 더 고민했던 것으로 보인다. 즉 정치적·정세적 고려보다는 민족의식을 잃지 않는다면 조선 독립을 획득할 수 있으리라는 확신이 저변에 짙게 깔려 있었던 것으로 판단된다. 이를 바탕으로 정인보는 그의 가학(家學) 자체가 연관되듯이 조선 후기의 학문적 변동에 대해서 관심을 기울였으며, 이를 1929년 안정복(安鼎福)의 「성호사설 유선(類選)」을 교열하여 간행할 때부터 분명히 밝히고 있었다.

> 대저 학술에서 귀한 바는 작고 은밀한 일을 밝히고 소통하게 함으로써 본말(本末)과 시종(始終)을 드러내고, 이로써 그 민(民)들을 보좌하는 것이다. 이러한 경지에 도달할 수 있는 것은 진실로 그 이치를 터득하는 것에 달렸다. 이치는 허위로 만들어질 수 없고, 반드시 실질[實]에 의거해야 하며, 실질은 온갖 것에 뒤섞일 수 없는 것이기 때문에 반드시 독자성[獨]을 구해야 한다. 독자성을 갖추면 실질이 되고, 실질을 갖추면 이치를 터득하게 되어서, 소통하고 밝힌 효과가 민과 만물에게 드러나서 감출 수 없다.[2]

정종현은 정인보가 윗글을 통해서 학문의 이치는 민을 보좌하기 위한 실(實)로부터 나와야 하며, 이를 위해서는 독(獨) 즉 민족의 자존, 민족성에 기초해야 한다고 했다는 해설을 덧붙였다. 정인보는 오랫동안 주자학

---

2 정인보, 「서(序)」, 『성호사설』 5, 1929.

(朱子學)의 영향이 지배적이었던 상황에서 출현한, 독자적인 사고방식을 계보화(系譜化)하는 고민을 안고 있었던 것이다. 바로 이와 같은 조류에 대한 관심은 앞서도 살펴보았듯이 대한제국기부터 존재했던 것이지만, 체계적이고 지속적인 형태로 이를 개념화하고자 하는 시도는 1930년대부터 본격화되었다. 그리고 이 과정에 안재홍과 정인보가 앞서거니 뒤서거니 함께했던 것이다.

5. 기념사업의 개시: 『여유당전서』의 간행 준비와 시작

안재홍과 정인보가 처음으로 정다산 기념사업에 착수한 것은 『여유당전서』의 간행 계획을 통해서였다. 기념사업이 어떻게 진행되었는지 아래에서는 여러 기록을 직접적으로 수집하는 방식으로 구체적으로 검토해 보도록 하겠다.

> 조선의 석학이라는 것보다 동양의 대석학인 다산 정약용 선생은 그의 유저(遺著)가 『경세유표』, 『목민심서』, 『강역고』, 『대동수경(大東水經)』, 『의령(醫零)』 등 명저를 비롯하야 무려 수백 권에 달하는 터이로되 후인(後人)이 그 뜻을 받지 못하여 아직껏 곳간 속에서만 썩히게 되었던바 금번 시내 황금정(黃金町) 2정목(丁目) 신조선사(新朝鮮史)에서는 그 선생 후예의 쾌(快)한 승낙과 각 방면 조선학 권위자들의 열심한 권장을 받

고 사계(斯界) 유지(有志)의 성원을 힘입어 드디어 그 방대한 출판사업을 개시하게 되었다. 그러나 원래 동양에서도 보기 드문 대저서인 까닭에 활판(活版)으로 줄일지라도 70권의 대문고가 될 것이므로 동사(同社)에서는 매월 2권씩 3년 반 동안에 이것을 회원에게 분배할 계획이라는 바 이것이 완성된다면 조선의 석학을 세계에 자랑할 금자탑이 될 것이오, 후학을 계발하는 무상(無上)한 호귀감(好龜鑑)이 될 것이라 하여 동사는 그 출판 준비에 전원이 분망(奔忙) 중이라 하며 특히 강호(江湖) 유지의 적극적 후원이 있어 주기를 바란다고 한다.[3]

이상의 인용문에서 확인할 수 있는 바는 1) 『여유당전서』가 후인들이 그 뜻을 제대로 계승하지 못하여 아직 나오지 못한 점, 2) 지금의 서울 을지로쯤에 있었던 신조선사를 주체로 하여 출판사업을 전개하고자 한다는 점, 3) 출간이 결정되기까지 조선학 권위자들이 출판의 필요성을 계속해서 주장해 왔다는 점, 4) 방대한 분량이기 때문에 매달 두 권씩 3년 반 정도의 일정을 두고 회원제로 배포할 계획이라는 점, 5) 이미 신조선사의 구성원들은 출판사업에 착수하여 분주하게 활동하고 있다는 점 등이다. 길지 않은 인용문이지만 이와 같은 많은 정보를 담고 있다.

우선 김보름의 연구에 따르면 후손들이 전서의 초본을 갖고 있었으며 1920년대 후반에 장길상(張吉相)과 윤정현(尹定鉉) 등에 의해 '여유당전서발행소'가 만들어져서 원고를 필사하고, 전서의 명칭을 정하고, 구독자를

---

3 「다산 저서 출판 조선의 최대문고」, 『동아일보』, 1934.8.22.

모집하는 등의 활동을 진행하였지만 결국 성공하지 못한 채 이 작업이 신조선사로 계승되었다고 한다. 장길상은 경상도 최대 자본가로 알려져 있던 장승원(張承遠)의 아들로 해방 이후 경찰과 정치가로 활동했던 장택상(張澤相)의 형이었다. 탁월한 재력을 소유한 데다가 유학에 관심이 깊어 출간을 지원했던 것으로 보인다. 윤정현은 다산의 외가였던 해남 윤씨(海南尹氏) 윤선도(尹善道)의 12대 종손으로 일제하 중추원 참의를 지냈다. 그 역시 장길상과 비슷한 목적으로 『여유당전서』 출간에 관심을 쏟았을 것으로 추측된다. 하여튼 신조선사가 아무런 기반도 없는 상태에서 전서 출간에 착수한 것은 아니었다고 하겠다.

다음으로 발행 주체인 신조선사에 대해서 살펴보자. 신조선사에 대해 알기 위해서는 먼저 장신의 연구를 바탕으로 『신조선』의 출간 과정을 간략히 검토할 필요가 있다. 『신조선』은 1927년 2월에 『조선일보』의 자매지로서 출판되었다. 보다 심층적인 보도를 담을 수 있는 월간잡지에 대한 기대에 따른 것이었으나 『조선일보』의 부록과 같은 이미지는 어쩔 수 없었다. 그리하여 2호까지 발행된 상태에서 휴간되었다. 그리고 『신조선』의 복간이 다시 준비된 것은 1932년 2월에 『조선일보』 지령 4000호 기념사업의 일환에 의해서지만 결국 조선일보사 경영권 분쟁이 일어난 뒤 사원회 세력에 의해 『조선일보』와 별도로 1932년 말에 3호·4호가 연달아 나오게 되었다. 1호와 2호는 『조선일보』의 자매지였으나 3호와 4호는 파업 주동자들이 출간하였으며, 1933년 방응모(方應謨)가 조선일보사의 경영권을 획득한 이후에 『신조선』은 완전히 『조선일보』와 거리가 멀어졌다. 1934년 9월 『신조선』 5호가 발행되었는데, 이때부터 신조선사라는 발행사 이름이 등장하기 시작했으며 발행인은 사원회의 주축 구성원 중 한 명이었던 권태휘(權泰彙)였다.

따라서 순서를 이렇게 다시 정리할 수도 있다. 1933년의 어느 날 권태휘와 일군의 인물들이 『여유당전서』와 고서를 간행하고자 신조선사를 설립하였고, 『여유당전서』의 출간을 눈앞에 두고 『신조선』을 속간한 것이었다. 실제로 『신조선』 5호에 수록된 속간사에 주목한 장문석의 논문에서 이러한 분석을 확인할 수 있다. 아마도 권태휘가 작성한 것으로 추정되는 속간사의 내용은, "석일(昔日)을 생각하고 내 스스로 단독이나마 신조선사를 창설하여 미력임을 알면서 조선 문화사업에 기여하고자 출판사업의 전제로 인쇄소를 경영한 지 1년이 지나도록 이상을 실현치 못하다가 금번에 본사의 불굴의 업적으로 자처하려는 정다산 선생 전서 간행을 한 기회로 당연히 『신조선』 속간을 실행하였다"는 것이다. 즉 신조선사는 조선 문화사업을 전개하고자 권태휘가 별도로 만든 것이었으며 신조선사의 목적에 맞게 『신조선』도 발행하였다.

다음으로 세 번째 문제, 어떠한 조선학 관계자들이 『여유당전서』의 출간을 추동했을까. 이 문제는 정확히 파악하기 어렵다. 그렇지만 최소한 두 사람의 이름은 분명히 거론할 수 있다. 바로 앞에서 기념사업의 주역으로 설명한 안재홍과 정인보이다. 【그림 4】를 보면 『여유당전서』의 편집자와 교열자 이름이 제시되었다. 편집자는 김성진(金誠鎭)이었고 바로 정인보와 안재홍이 교열자로 소개되어 있다. 김성진은 다산의 외현손이었으며, 교열자 두 사람이 직접적으로 전서 출간을 담당하면서 조선 연구의 네트워크를 활용하고 있었던 것이다. 정다산 기념사업의 주역이 두

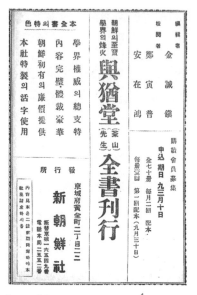

【그림 4】『여유당전서』간행 안내[4]　　　　【그림 5】 다산전서 구매회원 모집 안내[5]

사람이라는 것은 괜한 말이 아니다.

다음으로 책의 판매 문제이다. 워낙 거질(巨帙)이었기 때문에 『여유당전서』는 처음부터 구매회원을 모집하는 방식으로 책을 팔았다. 【그림 5】는 이미 한 달에 한 번씩 배본(配本) 절차를 거친 결과 8회차 배본이 진행 중이라는 정보를 담고 있다. 1934년 9월까지 회원 접수 절차를 거친 다음에 30일에 1회차 배본을 실시하겠다고 했으나[6] 이후 계속해서 회원을 추가로 모집하였다.

4　『신조선』 5호, 1934.
5　『신조선』 10호, 1935.
6　「편집후기」, 『신조선』 6, 1934.10.

그렇다면 마지막으로 신조선사의 어떠한 사람들이 전서 간행과 기념 사업을 이끌었나. 안타깝게도 여기에 대한 정보도 많지 않은 실정이다. 다만 "본사 무봉(茂峰) 선생이 다산 전서 출판기념회 준비차로 반일은 사 외에서 지내심으로 편집국 영업국은 젊은 친구들의 엄숙치 못함이 탈이 니"[7]라는 내용이 『신조선』 지면에 남아 있는 것을 보면, 무봉 권태휘는 『여유당전서』 출간과 기념행사 관계로 백방으로 돌아다녔던 것으로 이 해할 수 있다. 기념사업의 실무 주역으로 권태휘의 활동에 앞으로 더 주 목해야 할 것이다.

6. 기념사업의 전개: 기념 강연과 『신조선』을 통한 다산 연구

『여유당전서』 간행을 시작으로 정다산 기념사업은 강연회와 연구 활 동 등으로 확대되었다. 신조선사는 1934년 9월 8일 99주기를 기념한다 고 하면서 강연회를 기획하였다. 사실 9월 8일은 태어난 날도 사망한 날 도 아니었으므로 『여유당전서』 간행과 연동하여 임의로 잡은 날짜라고 할 수 있다. 신문에 보도된 바에 따르면 이날 강연은 모두 네 개로 이루 어졌다. 정인보가 '다산 선생과 조선학'을, 안재홍이 '조선사상(朝鮮史上) 정다산의 지위'를, 조선일보사 편집고문 문일평(文一平)이 '내가 본 다산

---

7 「편집후기」, 『신조선』 9, 1935. 3.

선생'을, 중앙고보(中央高普) 교장 현상윤(玄相允)이 '이조(李朝) 유학과 다산 선생'을 주제로 강의를 진행했다.[8] 일단 강의 제목만 볼 때 가장 눈길을 끄는 것은 정인보였다. 정다산의 역사적 지위를 설명하는 것뿐만 아니라 조선학의 진흥을 겨누고 있기 때문이었다. 이 강연은 실제로 큰 화제가 되었던 것으로 확인된다.

아래는 『신조선』 6호에 당일 강연회의 분위기를 묘사한 자료이다.

거금(距今) 99년 전 정다산 선생, 비참한 일생을 뒤로 두고 서거. 그 후 백년이 지나니 묻는 이 없더니 신조선사가 분기하여 조선의 유일자(唯一者)를 찾아냄은 근래의 드문 장쾌사(壯快事). 제책(製冊)해서 70권의 저서를 들추어내서 동서 외지에 선전하니 조선에도 그런 위대한 학자가 계셨더냐고 입을 모두 벌리니. 운명론자는 아니나 역시 만사(萬事)에 운명이 있는 모양. 사람도 때가 있다더니 서적에도 그 각각 운명이 있다고 갈파한 로국(露國)의 유물론자 '데보린'이 있거니와 다산전서는 99년 후 9월 30일이 길일(吉日)인 모양. 천재가 당세(當世)에 환영을 받지 못함은 섭섭한 일이거니와 사후에 세인(世人)이 칭송함은 이 역(亦) 부러운 일. 다산도 천재인 까닭에 금일에 그 칭송이 천하에 가득 찼고. 초추(初秋) 9월 8일을 택하여 다산 선생 99년 기념강연회를 개최하니 동서에 흩어졌던 선비들이 운집 조선의 과거를 한 번 더 회상하니 감개 역시 무량하였거니와 상하 2층에 1,000여 군중의 숨소리 높았으

---

8 「정다산 기념 강연 금야 기청회관(基靑會館)서」, 『조선일보』, 1934.9.9.

며 연사들의 열렬한 웅변에 모두 합루(合淚). 정인보 선생 제왈(題曰) 「조
선학에 정다산의 지위」라고. 처음은 아니로되 '조선학'이란 말이 처음.
모두 주의하는 모양. 조선학은 무엇인가? 조선에 민속(敏速)한 책임을
진 신문기자 제군(諸君) 육감이 송곳처럼 발달된 '저널리스트' 문화의
책임을 맡은 언론기관이 이 소리를 듣고 정좌할 리 만무.[9]

인용 내용이 조금 길었지만 그동안 자주 접하지 못했던 자료라서 제시
해 보았다. 기독교청년회관 1층과 2층에 1,000여 명이 모여 연사들의 열
띤 강연에 눈물을 흘리고 특히 정인보가 말한 조선학에 대한 청중의 반
응이 웅성웅성했던 모양이다. 그리고 신문기자들은 벌써 이 강연 내용
을 바탕으로 조선학이라는 말이 성립 가능한지 알아보기 시작했다는 것
이다.

윗글의 필자가 지적한 기사는 『동아일보』에 9월 11일부터 13일까지
3회에 걸쳐 게재된 「조선연구의 기운에 제하여」였다. 백남운(白南雲), 안
재홍, 현상윤 등 세 명에 대한 인터뷰를 진행했고 기사를 작성한 T 기자
는 동아일보사에 재직하고 있던 신남철(申南徹)이었다. 이 가운데 안재홍
은 주최 측이었으므로 조선학에 대해서도 세계 문화에 조선 민족 색을
짜 넣는다는 측면에서 긍정적인 입장을 표명했다. 그러나 백남운은 민족
과 종족을 구분할 줄 모른다고 하면서 조선학이 조선 민족을 몰(沒)역사
적으로 이해할 수 있다고 우려했다. 또한 현상윤은 조선학이라는 명칭에

---

9 「신조선 춘추」, 『신조선』 6, 1934.10., 40쪽.

반대하지만 그것이 내포하고 있는 '조선의 학문', '조선 혼(魂)의 학문'에 대해서는 대체로 수긍했다. 이러한 연속 인터뷰에 대해서 위의 인용문의 필자는 백남운의 답변을 "정치론적 하상(河床)"이라고 하면서 못마땅해하였고 다음과 같이 주장하였다.

다산 선생 왈(曰)- 그럴 것 없이 나로부터 다시 출발해봄이 어떠한가, 후학 제군! 아무리 어렵더라도 알려고만 하면 되는 것이다. 알아서 필요 없다고 하면 쉬운 것도 모르는 법. '조선학'의 정의 비록 복잡하나 알고 보면 그 역(亦) 쉬울 것. 물질은 풍미우세(風靡雨洗)하면 없어지나 학문은 풍미우세할수록 잘 자라는 비법. 시간이 해결할 것이니 어디 그대로 나가봄이 여하(如何).[10]

조선학에 대해서 이러저러한 말들이 많더라도 정다산 연구로부터 시작하면 특별히 어려울 것이 없고 학문은 갖은 고난이 있을수록 발달하는 것이니 조선학을 키워 가자는 설명이었다. 지면의 특성상 이는 신조선사의 생각을 대변하는 것이었고 아마도 권태휘가 직접 쓰지 않았을까 추정된다. 그렇다면 『여유당전서』의 간행과 정다산 기념사업을 추진하면서 애초부터 목적했던 점이 역사 속 조선학의 기원으로서 정약용을 부각하는 것과 현실에서 조선학을 진흥하려 한 것이라는 점이 확실해진다. 그리고 이러한 기준에서 9월 8일 99주기 강연회의 연사들은 비교적 공통된

---

10 위의 책, 41쪽.

생각을 하고 있었던 것으로 판단된다.

강연회 직후 『동아일보』에는 정인보가 쓴 「유일한 정법가(政法家) 정다산 선생 서론(敍論)」이 9월 10일부터 15일까지 6회에 걸쳐 연재되었으며, 자매지 『신동아』에는 '조선 근세사의 회고 특집' 가운데 안재홍의 「조선 민족의 운명을 반영하는 정다산 선생과 그 생애의 회고」가 게재되었다. 『조선일보』에는 9월 10일에 「정다산의 위적(偉績)」이라는 사설이 첫머리를 차지했다. 조선인 여론을 대변하는 대표적인 두 한글 신문이 여론 형성을 위해 노력하였으며, 이를 통해 다산 연구의 필요성이 더욱 두드러졌다. 특히 정인보는 이 글에서 다산 연구의 방향을 제시하였다. 그는 조선학을 "국고(國故)·정법·역사·지리·외교·천문·역산(曆算)·병계(兵械) 등 일체 조선을 중심으로 실용적 고색(考索)"이라고 하면서 정약용이 근세 조선학을 학술적으로 집대성한 인물로 파악하였다.

다음으로 다산 연구를 추동하는 데 가장 큰 역할을 한 것은 역시 기념 사업의 조직 단체인 신조선사였다. 신조선사는 『신조선』 6호부터 12호에 걸쳐 다산 연구에 대한 원고를 게재하였다.

6호는 99주기 기념 강연회와 연관하여 지면을 구성했던 것으로 보인다. 강연자 중 문일평과 정인보의 원고가 실리지 않았는데, 문일평이 당시 『조선일보』의 논설위원이었던 만큼 9월 10일 사설을 작성했을 것이며, 정인보의 글은 「편집후기」에 따르면 애초에 『신조선』에 같이 싣기로 했는데 부득이한 사정으로 빠졌다고 한다. 아마도 『동아일보』에 연재 원고를 게재하면서 함께 싣지 못한 것이 아닌가 생각한다. 대신 박종화(朴鍾和)의 글이 포함되었다.

권호	필자명	기사명
6호 (1934.10.)	안재홍	조선사상에 빛나는 다산 선생의 학과 생애
	현상윤	이조 유학과 정다산 선생
	박월탄(朴月灘)	문학상으로 본 정다산 선생
7호 (1934.12.)	규당처사(邽堂處士)	다산 한시와 사화(史話) 편편(片片)—사조(詞藻)에 빛나는 선생의 인격
	안재홍	아호를 통해 본 다산 선생—여유당전서와 그 표제의 해설
	저산후학(樗山後學)	다산 선생과 종두법—선생은 종두법의 선구자이다
8호(1935.1.)	조헌영(趙憲泳)	의학상으로 본 다산 선생
9호 (1935.3.)	안재홍	다산 한시와 그의 정치적 경륜—사조에 나타난 선생의 생애
12호 (1935.8.)	난곡(蘭谷) 이건방(李建芳)	서(書) 다산 선생 유서(遺書) 후(後)
	백남운	정다산 백년제의 역사적 의의
	정인보	정다산 선생의 뜻 깊은 부탁
	안재홍	현대사상의 선구자로서의 다산 선생 지위—국가적 사회민주주의자
	백낙준(白樂濬)	다산 선생 서세 백년을 제하여
	월탄	정약용 선생 백년기에 제하여
	저산후학	정다산 선생 연보—부(附). 아호(雅號) 소고(小考). 병(竝) 저서 총목

7호에는 잡지의 제일 처음에 안재홍이 「조선학의 문제—권두언을 대신함」이라는 글을 발표했다. 정인보가 강연을 통해서 제기했던 문제를 조선학의 진흥이라는 독립된 문제로 제기하고 있음을 볼 수 있다. 그리고 7호에 실린 세 편의 원고는 모두 안재홍의 글이었다. 안재홍이 필명

을 활용하여 『여유당전서』 교열을 진행하면서 얻은 정다산에 대한 배움을 표현한 것이다. 8호에도 안재홍이 「조선과 문화운동—권두언에 대함」을 집필하여 '정치적 차선책'에 뿌리를 둔 문화운동의 의미를 강조했고, 한의학자 조헌영의 연구가 수록되었다. 9호에는 7호의 글을 발전시킨 안재홍의 다산 한시 분석이 선을 보였다.

1935년 8월에 간행된 12호는 서세 100년제 이후 세상에 나온 것으로 『신조선』을 통한 다산 연구의 최종판과 같은 것이었다. 안재홍이 「(권두언) 다산 선생 특집」을 쓰면서 간행의 의미를 설명하였고, 백남운, 정인보, 안재홍, 백낙준, 박종화 등이 참여했다. 특히 백남운과 안재홍의 글은 뒤에서 살펴보겠지만 각각 정다산 인식의 경향을 보여 준다는 점에서 중요했다. 장문석은 『신조선』 12호가 "각기 다른 입장에서 정약용의 사상을 '해석'하는 시각차를 전면화"

했다고 분석한 바도 있다. 이 밖에도 김경재(金璟載)가 「나의 재인식」이라는 글을 썼고, 양갑석(梁甲錫)의 「조선 농업론」도 원고가 접수되었으나 실리지 못했다고 한다. 그리고 「편집 후기」에는 본래 다산 특집호는 음력 2월 22일 기일(忌日)에 맞춰 3월호에 하려던 것인데 음력 6월 16일 탄일

【그림 6】 '정다산 특집'이 실린 『신조선』 12호 표지[11]

---

11 출처: 연세대학교 도서관

(誕日)에 맞춰 내놓게 된 점을 사과한다는 그간의 경과에 대한 설명이 담겼다.

이처럼 『신조선』은 정다산에 대한 논의와 연구를 이끌어 오는 데 중요한 역할을 한 매체였다. 『신조선』을 통한 다산 연구에 가장 열성적으로 참여한 인물은 안재홍이었다. 그는 전체 15편의 글 가운데 절반에 가까운 7편을 썼으며, 이밖에는 박종화가 2편, 현상윤, 조헌영, 이건방, 백남운, 정인보, 백낙준 등이 모두 1편씩을 집필했다. 이렇게 본다면 『신조선』을 통해 다산 연구를 실질적으로 기획해 왔던 것은 역시 안재홍이었다.

7. 기념사업의 절정: 서세 100년제와 한글 신문의 특집 기획

1935년 7월 16일은 비록 기일은 아니었으나 서세 100번째가 되는 해였으므로 이날을 기해 기념사업이 진행되었다. 추진된 이벤트는 크게 세 가지였다. 첫째는 사회 유지들이 참여한 기념회의 개최였으며, 둘째로 100주기 기념강연회가 준비되었으며, 셋째로 『동아일보』와 『조선일보』에 특집 원고가 수록된 것이다. 이상의 내용을 차례대로 살펴보자.

기념사업 준비 때문에 늘 분주해서 권태휘가 신조선사를 자주 비우곤 했다는 기록을 검토한 바가 있는데, 기념회의 준비는 상당히 일찍부터 시작되었을 것으로 보인다. 기념행사를 준비하는 주최 측은 "조선학술사상 태양적 존재인 선생의 위업을 추모키 위하여" 기념회를 개최하기로 하였다고 한다. 장소는 경성의 태서관(泰西館)이었고 시간은 7월 16일 오후 5시 30분으로 예정되었다. 그리고 기념회 발기인으로 참가하기로 한 사람은 아래와 같았다.[12]

윤치호(尹致昊), 유진태(俞鎭泰), 권내훈(權內勳), 설태희(薛泰熙), 한용운(韓龍雲), 김성수(金性洙), 박한영(朴漢永), 유억겸(俞億兼), 김용무(金用茂), 오긍선(吳兢善), 백남운(白南雲), 홍성하(洪性夏), 백낙준(白樂濬), 안종원(安鍾元), 최규동(崔奎東), 현상윤(玄相允), 신필호(申弼浩), 이훈구(李勳求), 이관구(李寬求), 이선근(李瑄根), 김도연(金度演), 이종린(李鍾麟), 이여성(李如星), 윤희중(尹希重), 문일평(文一平), 박종화(朴鍾和), 이갑수(李甲洙), 이종하(李琮夏), 이인(李仁), 소완규(蘇完奎), 이윤재(李允宰), 성낙서(成樂緒), 김창제(金昶濟), 이우창(李愚昌), 권태휘(權泰彙), 김용관(金容瓘), 박길룡(朴吉龍), 공성학(孔聖學), 윤하용(尹夏鏞), 윤정하(尹定夏), 손진태(孫晋泰), 김성진(金誠鎭), 정인보(鄭寅普), 안재홍(安在鴻).

우선, 순서는 무순(無順)이라고 했지만 『여유당전서』 간행의 핵심 인물 김성진, 정인보, 안재홍 세 명이 맨 뒤에 소개된 것이 보인다. 또한 1920년 대 이후 조선 내에서 두각을 나타냈던 각종 종교계, 경제계, 언론계, 학술계 인물들이 총 망라된 것을 확인할 수 있다. 전체 44명으로 구성된 발기인은 『여유당전서』 간행의 후원자였을 것이며 일본인의 참여가 배제

---

12 『동아일보』, 1936.7.16.; 『조선일보』, 1935.7.16.

【그림 7】정다산 선생 서세 100년 기념회의 모습[13]

되어 있다는 점은 1938년 완간 기념회와 비교할 때 조선 문화의 진흥을 열망하는 민족의식이 영향을 미친 결과라고 하겠다.

기념회는 예정된 시간보다 두 시간이나 늦게 시작되었다. 예상보다 참석자 수가 많았던 관계로 회장(會場) 정리에 많은 시간이 소요되었다. 행사 진행은 안재홍의 개회사로부터 시작되어 윤치호가 좌장(座長)으로 추대되었다. 이후 정인보가 정다산의 약력을 소개하였고, 백남운이 다산학의 역사적 의미를 발표했다. 그리고 마지막으로 이선근(李瑄根)이 전서 간행 경위를 발표한 이후 8시 25분 무렵 만찬을 시작하여 9시를 넘어 폐회하였다고 한다.[14] 이상을 통해 『조선일보』 기자를 거쳐 고려시보사(高麗時報社) 주간, 한성도서주식회사(漢城圖書株式會社) 취체역 등을 역임했던 이

13 『동아일보』, 1935.7.17.
14 『조선일보』, 1935.7.18.

선근도 『여유당전서』 간행 작업의 한자리를 차지하고 있었다는 점을 확인할 수 있다.

당일 기념회의 좌장이 되었던 윤치호는 독립협회 회장, 대한제국기 관리를 거쳐 '105인 사건'으로 1910년대 탄압을 받고 일제하에서 기독교 계열의 종교 활동과 송도고보(松都高普) 운영 등 교육 활동에 매진했던 인물이다. 일제 말기에는 친일 경력으로 잘 알려져 있기도 하다. 윤치호는 일생의 대부분 영어 일기를 썼던 것으로도 유명한데, 그는 7월 16일 일기에 "110명 이상이 정다산의 사망 100주기를 기념하기 위하여 태서관에 모였다"고 기록했으며, 17일 일기에는 조상의 당파에 따라서 정약용에 대한 평가를 달리하는 실태를 꼬집었다.

> 지난 밤에 우리가 기억하고 존경을 표했던 정다산은 이왕조가 배출한 아니 학대한 가장 위대한 학자 중 한 명이었다. 그는 기독교(천주교-인용자)로의 개종을 의심받았으며 그의 적들은 그를 비참하게 만들기 위하여 모든 수단을 다했다. 그의 학자로서의 대단한 미덕을 높이 평가했던 친절한 동정심을 가진 왕, 정조가 아니었더라면 그는 아마도 죽임을 당했을 것이다. 그는 유배생활로 16년을 보냈고 다양한 주제에 대한 70권의 소중한 필사본을 남겼다. 지금도 '노론'파에 속하는 사람들은 단순히 그가 남인이었다는 이유로 그의 책을 읽지도 사지도 않는다.[15]

---

15 국사편찬위원회, 『국역 윤치호 영문일기』 9, 2016, 520쪽.

【그림 8】 발명학회 주최 서세 100년 기념 강연회[16]

다음으로 기념강연회를 살펴보자. 강연회는 신조선사에 의한 것은 아니었으나, 두 차례 개최되었다. 첫 번째는 발명학회(發明學會)가 주최하여 7월 17일 오후 7시부터 종로 중앙기독교청년회관에서 개최하였다. 안재홍이 '정다산 선생과 조선 과학'을, 이윤재(李允宰)가 '역사상으로 본 우리의 발명'을, 황의돈(黃義敦)이 '활자(活字)와 거북선의 발명'을 주제로 강연했다.[17] 두 번째 강연회는 동아일보사 학예부 주최로 7월 20일 오후 7시부터 동아일보사 사옥 3층홀에서 개최되었다. 정인보, 백남운, 현상윤 등이 연사로 나섰는데,[18] 이 세 명이 『동아일보』 특집의 필자로 참여했던 데에서 연유했던 것으로 보인다.

이제 마지막 세 번째, 한글 신문의 정다산 특집 기획이다. 어떤 글들이

---

16 『매일신보』, 1935.7.18.
17 『동아일보』, 1935.7.16.; 『조선일보』, 1935.7.18.
18 『동아일보』, 1935.7.16.

게재일	필자명	기사명
1935년 7월 16일	(사설)	정다산 선생 서세 백년을 기념하면서
	후학 정인보	다산 선생의 일생
	현상윤	이조 유학사상의 정다산과 그 위치
	백남운	정다산의 사상
		다산 선생 저술 연표

게재되었는지부터 확인하는 것이 좋겠다.

먼저 『동아일보』에는 서세 100년 기념 사설이 수록되었고, 정인보, 현상윤, 백남운의 글이 수록되었다. 정인보는 이 글에서 정다산의 활동을 당대 학술의 상황과 맞물려서 분석하였다. 그리고 "조선 근고(近古)의 학술사(學術史)를 종계(宗系)하여 보면 반계(磻溪)가 일조(一祖)요 성호(星湖)가 이조(二祖)요 다산이 삼조(三朝)"라고 실학의 계보를 제시하였다. 유형원(柳馨遠)과 이이를 잇는 다산의 학문사적 위치를 명확히 하면서 그동안 다산에 대한 저술을 바탕으로 서세 100년제 기념 기고에서 다산의 한평생을 실제를 구하기 위한 활동으로 분석한 것이다.

다음으로 현상윤은 "원래 유학에는 두 가지 부문이 있다. 하나는 이론적 방면이오, 다른 하나는 실천적 방면이다. 이론적 방면은 현대의 언어로 표시하면 철학을 의미하는 것이오, 실천적 방면은 정치, 경제, 윤리, 법률 등을 의미하는 것이다. 그러나 유학 본래의 존재 이유나 목적 또는 사명은 이론적 방면을 위하여 있는 것보다도 실천적 방면을 위하여 있는 것"이라고 전제한 뒤, "조선서는 이학(理學)만을 숭상하니 여기에 반드시 반동이 있을 것은 또한 분명한 일이다. 이 시대적 필연에 응하여 생기(生起)한 것은 실학파(實學派)의 운동"이라고 실학의 성격을 규정하였다. 현상윤은 이 가운데 다산을 평가함에 "반계나 성호의 학풍을 계승한 것 때문에 역시 연구의 범위가 심히 광활하나 그중에 다산의 가장 용력(用力)한 것은 정치, 경제, 법률 등의 방면"이라고 하면서, 그의 고증적 태도에 대해 찬사를 보내되 그가 그의 가문에 덮친 천주교 박해 때문에 사상과 주장의 발표가 매우 조심스러웠다는 점도 지적한 바 있다. 이와 같은 주장은 현상윤이 왜 1934년 99주기 강연회 때부터 정다산 기념사업을 함께했는지 알 수 있게 하는 대목이다.

마지막으로 마르크스주의 역사학자 백남운은 정다산의 사상을 사회경제적 조건에 비추어 다음과 같이 평가했다.

> 다산은 양반의 출신으로서 양반을 풍자하였고 공맹학(孔孟學)의 합격자(급제)로서 천주학(天主學)에 열중하여 '약망(若望)'이라는 세례명까지 가졌고 그 명도회(明道會) 회장인 정약종(丁若鍾)의 친형으로서 다산의 불혹의 연기(年期)는 실로 천주학에 몰두하던 때다. 그것은 의심할 것 없이 봉건적 쇄국주의와 계급적 양반도에 대한 반항의식의 발로인 동시에 그 '인인애(隣人愛)'와 자유사상의 동경이었던 것이다. … 구주봉건사회(歐洲封建社會) 붕괴기에 있어서 법왕권의 발동으로 자연과학 사상을 탄압한 것은 그 봉건기구의 전복을 두려워하는 까닭으로서 극형과 회유책을 병용하였거니와 당시의 묘정(廟廷)이 천주학을 사학(邪學)이라고 개칭하고 그 신봉을 최상급의 죄명인 역죄(逆罪)로 처단하는 동시에 배

교(背敎)를 강박한 것은 교묘한 회유책이었던 것이다. … 요컨대 다산
의 사상은 양반 출신이면서도 양반은 아니고 유학의 출신이면서도 순
유학자는 아니어서 서학의 신도이면서도 익혹(溺惑: 의혹에 빠짐-인용자)
이 아니라 섭취이었고 배교자이면서도 실천가이었던 것이며 봉건시
대의 출생이면서도 소극적이나마 봉건사회를 저주하였던 것이다. 그
러나 전적으로 보아서 봉건사상을 완전히 해탈한 것도 아니고 근세적
자유사상을 적극적으로 제창한 것도 아니다. 이것은 과도적 존재의 반
영으로서 이해하지 않으면 안 될 것이다. 그러나 타면으로는 그 여전
법(呂田法)의 이론에 있어서는 공동경작, 노동장부, 공동저장, 배분장부
등 노동전수권 이론의 일단이 현로(顯露)된 것은 천재적이면서도 공상
적인 ××주의적 경제이론의 맹아형태로서 조선 근세 경제 사상사상(思
想史上)의 중요한 지위를 점령할 것이다.[19]

정다산에 대한 주류적 평가와는 조금 다른 지점들을 보여 주기 때문에
길게 인용하게 되었는데, 여기서 가장 두드러지게 나타나는 두 가지 점
은 정다산을 천주학과 관련성 가운데 다룬다는 것이며, 또한 근대이행기
의 과도적 존재로 인식하고 있다는 점이다. 즉 천주학이라는 새로운 사
상적 자극이 봉건사회를 재인식하게끔 하는 데 중요한 영향을 미쳤다는
점이 충분히 의식되고 있었으며 그로 인해 정다산이 공맹의 도로부터 벗
어날 수 있었던 계기를 찾고 있다고 할 것이다. 백남운의 인식은 정인보

---

19 『동아일보』, 1935.7.16.

와 현상윤 등이 유학으로부터 실용을 추구하던 흐름이 형성·발전했다고 인식한 것과 차이가 있었다. 또한 자유주의를 명확히 제기하지는 않았더라도 봉건사회의 모순을 직시하고 있었으며 공상적 사회주의에 가까운 발상을 하고 있었다는 점 등을 바탕으로 정다산에 대한 역사적 평가를 하는 것은, 뒤에서 좀 더 자세히 살펴보겠지만 『신조선』에서 안재홍이 '근세 국민주의의 선구자'라고 했던 것과는 확실히 달랐다. 18~19세기 조선 사회를 바라보는 시각과 지식인·관료의 역할에 대한 이해도 동일하지 않았다는 점을 보여 준다.

【표 3】『조선일보』 수록 서세 100년제 특집 기사

게재일	필자명	기사명
1935년 7월 16일	(사설)	서세 백년의 다산 선생
	안재홍	우리 문화의 대하류, 현대에 빛나는 위업 다산 선생의 대경륜
	김태준	문화건설상으로 본 정다산 선생의 업적(상)
	문일평	고증학상으로 본 정다산
1935년 7월 16일~17일	조헌영	한의학상으로 본 다산 의학의 특색(상)(하)
	이훈구	토지국유론과 권농정책 6과(科), 농정학상(農政學上)으로 본 다산 선생(상)(하)
1935년 7월 16일		다산 선생 저서 총목
1935년 7월 16일~18일		「다산 선생 연보」(상)(중)(하)

다음으로 『조선일보』에는 모두 8편의 글이 실렸다. 『조선일보』는 더 많은 필자를 섭외했다. 그런데 일단 경성제대(京城帝大) 출신의 국문학자

이자 마르크스주의 역사학자이기도 했던 김태준(金台俊)의 글이 상편만 게재된 것을 볼 수 있다. 아주 작은 해프닝에 해당하지만 '외압'에 의해 이 시기 김태준의 『조선일보』 연재가 모두 중단되는 사태가 벌어졌다. 김태준은 이 시기 「단군론」 등의 저술을 통해 민족주의 계열의 상고사 인식에 대해서 거침없는 비판을 쏟아 내고 있던 때였다. 김태준은 이 사건 직후 정다산의 역사적 의미를 탐구한다는 것에 대해서는 동의하지만, 『여유당전서』의 발간 주체들이 "신문사에 관계된 지위를 이용하여" 정다산 특집호로써 책 광고를 하고 있는 것이 아니냐며 날을 세웠다. 또한 한글 신문들의 기념사업이 정다산에 대한 지나친 위인화 형태로 기울어 간다며 비판했다.[20] 기념사업을 둘러싼 사회 여론의 다양성을 보여 주는 사례라고 할 수 있다.

『조선일보』 수록 기사 가운데에는 안재홍이 집필한 글의 중요성이 가장 컸다. 안재홍은 서두에서 "태양 같은 존재이신 고 다산 정약용 선생의 탄일이오 … 조선 현하 특수 문화 건설공작을 고심 평의(評議)하는 즈음에 있어서 이 조선 제학(諸學)의 집대성을 한 다산 선생의 경륜과 포부를 재음미하고 신인식"하기 위해서 글을 쓴다고 밝혔다. 그리고 그의 역사적 위치를 "그는 천문을 알고 지구를 알고 우내만방(宇內萬邦)을 알았었는지라. 장성(長城) 이남에 위(位)한 자 반드시 중화국 될 자연지리상의 조건이 없음을 갈파(喝破)하였고 열립(列立)한 제국(諸國)에서 조선이 일(一) 자립 국가임을 잘 인식하였고 그 『원목(原牧)』을 써서 국가 발달의 사회적 경로

---

20 천태산인(天台山人), 「진정한 정다산 연구의 길」, 『조선중앙일보(朝鮮中央日報)』, 1935.7.25.

는 민본적이오 또 민주적인 합리의 사회가 되어야 할 것을 통론(痛論)하여 '루이스 모건(Lewis Henry Morgan)'의『고대사회』보다 앞서서 평등에 돌아갈 사회의 미래를 암시하였고 '에밀 루소'와 한 가지『인간불평등의 기원』과『강자의 권리』와 예속된 노예를 탄핵하였고 황종희(黃宗義)의『명이대방록(明夷待訪綠)』과 백중(伯仲)하여 입헌적인 정치 경륜을 세웠던 것"이라고 평가하였다. 이는『신조선』12호 특집에서 "근세 자본주의적 국가사상 발흥기에 있어서의 정통파적 경제 사상에 입각한 재정, 경제, 식산, 흥업의 책(策)과 교육발전과 강병자위(强兵自衛)의 정책임을 볼 것"이라고 설명한 것과 동일했다. 안재홍에게 있어서 정다산은 근대 국민 국가 건설의 설계자로서 중요한 의의를 갖는 것이었고, 그것은 과거가 아니라 현재에도 계승되어야 할 유산으로 해석되었다.

이밖에 문일평은 문어(文語) 고증의 사례를 들어 학자로서 정다산의 의미를 조명했고, 조헌영은 다산이 한의학 지식을 수용하는 데 있어서 특정한 편견 없이 폭넓은 태도를 보여 주었다는 점에 주목하면서 "조선의 한의(漢醫)들이여, 조선의 양의(洋醫)들이여, 하루바삐 다산을 배우라. 지식을 널리 구하는 데 다산 선생은 이렇게 허심(虛心)하고 성실하고 현명하였다. 백년이 지난 오늘에 있어서도 오히려 한의는 한의학만 양의는 양의학만 들여다보고 있다는 것이 얼마나 애석한 일인가"라고 하였다.『조선농업론』을 저술한 이훈구는 다산의 농업 정책에 대한 인식이 토지국유론자의 선구와 같고, 모두 여섯 분야로 농업을 구분하여 세밀하게 그 권농법을 제시하고 있는 점을 높게 평가했다.

이상에서 살펴본 바와 같이『동아일보』와『조선일보』의 서세 100년

제 특집 기획은 정다산에 대한 역사적 의미를 고찰하는 데 중요한 지침이 되었다. 정다산의 학문이 여러 분야에 펼쳐져 있음을 알게 되었고, 실학이라는 말이 확산되는 계기가 되었으며, 조선 연구와 조선학의 의미에 대한 장도 확대되었다. 그렇지만 중요한 논점도 촉발시켰다. 과연 조선 후기 사회를 어떻게 바라보아야 할지, 그리하여 다산을 새로운 시대의 개척자로서 평가하는 것이 당대 사회 현실 가운데 부합하는지, 그리고 결국 이 문제는 조금 비약하자면 식민화의 원인과 민족 독립의 방법을 어디에서 찾아야 할지에 대한 문제로까지 확대되는 것이었다.

마지막으로 중문학자 정래동(丁來東)이 『신조선』에 쓴 시 한 편을 소개하는 것으로 서세 100년제를 중심으로 한 정다산 기념사업에 대한 설명을 정리하고자 한다.

정다산 백년제

정래동

당신은 백년 전의 혜성!
어두운 원울에
밝은 빛을 쏘앗나니
눈 부시인 군맹(群盲)들은
도리혀 당신의 빛을
시기하고 미워하엿도다.

그러나 혜성은

제때 되면 또다시 빛나나니

당신의 일기(一期)는

백년이런가!

이광(異光) 띄운 혜성은

또다시 어두운 울에

까막까막 날아나고 잇도다.

(6월 17일)[21]

8. 기념사업의 마지막 장: 『여유당전서』의 완간과 출판기념회

『여유당전서』 출간·배본을 기점으로 시작되었던 정다산 기념사업은 서세 100년제 행사를 거치며 정점에 이르렀고, 1935년 하반기부터는 마르크스주의 계열의 지식인들과 안재홍 등의 논전이 이루어지기도 하였다. 앞서 김태준이 서세 100년에 대해서 비판했던 것처럼 김남천(金南天)이 『조선중앙일보』 지면을 통해서 비슷한 논지의 공격을 내놓았고, 이에 대해 안재홍의 반비판, 김남천의 맹공격 등이 이어지면서 양자 사이에 논쟁은 걷잡을 수 없이 이어졌다. 이 과정에서 결국 조선 연구는 무엇이

---

21 『신조선』 12, 1934.8., 101쪽.

되어야 하는지 자연스럽게 논점이 형성되고 그에 따라 연구의 목적과 방향이 분화되는 흐름으로 나아갔다고 할 수 있겠다. 게다가 1937년 중일전쟁(中日戰爭)의 발발은 식민지 지식 사회를 위축시킬 수 있는 중요한 변화였다.

1938년 10월 4년여 동안 지속되었던 『여유당전서』 발간 작업은 드디어 마무리되었다. 완간 사실을 보도하는 당시 신문 기사를 살펴보자.

정다산 선생 전서가 완성되었다. 근세 조선의 최대 학자로서 임진(壬辰) 병자(丙子) 양역(良役) 후 고증과 실학이 발발하기 시작할 때 천문 지리 정치 법제(法制) 병학(兵學) 전제(田制) 등 실로 모든 학에 있어서 새로운 질서를 세우고 이것을 정리 창시한 여유당 정다산 전집은 저자 자신이 그 시대에 있어서 이단시되어 정치적으로 불우한 자리에 있었던 관계로 원고가 산지사방(散地四方)되어 정리하기가 곤란할 뿐 아니라 굉장히 양이 많았으므로 이 전집을 간행한다는 것은 여간 곤란한 일이 아님에도 불구하고 지금으로 4년 전 소화(昭和) 9년 9월 15일부터 신조선사 권태휘 씨에 의하여 간행에 착한 것이 금 10월 15일에야 전집 76책 전부가 완료되었다. 이 전집의 간행은 조선문화사에서 대서 특서할 위운(偉運)으로서 그 의의는 물론 장구한 시일과 3만 5천 원의 경비로 여러 가지 곤란과 싸워가면서 이것이 완성된 것이다. 더욱 전집의 교정은 학계의 권위 정인보 안재홍 양씨가 맡아서 꾸준히 힘쓴 외에 윤치호 공성학 씨 등은 물질적으로 원조함이 많다 한다. 그리고 책임 편집은 선생의 외현손 김성진 씨로서 굉대(宏大)한 원고는 대부분이

장길상 씨의 간수해 두었던 것이라 한다. 그리고 이 전집의 완성에 힘을 얻은 신조선사에서는 다시 계속하여 이 전집의 자매가 될 만한 신여암(申旅庵) 홍담헌(洪湛軒) 양눌재(梁訥齋) 전서를 간행하기로 되어 담헌전서는 벌써 인쇄에 부쳤으므로 학계의 기대는 더욱 크다.[22]

　전서의 완간 소식을 전하며 정다산의 활동 시기를 "고증과 실학이 발발하기 시작"할 때라고 명확히 규정하고 있는 것이 다른 무엇보다 흥미롭다. 그리고 간행 과정에서 특별히 경제적 지원을 많이 한 인물로 윤치호와 공성학을 꼽고 있다. 공성학은 개성 출신의 부호이자 사업가였으며 성균관 부제학을 역임하였고 김택영(金澤榮)으로부터 한학을 수학하기도 하였다. 단지 경제적 여유보다 유학에 대한 관심이 이러한 지원 활동으로 이어진 것으로 보인다. 또한 전서의 원본은 신조선사 이전에 출간을 시도했던 장길상 등의 소장본이라고 하니 앞서 살펴본 대로 신조선사가 여유당전서발행소 활동을 계승한 것이다. 마지막으로 신조선사는 이 시기 신경준(申景濬)과 홍대용(洪大容), 양성지(梁誠之) 등의 문집 전서를 간행하기 위해 노력하고 있다고 밝혔으니 『여유당전서』의 출간도 넓은 범주에서는 고전 간행과 이어진다고 할 수 있겠다. 즉 정다산 기념사업-실학인식-조선학 진흥운동-고전 부흥의 연결고리를 일정하게 반영하고 있는 것이다. 그리고 이와 같은 완간 소식은 『매일신보(每日申報)』에도 소개되었다. 제목에서 "근세 조선학의 금자탑"이라고 지칭하고 있는 것이 색

---

22 「조선문화사상의 거업(巨業) 정다산전집 완성」, 『조선일보』, 1938. 10. 28.

다르다.

완간 소식에 이어서 출판기념회도
마련되었다. 출판기념회는 완간 소
식이 세상에 알려지고 두 달이 조금
못 되어 열렸다. 출판기념회를 알리
는 문구도 흥미롭다. 위의 완간 소식
이나 아래 출판기념회 소식이나 모두
신조선사의 안내장 또는 보도자료가
있지 않았을까 싶지만, 그래도 점차

【그림 9】『여유당전서』완간 보도 기사[23]

실학이라는 규정이 폭넓게 수용되고 있음을 확인할 수 있다.

이기(理氣)를 다툼하고 풍월을 의론하던 통칭 이땅의 유림들과는 길을
달리하여 실지의 학문에 연찬(研鑽) 고구(考究)하여 다방면으로 조선 한
학의 집대성을 한 다산 정약용 선생의 유집(遺集) 『목민심서』를 위시 범
(凡) 76책에 긍(亘)하는 방대한 문헌을 저간 해를 두고 신조선(신조선사-
인용자)의 꾸준한 힘으로 여유당전서의 완간을 보게 되었음은 세상이
아는 바이어니와 이같은 큰 사업의 의의의 깊은 성과를 기념하기 위
하여 좌기(左記) 제씨(諸氏)의 발기로 오는 16일 오후 5시 부내(府內) 명월
관(明月館)에서 출판기념의 모임을 갖게 되었는데 회비는 2원 50전이며
일반인사의 누구나 많은 참가가 있기를 바란다고 한다.

---

23 『매일신보』, 1938.10.28.

발기인 [무순(無順)] : 다카하시 도루[高橋亨] 후지쓰카 지카시[藤塚隣] 한상룡(韓相龍) 니시무라 신타로[西村眞太郞] 김대우(金大羽) 야마구치 마사유키[山口正之] 공성학(孔聖學) 박영철(朴榮喆) 최린(崔麟) 김태준(金台俊) 노사키 신조[野崎眞三] 가모이 유[鴨居悠] 한규복(韓圭復) 방응모(方應謨) 박종화(朴鍾和) 안종원(安鍾元) 안인식(安寅植) 박한영(朴漢永) 손진태(孫晉泰) 조용만(趙容萬) 이영준(李榮俊) 이극로(李克魯) 이인(李仁) 최규동(崔奎東) 성낙서(成樂緖) 김진태(金晉泰) 김사정(金思定) 강세형(姜世馨) 조동식(趙東植) 신태악(辛泰嶽) 윤치호(尹致昊) 오다 쇼고[小田省吾] 후지타 료사쿠[藤田亮策] 이갑수(李甲洙) 스즈키 마사후미[鈴木正文] 송진우(宋鎭禹) 이묘묵(李卯默) 오긍선(吳兢善) 이헌구(李軒求) 백관수(白寬洙) 다구치 스게이치[田口弼一] 유광열(柳光烈) 윤일선(尹日善) 이훈구(李勳求) 민태식(閔泰植) 현상윤(玄相允) 홍승균(洪承均) 김성수(金性洙) 이종만(李鍾萬) 이여성(李如星) 고재욱(高在旭) 이병도(李丙燾) 최익한(崔益翰) 구을회(具乙會) 문일평(文一平) 이관구(李寬求) 김인이(金麟伊) 소완규(蘇完奎) 김기진(金基鎭) 민광식(閔光植)[24]

정다산을 가리켜 실지의 학문에 힘쓰던 인물로, 그밖에 조선의 유림들은 "이가 맞니, 기가 맞니?" 풍류나 논의하던 이들로, 이분법적 인식이 표출되고 있었던 것이다. 그리고 서세 100년제에는 한 명도 참여하지 않았던 일본인들이 전체 발기인 59명 가운데 10명이나 참여하고 있었다. 경성제대 교수이자 조선의 한문과 철학 연구를 전개한 다카하시 도루, 추

24 「다산 여유당전서 완간 기념 축하」, 『동아일보』, 1938.12.13.

사(秋史) 김정희(金正喜) 연구자로 알려진 후지쓰카 치카시, 역사학과 고고학 분야에서 활동한 오다 쇼고와 후지타 료사쿠 등을 비롯하여 언론계 인사들이 많이 포진한 것을 볼 수 있다. 1935년 기념회와 비교했을 때 가장 특징적인 것은 이 기나긴 작업을 이끌어 왔던 안재홍과 정인보의 이름도 찾아볼 수 없다는 것이며, 기념회 당시 강연을 했던 백남운도 발기인으로 참여하지 못했다. 이러한 변화를 어떻게 보아야 할까.

확실히 1938년 12월의 분위기는 다산의 학문적 위업을 강조하는 맥락은 동일하지만, 서세 100년제를 추진하면서 조선 문화의 진흥, 조선학의 정립을 주장했던 상황과는 달라졌다. 조선을 독자적인 민족 단위로 이해하려는 시도가 내선일체(內鮮一體)가 제기되는 시점에서 받아들여지기 어려워진 것이며, 정다산 기념사업이 실학 인식으로 연쇄 관계가 형성된다고 하더라도 조선학 진흥운동-고전 부흥으로까지 더 이상 나아가기에는 어려워진 것이다. 이러한 분위기를 반영하는 것인지 당시 일본인이 발행하던 일본어 신문 『조선신문(朝鮮新聞)』은 출판기념회 기사에서 "반도 출판계에 획기적 성적을 남기고 동양학계에 금자탑을 쌓아 올렸다"라고 평가했다.[25] 『여유당전서』의 출간을 제국의 성과로, 그리고 동양학계의 성과로 끌어들이려는 시도가 자리 잡고 있었던 것이다.

마지막으로 1938년 12월 9일부터 『동아일보』 지면을 통해 최익한이 『여유당전서』에 대한 해설을 65회에 걸쳐 발표했다. 최익한은 1920년대 조선공산당(朝鮮共産黨)에 참여했던 마르크스주의자이자 곽종석(郭鍾錫)으

---

25 「여유당전서' 출판기념회」, 『조선신문』, 1938. 12. 20.

로부터 한학을 배웠던 지식인이었다. 그는 1928년부터 1935년까지 감옥살이를 한 뒤 학문 연구의 길을 걸었으며, 1950년대 북한에서 『실학파와 정다산』을 출간하였다. 「『여유당전서』를 독(讀)함」 1회를 통해 최익한은 "우리는 선생 전서의 간행 그것만으로서 어찌 선생의 위대한 역사적 생명을 받들었다 할 수 있으랴. 전서의 유포를 따라 선생의 위대한 존재와 역사적 사상적 내포와 학문적 경륜적 가치를 역사적 사회적 법칙에 의하여 정당히 이해하고 비판하는 데서만 이 전서 간행의 목적이 발로될 것이다. 또는 후학의 선각에 대한 지양적(止揚的) 계승이 가능할 것"이라고 이 글의 목표를 밝혔다. "지양적 계승"이 저술의 목적으로 부각되었으며, 이는 정다산 기념사업의 마지막이자 새로운 국면의 한 모습이었다.

9. 1930년대 정다산 기념사업의 의미

지금까지 여러 자료를 직접 인용하기도 하면서 정다산 기념사업의 배경과 전개 과정 등을 상세히 검토했다. 일단 정다산 기념사업이 1934년 8월 신조선사의 『여유당전서』(책임 편집 김성진, 교열 정인보·안재홍) 출간 계획 발표로 첫선을 보이게 되고, 9월 말까지 회원 모집을 하면서 순차적으로 배본을 하는 방식으로 책을 판매하려고 했다는 점을 확인했다. 이와 함께 신조선사는 9월 『신조선』을 복간하여 발행하였고 정다산 서세 99주기 강연회를 통해 대중과 접촉하는 실제 행사를 진행하게 되었다. 즉 신조선사의 활동이 가장 중요한데 여기에서 그동안 주목받지 못했던 실무자 권태휘의 존재를 상기할 필요가 있다. 신조선사는 1935년까지 『신조선』을 통해 안재홍의 기여가 가장 컸지만, 필자를 발굴하는가 하면 다산 연구에 대한 분위기를 조성했다. 서세 100년제 행사도 신조선사가 기획하고 두 한글 신문이 받아 안은 것이라고 할 수 있다.

1935년 7월 서세 100년제 행사는 기념회의 주최, 강연회의 개최, 한글 신문의 특집 기획 등으로 이어졌고 정다산 기념사업의 절정을 이루는 것이었다. 사회 유지와 학자·지식인들이 협력하여 정다산의 역사적 의미를 모색하는 계기가 되었고 이러한 활동에 대해서는 김태준·김남천 등 마르크스주의 지식인들에 의한 비판이 이어지기도 하였다. 기념사업은 『여유당전서』의 완간으로 실질적으로 마무리되었는데, 1938년 12월 출판기념회가 개최되었으며, 『동아일보』가 최익한의 장기 연재 기사를 수록하는 것으로 이어졌다. 굳이 따져 보자면 정다산 기념사업을 신조선사에 의한 것이라고 할 때 마지막 순간은 출판기념회였고, 최익한의 문필 활동은 새로운 국면의 시작이었다.

1934년부터 1938년까지 만 4년, 햇수로는 5년에 걸쳐 전개된 정다산 기념사업은 적지 않은 변화를 불러왔던 것으로 판단된다. 일단 1937년 중일전쟁을 한가운데 포함하고 있는 이 시기는, 국제·국내 정세의 변동이 심했던 때이므로 주변 여건에 의해서 의도하지 않은 상황을 맞이하는 경우도 있었을 것이라는 점을 고려해야 할 것이다. 그럼에도 기념사업을 통해서 첫째, 정다산에 대한 이해와 실학에 대한 인식, 둘째, 조선 연구의 방향에 대한 모색이 더욱 활발해졌다는 점만은 충분히 납득할 수 있다.

우선 대한제국기에도 장지연 등에 의해 신문 지상에 정다산에 대한 소개가 활발히 이루어졌지만 정다산의 역사성을 파악하려는 시도는 1930년대에 비로소 시도되었다. 그리고 정다산은 그 자체로 존재하는 것이 아니라 반계-성호-다산이라는 계보 아래 '실학파'라는 새로운 학문적 조류 안에 있게 되었다. 즉 1930년대 정다산 기념사업이 실학이라는 말을 보편화하는 데 중요한 계기를 마련했던 것은 분명하다. 1930년대 초까지만 하더라도 주로 정인보가 「양명학연론」의 연재 등에서만 사용하던 실학이라는 개념이 다른 동시대 연구자들에게까지 영향을 미쳤다. 게다가 이제는 반드시 학문적 논설이 아니더라도 조선 후기 사상 지형 가운데 실학을 언급하는 사례가 확인된다. 실학이라는 학풍을 발견하는 데 정다산 기념사업이 큰 역할을 했던 것이다.

한편 이지원은 대한제국기의 정다산 등에 대한 관심과 1930년대가 다른 의미를 내포하고 있다고 주장하는데, "한말 실학에 대한 관심이 국가 주도의 자강적 근대 국가 건설을 위한 개혁과 국가 단위의 역사와 문화의 정체성 고양이 중심이었다면, 이 시기 실학과 다산을 계승하며 수립하고자 하였던 조선학은 그러한 한말의 문제의식을 공유하되 일제 강점후 변화된 현실을 반영하며 발전하고 있었다. 그것은 첫째로 실학의 군민일체(君民一體) 개혁 전통 속에서 배태된 민중 구제의 개혁 사상이 일제에 예속·타협하는 것을 배제하는 민중 중심의 민족 국가 건설 지향으로 발전하였다는 것"이다. 즉 정다산 기념사업의 주체들이 대한제국기에 형성되었던 관심의 연장선상에서 실학이라는 명명을 보편화시키고 있었지만, 그들이 실학에 관심을 쏟는 이유는 달라졌다는 주장이다. 무엇보다 민중의 사회적 현실에 주목하면서 다르게 말하면 계급 문제까지 포용하는 관점에서 실학에 주목했다는 것이다.

정다산 기념사업은 실학을 하나의 사상적 흐름으로 인식하도록 하였고, 민중 생활의 문제까지 아우르는 개혁 방침·국가건설론의 기원이자 참조 지점으로 이해되었다. 그러나 기념사업을 통해 실학이 학풍으로 거듭났으나, 그러한 사상이 기념사업의 주체들이 생각했던 것처럼 통일적으로 받아들여진 것은 아니었다. 백남운과 김태준, 최익한 등의 마르크스주의 학자들이 봉건사회 해체기의 과도적 존재로서 주목하고 있는 것은 여전히 실학의 역사적 의미가 각축하고 있었음을 보여 준다. 이 점에서 실학에 대한 역사적 평가의 초석을 놓는 계기가 되었다고 정리하는 것이 가장 타당하겠다.

다음으로 정다산 기념사업이 조선 연구에 미친 영향을 검토해 볼 수 있다. 1934년 9월에 처음 열린 강연회에서 정인보의 강연은 정다산이 조선학의 원조이고 정다산처럼 조선학을 해야 한다는 것이었다. 즉 정다산을 통해서 안재홍과 정인보, 신조선사가 하자고 했던 말은 조선학의 진흥이었다. 조선학이라는 명칭이 화두로 오르자마자 'T 기자' 신남철이 부정적 의견까지 포함한 인터뷰 기사를 내보냈고, 신조선사는 이에 대해서 마뜩잖은 반응을 보이기도 하였다. 한마디로 우리 주장에 토를 단다는 느낌이랄까. 안재홍은 곧바로 『신조선』 7호의 권두언격인 「조선학의 문제」를 통해 "애급학(埃及學) 지나학(支那學) 하는 따위로 조선학이라는 것은 좀 당치 않은 말이라고 주장하는 분이 있으니 그 말이 옳다. 그러나 또 무슨 학(學) 하면서 일개의 동일 문화 체계의 단일한 집단에서 그 집단

자신의 특수한 역사와 사회와의 문화적 경향을 탐색하고 구명하려는 학의 부문을 무슨 학이라고 한다면 그런 의미에서 조선학이란 숙어를 우리가 마음 놓고 쓸 수 있다"라고 하였다. 정인보나 안재홍이 말하고자 했던 조선학은 근대적 학문 체계의 구분과 방법론에 구애되는 것은 아니었다. 조선에 대한 일체감을 불러일으킬 수 있는 지적 활동이 조선학이 아니었을까 생각해 본다.

이에 대해서는 여러 차례 비판이 이어졌다. 조선학 주장을 무슨 괴상한 신학문 제창이냐고 비꼰 김남천의 사례도 거론할 수 있고, 학으로서 성립되기에 방법론적 공백이 문제가 된다는 백남운의 주장도 있었다. 그래서 백남운은 과학적 방법으로 볼 수만 있다면 괜찮다는 유보 단서를 달았던 것이다. 조선학의 개념을 전적으로 수용한 이도 있고, 일부 수정하여 받아들인 사람도 있었다. 그리고 아예 기각하는 사람도 있었다. 그렇지만 조선에 대한 연구가 필요하다는 데 더 이상 반대하는 사람은 없었다. 민족해방의 실천적 방향을 수립하기 위해서라도, 조선인의 민족적 주체성이 소멸되는 것을 막기 위해서라도 조선 연구는 중요하게 인지되었다. 정다산 기념사업 때문에 조선 연구가 진흥되고 방법론적 모색이 나타났다는 것은 과장이다. 그러나 정다산 재인식=조선학 진흥이라는 프레임을 내걸었던 기념사업 주체들이 있었기 때문에 조선의 역사와 현재를 어떻게 볼 것이냐는 문제가 고민거리가 되었던 것은 분명했다.

이제 마지막으로 두 가지 문제만 검토할까 한다. 첫 번째는 정다산 기념사업을 함께 했던 두 한글 신문의 입장 차이 여부이다. 두 신문사는 오랫동안 서로 다른 입장을 내세웠던 것으로 평가되었다. 합당한 설명이다. 『동아일보』 주도층과 1930년대 전반기까지 『조선일보』의 주도층은 명백히 달랐기 때문이다. 그런데 정다산 기념사업을 『동아일보』에서 활동하던 정인보와 1932년까지 『조선일보』 편집을 맡았던 안재홍이 함께 했고, 게다가 활동의 중심은 새롭게 만들어진 신조선사였다. 신조선사가 중심이 되어 두 신문사에 사업을 제안하고 특히 서세 100년제 때 큰 기획을 만들었으며 이러한 네트워크를 김태준은 노골적으로 비꼬았던 것이다. 최소한 정다산 기념사업과 관련해서는 두 신문사의 입장 차이가 특별히 없었다고 생각한다.

두 번째는 1935년 기념회 개최와 1938년 출판기념회 당시 분위기의 차이에 대한 부분이다. 기념사업을 만들었던 주체들은 조선인에 의한, 조선인을 위한 활동으로 만들고자 이 사업을 자리매김하고자 했다. 그러나 1938년의 상황은 생각보다 분위기가 많이 바뀌었다. 안재홍은 중국의 난징군관학교[南京軍官學校]에 청년 두 명을 파견하려 했다는 혐의로 이 시기에 옥살이를 했다. 정인보는 이미 연희전문학교를 그만두었고 공식적인 사회 활동을 중단한 상태였다. 『여유당전서』 완간은 큰 의미를 갖지만, 신조선사가 이 책의 발행을 계기로 조선학의 진흥, 조선 문화운동의 촉진을 고민했던 것은 아마도 1936년 무렵까지로 보인다. 『신조선』의 발행도 이때까지였다.

참고자료

국사편찬위원회, 『국역 윤치호 영문일기』 9, 국사편찬위원회, 2016.

김보름, 「『여유당전서』의 간행 경위 일고찰―전서초본의 행방과 여유당전서발행소의 활동을 중심으로」, 『한국학문학연구』 57, 한국한문학회, 2015.

이지원, 『한국 근대 문화사상사 연구』, 혜안, 2007.

장 신, 「1930년대 초 『조선일보』의 부침과 잡지 『신조선』」, 『근대서지』 8, 근대서지학회, 2013.

장문석, 「식민지 출판과 양반―1930년대 신조선사의 고문헌 출판 활동과 전문 지식의 식민지 공공성」, 『민족문학사연구』 55, 민족문학사학회, 2014.

정종현, 『다산의 초상―한국 근대 실학 담론의 형성과 전개』, 신서원, 2018.

조규태, 「권태휘의 생애와 민족운동」, 『한국민족운동사연구』 96, 한국민족운동사학회, 2018.

조동걸·한영우·박찬승, 『한국의 역사가와 역사학』 하, 창작과비평사, 1994.

조형열 엮음, 『식민지 조선학계와 조선연구 1―1930년대 민간 한글신문의 문화·학술진흥론과 조선연구 방법론 기사 자료집』, 소명출판, 2022.

조형열, 「1930년대 마르크스주의 지식인의 학술문화기관 구상과 과학적 조선학 수립론」, 『역사학연구』 61, 호남사학회, 2016.

『동아일보』.

『매일신보』.

『신동아』.

『신조선』.

『조선신문』.

『조선일보』.

『조선중앙일보』.

노동자의 시각으로 본
원산총파업

현명호
연세대학교 근대한국학연구소 연구교수

원산총파업은 1929년 1월 23일에서 4월 6일까지, 74일간 노동자 1,600여 명이 참여한 일제강점기 최대의 노동 쟁의이다. 당대 영향력 있는 작가 중 한 사람이던 염상섭은 원산총파업에 대해 다음과 같이 말했다.

> 원산의 노동 쟁의는 … 인원수를 보아도 이천명 이상이라고 하니 그
> 가족과 직접 간접의 영향받는 범위의 인원수를 통계한다면 실로 조선
> 에서는 초유한 사건이오, 그 규모와 통제의 정연하고 엄중한 점으로
> 보아서나 지구력과 단결력의 완실함으로 보아도 조선사람의 사업이
> 나 행동으로는 처음 본다할 만큼 훈련적이고 자각적이다.[1]

염상섭은 조선의 마을 중 90%가 참여했다는 3.1운동도 경험했고 사회 전체상을 객관적으로 바라보고 현실을 관찰에 근거해 묘사하는 사실주의 문학의 선구자라고 불리는 사람이기도 하다. 그런 염상섭이 조선 초유의 사건이라고 부를 만큼 원산총파업은 당시 사람들에게 인상적인 사

---

1 「수상소감: 노쟁과 문학, 염상섭」, 『동아일보』, 1929.2.15.

건이었다. 특히 "정연하고 엄중하"고 "지구력과 단결력이 완실"하며 "훈련적이고 자각적"이라는 평가가 게으르다든지 무지하다든지 눈앞의 이익에만 급급하다든지, 라는 당시 조선인 노동자에 대한 관료나 자본가들의 평가와 상반된다. 기존에 볼 수 없었던 새로운 종류의 노동자가 등장한 사건, 그것이 원산총파업이 한국 근대사에서 갖는 의미였다.

본 장은 노동자의 시각으로 본 원산총파업의 역사에 관한 글이다. 특히 원산 노동자와 그들의 노동 조직인 도중의 노동운동을 다룬다. 1) 구한말의 원산항 노동자 도중의 등장(1895~1909), 2) 일제강점기 초기의 철도 및 항만 건설과 노동 세력의 약화(1910~1920), 3) 문화통치기의 노동조합운동(1921~1928), 그리고 4) 원산총파업(1929) 등의 네 시기가 이에 해당한다.

1. 구한말의 원산항 노동자 도중의 등장(1895~1909)

원산 노동자들의 사회적, 정치적 의식의 각성은 1890년대 후반부터 시작했다. 우선 1890년대 후반 원산의 경제 상황을 살펴보자. 원산은 1880년에 조선의 두 번째 개항이 됨에 따라 다른 개항이던 부산과 인천처럼 기계제 면제품의 수입항과 토산 콩의 수출항으로 발전했다. 청일전쟁 전까지 원산항 무역의 급증을 이끈 것은 상해와 나가사키를 거쳐 들어온 기계제 면제품이었지만, 청일전쟁 후에는 일본제 면제품이 최대 수입품으로 자리 잡기 시작했다. 개항 후 20년 동안 원산항 무역량은 15배

【그림 1】 조선인 노동자의 하역 작업[2]

정도 증가했는데, 특히 청일전쟁을 기점으로 무역량이 큰 폭으로 증가했다. 원산항에서 무역량의 증가는 조선 객주들이 무역품을 실어 나르는 증기선 해운업에 뛰어드는 배경이 되었다. 이와 동시에 조선인 운반 노동자들도 원산항에 등장했다.

1895년 10월에 미국인 윌리엄 헨리 잭슨(William Henry Jackson)이 찍은 【그림 1】에는 원산항에서 선박과 육상을 오갈 수 있도록 걸쳐 놓은 널판 위를 걸어가는 한 부두 노동자가 나온다. 흰 두건으로 머리를 감싼 모양, 통이 넓은 흰 윗도리와 바지, 그리고 짚신 등으로 미루어 보아 조선인 노

---

2 Jackson, William Henry, photographer. 1895 *Unloading Boat*. Korea, Photograph. https://www.loc.gov/item/2004707990/

동자이다. 그는 지게를 메고 자신의 상체보다 큰 곡식 가마니를 나르고 있는데 당시 원산항의 최대 수출품이던 콩일 가능성이 있다. 그가 가마니를 메고 향하는 선박은 사진에 보이지 않지만, 널판이 수평인 상태로 보아 선창보다 높지 않은 배, 즉 나룻배다.

당시 원산에서는 청일전쟁 직후까지도 일본인 부두 노동자들이 하역업에서 필수인 나룻배 영업을 독점하고 있었다. 원산항은 1910년대 항만 매립 공사가 진행될 때까지 미개발 상태로 남아 있었기 때문에 규모가 있는 증기선의 경우 육지에 바로 접근하지 못하여 수면에 정박시키고 나룻배로 하역 작업을 진행해야 했다. 조선인 운송업자들은 조선 정부에 청원서를 보내는 방식으로 이 독점 구조를 무너뜨리려 했지만 허사였다.

이와는 달리 조선인 노동자들은 아래 지도에서 동그라미로 표시된 일본인 거류지로 향하는 유일한 통로인 다리를 봉쇄하는 투쟁을 벌였다. 이 다리를 통해서 들어오는 콩과 같은 조선의 농산물을 막아 원산 일본인 거류지의 상업을 정지시킨 것이다. 당시 원산의 도시공간 구조와 경제 관계를 이해한 전략이었다고 할 수 있다. 당시 원산항 미국 대학 유학생 출신이었던 감리 윤치호는 영어로 일기를 썼는데, 이 사건을 "boycotting Japanese settlement", 즉 거류지를 거부하는 운동이라 칭하고 노동자들의 능동적인 시도를 높이 평가했다.

원산항 노동자의 집단행동은 1900년 십장반대운동에서도 이어졌다. 원산 노동자들이 도중의 우두머리였던 십장들이 현장에서 일도 하지 않고 자신들을 규율하고 수수료로 임금을 중간 착취하는 것이 부당하다며 폐지를 요구한 일이었다. 십장들은 중앙 정부, 즉 대한제국 정부의 힘을 빌려 저항하는 노동자들을 통제하려 했다. 반면 노동자들은 십장들이 중앙 정부의 훈령을 받으러 육로로 길을 떠난 사이에 우편선을 이용해 전국 신문이었던 『제국신문』에 편지를 보냈다. 그 결과 먼저 길을 떠난 십장보다 너무 늦지 않게 자신들의 입장을 서울에 알릴 수 있었다. 이 편지의 일부를 인용하면 다음과 같다.

> 원산항 모군군계 소임 등이 본사에 편지하였는데… 항구 모군 십장들이 아침 8시에 각국 조계지로 나와서 누어 있다가 저녁이 되면 돈주머니를 들고 노동자들이 번 돈을 적다 많다 하여 가면 노놔 간다…. 제 등골 빼어 노동일 하는 것도 이렇게 학정하니 살 수가 없다.[3]

십장에 대한 노동자들의 불신과 회의가 솔직히 드러나는 문체였고, 이는 서민들의 신문이라고 평가되는 『제국신문』의 특징이기도 했다. 특히 이 투고문에서는 노동자들이 자신의 도중을 계라고 칭하는데, 계는 입학이나 경조사 등 특정한 목적을 위해 목돈을 마련하려고 만드는 조직으로 계주라는 구심점이 존재하기는 하지만 계원들 간의 수평적 관계를 맺고 있다. 이는 원산 노동자 도중에게 십장이 있었으나, 그 위계가 절대적이지 않았음을 시사한다.

한편 토착 조선인들은 타지 출신인 원산항 노동자들을 부랑자들이라

---

3 『제국신문』, 1900.7.14.

【그림 2】춘성부지(덕원부지)[4]

고 경멸하면서 관에서 그들을 다스려 주라고 요청했다. 여전히 마을에 평생을 정착하고 사는 게 당연한 시대라서 타지에서 온 노동자들은 좋은 시선을 받지 못했다. 일본인은 물론 원산 토착민과도 구분된 원산항 노동자들의 사회적 위치는 공간적으로 드러났다.

1880년대에 나온 【그림 2】의 지도를 보면 조선인 토착민 거주지와 일본인 거류민 거주지 사이에 아무것도 없지만, 1890년대 제작된 한 지도에는 같은 지역에 거주지를 뜻하는 집 모양이 있는 것을 볼 수 있다.[5] 이

---

4   鄭顯奭, 『春城府志(德源府志)』, 국사편찬위원회 한국사데이터베이스 사진유리필름자료, 1885. http://db.history.go.kr/id/fl_001_002_009_0026, accessed 2023.10.4.

지역은 돌산의 구석이라고 해서 석우동, 혹은 일관이라 불린 일본인 거류지로 가는 다리가 있다고 해서 관교동으로 불렸다. 원산에서 노동자들이 삶의 터전으로 삼은 곳이다.

1900년대 말이 되면 원산 지역 사회에서 원산항 노동자의 입지가 굳어졌다. 원산 일본인들의 아버지라 불린 일본인 상인 요시하마 주타로의 증언에 따르면, 원산항 "조선 증기선에 대한 화물의 싣고 내림은 완전히 그들의 독점 사업"이었다고 하고, 이들은 "일본인 운반 노동자의 세력 범위를" 침범하기도 했으며, 고용주인 원산 토착인 객주들조차 이들 타지 출신 노동자를 통제하지 못했다고 한다.

【그림 3】은 당시 원산항에서 활동하던 조선인 노동자 도중의 목록과 각 도중의 업무 표로 배의 국적, 화물의 종류, 그리고 목적지에 따라 체

【그림 3】 원산항 조선인 노동자 도중 목록 업무표[6]

名稱	營業ノ範圍
埠頭部中	普通汽船荷物全體ノ三分ノ二ノ揚卸ヲ爲スヲ引受ト定ム
船艙部中	商者ノ三分ノ一及ヒ朝鮮帆船一切ノ磯物揚卸ヲ爲スヲ引受ト定ム
艀艜部中	元山府龍城社ヨリ朝鮮帆船ニ積ミ入ル大豆ノ揚卸ヲ爲スヲ引受ト定ム
斗量部中	御用船ノ貨物揚卸ヲ引受トス
登負部中	江原道ヨリ入ル千鰮余體ノ二分ノ一揚卸ヲ引
開遷部中	明太ノミノ揚卸ヲ引受トス
私設部中	居留地ヨリ元山里ニ至ル貨物運搬ノ片道ノ 朝鮮形帆船(草梁及ヒ江原道ヨリ入ル千鰮二分ノ一ヲ引受トス
近設部中	元山府高岩、雲城、兩浦及ヒ元山里ヨリ居留地ニ運搬ニ五十個以上ノ貨物並ニ朝鮮婦人ニ
新設部中	元山府高岩、雲城、兩浦及ヒ元山里ヨリ居留地ニ運搬ノ買入レタル米數等ノ運搬等ヲ引受トス

5　미국 의회도서관에서 온라인으로 열람 가능. https://www.loc.gov/item/82692175/
6　요시하마 주타로, 원산방면상공업조사, 1911.

계적으로 세분되어 있었다. 이 업무 분담은 원산항 조선인 노동자 도중들이 내부에서 만든 것이나, 화물주나 선주도 이를 따라야 했는데, 조선인 도중의 협상력이 강했기 때문이다.

원산항 조선인 노동자들은 사회 참여 의식도 있었다. 전국적인 참여를 이끈 1907년 국채보상운동에 원산항 노동자들도 돈을 기부했는데, 여기서 다시 '계'라는 이름으로 자신들의 도중을 지칭한 점이 눈에 띈다. 또한 당시 근대적 축제이자 사회의식 표출의 장으로 불렸던 지역 학교 운동회에 원산항 노동자들은 기부금을 내었을 뿐만이 아니라 노동 봉사를 해서 사람들이 칭송했다고 한다.

2. 일제강점기 초기의 철도 및 항만 건설과 노동 세력의 약화(1910~1920)

하지만 1910년대 철도와 항만 공사의 결과로 원산 노동자들은 일터에서 자율성을 빼앗기고, 철도를 타고 노동력이 초과 공급되어 노동 시장 장악력 역시 잃어버렸다.

우선 원산의 첫 철도인 경원선은 1910년부터 1914년에 걸쳐 건설되었다. 철도 건설의 결과, 서울과 원산은 반나절보다 조금 더 걸리는 거리가 되었고 두 도시 사이에 화물과 사람의 수송 능력도 향상되었다. 다음으로 일본인 거류지 해안에 자리 잡은 원산항 최초의 근대식 항만은 1915년부터 1920년대 초까지 건설되었다. 항구에 평평하고 넓은 화물 하륙장이 생기고 바다를 파내고 방파제를 만들어 항구 앞에 주차장처럼 넓고 잔잔한 수면을 만들어 냈다.

원산역과 원산항 사이에는 철도가 놓여 사실상 둘은 하나의 시설이 되었고 기차와 선박을 통해 원산에 들어오는 화물량이 증가했다. 선박이나 화물차가 오래 머무르면 그만큼 많은 시설 이용료를 내야 했기 때문에 더 많은 화물을 더 빨리 처리해야 했다. 증가한 화물 운송량을 처리하기 위해 기존에 사용하던 지게에 추가로 짐수레가 운송 수단으로 등장했다. 사회기반 시설 이후 원산역과 원산항에서 울퉁불퉁한 도로가 평평한 도로로 바뀌어서 가능한 일이었다. 노동자들도 이러한 변화를 따를 수밖에 없었고 짐수레를 운용할 수 있는 업자에 종속되어 이전처럼 운송 업무를 스스로 결정할 자율성을 잃게 되었다.

원산 노동자 세력은 노동 시장 초과 공급 상태로 인해 더 약해졌다. 일제가 조선을 처음으로 식민 통치한 1910년대에 조선 농촌 경제는 파탄에 이르렀고 많은 농민이 일자리를 찾아 고향을 떠났다. 새로 건설된 경원선은 평양과 서울 등지에서 만주로 가는 배에 오르기 전에 거쳐 가는 중간 기착지 원산으로 이주민을 실어 날랐다. 일부는 원산에 남아 원산 조선인 인구를 증가시켰는데, 대규모 사회기반 시설 공사로 규모가 커진 원산의 노동 시장에서 일할 기회를 찾을 수 있기 때문이었던 것으로 추정된다.

자신을 대체할 노동자가 많아질수록 자본가에 대한 노동자의 교섭력은 약해진다. 특히 특수한 기술이나 도구가 없이 육체를 주로 사용하는 비숙련 노동자일수록 그렇다. 그 증거가 노동자들의 3.1운동이라 불리는 1919년의 노동 쟁의의 결과이다. 원산역 운반 노동자 50명은 임금인상을 요구하며 파업에 나섰다가 전원 해고를 당했다. 일제의 실정을 규탄하며 조선의 독립을 주장하는 목소리가 높았던 당시 전국에 걸쳐 발생한 파업 87건 중 실패로 끝난 37건도 전원 해고라는 최악의 결과로 끝난 경우는 거의 없다. 게다가 원산에서 상대적으로 대체하기 어려운 숙련 노동자, 즉 구두를 만드는 양화 직공, 인쇄물을 찍는 인쇄 직공, 면을 만드는 제면 직공은 파업에 성공했다. 오직 비숙련 노동자인 원산역 운송 노동자만 전원 일자리를 잃는 형태로 파업에 실패했다. 일본인 노동자와 조선인 객주 자본가를 압도하던 협상력을 더는 원산항 노동자들이 가지고 있지 않았다고 볼 수 있다.

3. 문화통치기의 노동조합운동(1921~1928)

세력이 약해진 원산 노동자들이 조선 최대의 파업을 이끌 수 있는 세력으로 다시 성장한 것은 3.1운동 이후 제한적으로나마 가능해진 노동조합운동에 참여한 후였다. 우선 원산노동회의 창립은 원산 운송 노동자 도중이 1921년 2월 17일 임금인상을 요구하며 대대적인 파업에 나선 데서 촉발되었다. 이 파업은 당시 세계 경제의 디플레이션 현상이 조선 경제에도 찾아오자 원산 운송업 조선인 고용주들이 생필품 가격이 하락했으니 임금도 적게 주겠다고 선언한 것이 원인이었다. 노동 쟁의가 약 한 달간 지속되던 1921년 3월 15일, 조선인 고용주 측은 타협안으로 새로운 노동단체의 설립을 제안했고 운송 노동자들의 도중은 이에 가입하기로 했다. 이 단체가 원산노동회인데, 이를 제안한 원산 토착 조선인 상인 단체인 객주 조합이 감독권을 갖는 대신 회원 노동자들은 짐수레를 안정적으로 공급받을 수 있었다. 대체 노동 인력이 항상 많고 짐수레가 필수적 운송 도구가 된 원산에서 이 약속을 얻어 낸 것은 큰 성과라고 할 수 있다.

객주 조합이 감독권을 가진 단체에 들어갔지만, 노동자들은 그 지도부에 종속된 것이 아니라 여전히 어느 정도 스스로의 행동을 결정했다. 대표적인 예로 원산노동회의 첫 사업이었던 소비조합운동이었다. 이 운동은 조합에서 원산노동회를 통제하기 위해 지정한 인물인 김경식이 제안했다. 김경식은 외국어학교에서 일본어를 공부한 신식 관료 출신에 교육을 목적으로 원산에 와서 노동계몽운동에도 관심이 있던 수원 출신 양반이었다. 국제 경험이 있고 재무에 밝으며 원산 출신이 아닌 이 운동가가 1921년 9월 원산노동회의 첫 총회에서 회원들에게 소비조합운동을 설명하며, 회원 노동자의 출자금으로 운영되는 소비조합을 만들고 시중보다 20~40% 저렴한 가격에 생필품을 공급하겠다고 했다. 이 총회에 참석한 노동자들의 대화가 다음과 같이 신문에 기록되어 있다.

노동자 A: 회장 (김경식) 같은 저런 작자들의 배만 부르게 해주니 암만 한들 소용 있나. (우리 노동자들은) 죽을 때까지 고생이지.

노동자 B: 흥, 그 사람 별말 다 하네. 자기의 본능대로 일을 하는데 우리라고 천할 것 무엇 있나? (우리는) 저들만 한 기능이 없으니까 그

저 뒤를 도와달라면 아니되겠음으로 돈을 주어 가며 하는 것인데
무얼 우리가 돈을 그저 주는 줄 아나?[7]

총회에 참석한 노동자 300명 중 4/5 정도가 노동자 A처럼 원산노동회
지도부 제안에 회의적이었다고 한다.

하지만 소비조합운동 자체는 많은 회원 노동자의 금주운동 참여로 성
공을 거두었다. 금주운동은 음주 소비가 큰 장날을 대상으로 위반을 거
듭하는 회원은 강제 탈퇴라는 벌칙을 정해 이루어졌는데, 노동자의 각
도중에서 인원을 보내 '정찰대'라는 감시반을 운영했다. 원산 노동자들
의 금주는 전국 신문 1면에 소개될 정도로 성공했고, 그 자금으로 소비조
합이 원산부의 빈민 무료 급식을 위탁해서 운영할 정도로 착실한 사업이
되었다.

소비조합 사업이 번창하고자, 원산노동회는 또 언어와 기초교육 중심
의 야학을 제공하기 위해 회관 건립 운동을 벌였다. 이 운동의 특징은 회
원 노동자들이 스스로 건물을 지어 올렸다는 점이다. 그 공사 중 불행히
사망한 노동자에게는 지역 유지급의 인물들도 장례식에서 조의를 표했
다. 신분제가 철폐된 지 30년이 지났지만, 여전히 양반은 설령 자기 아내
의 집안이라고 해도 노동자의 집안에서 내준 음식을 먹지 않는다는 생각
이 남아 있던 시대였다. 그런 시대에 지역 유지들이 노동자의 죽음에 공
개적 경의를 표한 것은 이례적이라 할 수 있다.

---

7 「노동회 총회를 보고」, 『매일신보』, 1921.10.4.

또한 원산 노동 단체의 세력 성장에 결정적 역할을 한 동맹파업에서도 노동자들의 활약은 눈에 띄었다. 운송 노동과 같은 비숙련 노동자가 파업을 수단으로 삼아 저항 운동에 나설 때, 동맹파업이라는 형태는 중요하다. 대체 노동자를 구해서 파업의 효과를 상쇄하는 고용주의 전략을 원천적으로 봉쇄하기 때문이다. 원산노동회의 처음이자 마지막 동맹파업은 '노동계급 해방' '무산계급의 세계적 제휴' 등의 강령을 받아들이며 원산노동회 지도부가 원산 객주 자본가와는 양립할 수 없는 정치 성향을 띄게 된 1925년 2월에 있었다. 임금인상과 감독 조항 삭제를 요구한 원산노동회에 객주 조합은 노동회 회원 외 노동자를 고용하겠다고 맞섰지만, 이 대체 노동자 고용이 쉽지 않았던지 객주 조합은 곧 이 요구를 받아들였다.

1925년 파업의 승리는 원산 지역 노동조합운동에 두 가지 전환점을 가져 왔는데, 하나는 노동단체가 자본가로부터 완전히 독립하고 사회주의 사상을 본격적으로 수용한 것이고, 다른 하나는 조직의 효율적 관리를 위해 원산의 40여 개 노동자 도중을 7개의 노동조합으로 묶고, 이 노동조합들을 대표하는 우산 조직(umbrella organization)으로 원산노동연합회를 창설하게 된 것이다.

노동자들의 단결이 중요한 역할을 한 또 다른 동맹파업은 원산노동연합회가 조직한 1927년 6월 파업이다. 1927년 6월 원산노동연합회는 처음으로 일본인을 포함한 원산의 모든 자본가 전체를 상대로 임금 시위를 시작한다. 당시 일본제국에서 가장 큰 운송회사인 국제통운과 원산 일본인의 지역 단체인 원산상업회의소가 그 상대였다. 이전부터 원산노동연합회의 동맹파업이라는 행위를 반대했던 4개의 도중과 원산노동연합회 소속이 아닌 노동자도 이 파업에 참여했다. 또한 파업 노동자들은 원산 시내 41곳에 '감시 구역(picket)'을 세우고 원산에서 대체 노동자가 고용되는 것을 적극적으로 막았다. 감시 구역의 숫자가 일치함을 보아, 이 파업에서 원산노동연합회의 40여 개 도중을 중심으로 시위를 조직한 점을 미루어 짐작할 수 있다.

마지막으로 원산노동연합회의 노동운동에서 노동자 도중은 재정 면에서 두드러진 활약을 보였다. 원산노동연합회의 회원 노동자에게 가입비로 30원, 소비조합 출자금으로 20원(10회 분납)을 요구하였다. 1928년 당시 평균 실소득이 한 달에 2원 55전밖에 되지 않는 원산 비숙련 노동자들에게는 큰돈이었다. 하지만 원산노동연합회 도중에 속해서 받을 수 있는 경제적 혜택이 컸다. 당시 원산 노동자 도중에게는 공목일우식이라고 부르는 임금분배제도가 있었는데, 도중에 속한 노동자들이 그날 수입의 차이와는 상관없이 전체의 수입을 동등하게 나누어 가질 수 있었다. 병으로 일을 못 한 사람도 같은 도중에 속했다면 같은 금액을 받을 수 있었다.

또한 1/N을 계산할 때 도중과 원산노동연합회도 각각 1명으로 계산해서 수입을 나누었다. 이렇게 모인 공금으로 도시에서 생계를 꾸리는 데 돌발 상황에 대처할 수 없었던 회원 노동자들에게 다음과 같은 혜택을 제공했다. 우선 의사 2명과 간호사 4명을 근무하는 근대식 병원인 원산노동 병원에서 시중의 40% 할인된 가격으로 의료서비스를 받을 수 있었다. 생필품 구매에는 앞서 말한 대로 연합회가 운영하는 소비조합에서 20~40% 할인을 받았고, 또 연합회가 운영하는 이발소에서 저렴하게 머리를 잘랐다. 혼인과 상례 시 같은 도중과 노동조합에 속한 회원 노동자가 부조하고, 큰 부상 시에는 반찬가게 정도 열 수 있는 돈을 모아 주기도 했다. 따라서 노동자의 수입으로서는 상당한 금액을 회비로 받았지만, 원산노동연합회는 원산 노동자의 90%를 회원으로 품을 수 있었던 것이다.

4. 원산총파업(1929)

하지만 원산노동연합회의 전성기는 다음 해 1월 원산 자본가들이 이 노동단체를 해체하기로 하면서 끝이 난다.

지리경제학자인 데이비드 하비(David Harvey)는 마르크스의 정치경제 사상에 기초해 자본주의 도시의 경제적 위기를 전환위기론으로 설명한다. 전환위기론은 상업 도시에서 공업 도시로, 혹은 공업 도시에서 금융 도시로 도시가 변화하는 것과 같이 도시에 투자되는 주요 자본의 형태가 언젠가 변화하기 때문에 필연적으로 도시의 사회경제적 위기가 도래하고 이 위기의 시기는 동시에 대중 저항의 배경이 된다는 이론이다. 원산총파업이 발생한 1929년 원산은 바로 이 도시 경제를 50년간 지탱해 온 기본 산업이 상업에서 공업으로 바뀌는 전환점에 있었다.

우선 문제점은 원산을 포함한 식민지 조선의 기형적 무역 구조에 있었다. 1928년에 원산은 무역 총량 신기록 달성했는데, 이는 일본 제국주의 무역의 모순에서 비롯한 왜곡된 성과였다. 즉, 일제는 조선 사람들이 조선 쌀 대신 만주 좁쌀을 먹고 그렇게 남은 조선 쌀을 더 많이 일본으로 수출하는 무역 구도를 만들었는데, 그렇게 만주 좁쌀이 과도하게 수입되어 일시적으로 무역이 호황을 맞았던 것이다.

다음 문제점은 원산 자본가들이 희망한 공업 도시로의 전환이 번번이 실패한 점에 있다. 함경도로 오게 된 당시 조선 최대 규모의 기업인 일본 질소비료주식회사의 경우 처음에는 원산에 공장을 짓는다는 소문이 있었지만 결국 함흥으로 유치되었다. 또한 원산 자본가들이 유치하려 했던 대구의 가타쿠라 제사회사 역시 함흥에 공장을 짓는다. 계속되는 투자 유치 실패로 원산 자본가들이 느낀 위기감은 그들이 식민 당국에 직접 불만을 표시하기 위해 도의 협의회에서 사퇴 소동을 벌였음을 기록한 1928년 4월 기사에서 확인할 수 있다.

원산 자본가들은 위기감의 책임을 원산노동연합회에 전가했다. 당시 원산 일본 자본가의 대표인 원산상업회의소 회두는 원산 노동자들이 파업을 많이 해서 도시의 투자 유치가 안 된다는 소위 강성노조론을 들고나왔다. 마침 1월 초, 원산노동연합회가 임금인상을 요구하고 인근의 석유회사 파업을 지지하며 동정 파업했는데, 이를 빌미로 원산 자본가들은 연합회 소속 노동자 전원에게 해고를 선언했다. 이때 연합회 탈퇴 시 재고용하겠다는 조건을 단 것으로 봤을 때, 단체 자체의 해체가 고용주들의 목적이었음을 알 수 있다.

원산총파업에서 자본가를 대표한 원산상업회의소의 전략은 인천에서 대체 노동자를 모집해 파업으로 인한 영업의 공백을 메우고, 그 시간 동안에 어용 노동단체를 조직해 노동연합회가 담당하던 노동력 공급 역할을 대체하도록 하는 것이었다. 원산 자본가들이 인천 노동자를 대하는 과정은 그들이 노동자를 사람이 아니라 도구로 대하고 있음을 여실히 보여 주었다. 인천에서 모집에서는 일본의 조직 폭력단 '국수회'가 동원되었고, 그들은 다른 사람의 출입이 통제된 차량 2칸을 타고 마치 소와 말처럼 원산으로 운송되었다. 그들은 열악한 숙소에 수용되었는데, 버려진 건물을 창고로 쓰고 있던 그곳의 시설이라고는 중앙에 작은 난로, 침구는 가마니 한 장이 있었다. 세면 시설이 없었고, 병자가 격리되지 않았으며, 통풍구도 없었다. 인천노동자 학대 소문을 듣고 조선변호사협회는 조사에 나섰고, 인천노동자가 '인권유린'을 당하고 있을 뿐 아니라 형법 220조의 불법감금과 225조 영리유괴를 당하고 있다고 주장했지만, 실제 수사나 재판은 행해지지 않았다.

인천 노동자들은 인천으로 돌려보낼 때도 단계적으로 돌려보냈는데, 이렇게 시간을 끈 이유는 함남노동회라는 어용 노동단체를 만들기 위해서였다. 농한기를 맞은 농민들이 잠시 소속된 줄 알았던 함남노동회는 그 수가 점점 늘어나더니 3월 말에는 500~600명이나 되어 연합회의 1/3 수준으로 성장했다. 그들은 타지에서 온 노동자가 아니었다. 파업이 지속되어 식량도 고갈되어 가는 마당에 같은 조선인으로부터 배신을 당했다고 생각한 일부 연합회의 파업 노동자들은 함남노동회를 습격했다. 규율이 강하다고 알려진 파업 노동자의 이미지에 이 습격 사건이 준 타격은 컸고, 지휘부는 긴급회의를 열어 4월 6일 파업 노동자의 전면 복업을 선언했다.

사실상 자본가들에 의해 기획되고 그들의 뜻대로 전개되고 결론까지 난 원산총파업에서 노동자들의 투쟁에 어떤 의미를 부여할 수 있을까?

프랑스의 정치철학자 자크 랑시에르는 아래로부터의 저항의 핵심은 자신들만의 이상적 세계를 생각하고 그것에 대해 발설하고 이를 조직하는 일이 사회적으로 허락되지 않은 이들이 실제 그런 세계를 구현하고 구현할 수 있다는 엄연한 사실을 보여 주는 데 있다고 봤다. 특히 그러한 세계를 지배 체제가 만들어 놓은 세계의 상징 바로 앞에서 보여 주는 일이 중요하다고 강조했는데, 원산총파업에서 파업 노동자들이 보여 준 세계는 바로 인천노동자의 인권유린으로 대변되는 노동의 도구화에 맞서 노동자의 인간성을 보여 주는 것이었다.

예를 들어 원산총파업에서는 평소의 노동운동에서는 잘 볼 수 없었던 가족의 존재가 드러났다. 파업자 가족의 규모는 8,000명으로 추정되는데, 이는 원산 인구의 1/5에 해당한다. 총파업 시 가족들은 하루 3식에서 2식으로 절약운동도 동참했고, 남편들은 금주를 할 때 부인들은 배고픔을 달래기 위해 허리띠를 졸라맸다. "언 발을 동동 구르며" 감옥에 간힌 파업자 남편을 돌보고, 가장의 파업으로 학교에서 퇴학하는 아이들을 돌봐야 했다. 파업 장기화로 인해 이러한 파업의 일상이 언론에 주목을 받은 것이다.

또한 파업 중 노동자들은 만주로 직접 좁쌀을 주문해서 먹었는데, 쌀보다 저렴해서 파업의 장기화에 도움이 되었기 때문이다. 제국적 무역을 자신들의 이해에 맞게 이용한 흥미로운 사례이다. 좁쌀이 도착하면 원산역에서 노동 회관으로 파업 노동자들이 수레로 직접 끌어 운반했다. 4번에 걸친 운반에 400~500가마니를 40여 개의 손수레로 나르는 데 200~1,000명의 노동자가 참가했는데, 그만큼 인원은 필요 없었지만 노동자들이 모두 즐거워했고, 일부러 최단 거리가 아닌 원산 시내 곳곳을 돌아 '의기양양'하게 노동회관에 '입성'했다. 마치 파업을 축제로 즐기는 것 같았다고 할 수 있다.

주문받은 만주 좁쌀은 소비조합창고 앞에서 파업 노동자와 그 가족에게 배급되었는데, 이렇게 늘어선 배급 줄은 도로까지 나왔다. 당시 일제는 도로취체법을 제정해 도로 교통을 원활히 하고 도시 공간을 운반 위주로 재편하고자 했는데, 파업단의 늘어선 배급 줄은 이런 취지에 반하는 것이었다. 특히 파업 노동자들이 '흰옷'의 노동복이 아닌 색옷이나 근대식 모자를 쓰고 있는 모습도 볼 수 있다.

무엇보다 원산총파업은 민족, 계급, 성별을 초월하는 경험의 장이기도 했다. 원산 인근의 야산 소유자는 허락 없이 땔감을 해 가는 파업 노동자에게 오히려 따뜻한 점심을 대접했고, 원산 토착민 마을의 한 '집 주인의 아내는 '파업'이라 단어를 전유해 젖 먹기를 거부하는 아기가 '파업'한다고 표현하기도 했으며, 원산 인근 농촌 유지들의 청년회에서는 직접 땔감을 기부하기도 했다. 원산의 일본인 점원, 목수, 벽돌공 50여 명은 원산상회소의 요구로 원산항에서 대체 노동하다가 '같은 노동자'에게 방해가 될 수 없다며 대체 노동을 그만두었다. 파업에 동참한 원산 중국인들은 조선인과의 오랜 인연을 위해 일본인의 중국인 노동자 모집을 막겠다고 선언한 중국 마영발 영사의 호소에 동참했다. 파업 노동자에게 가장 걱정거리였던 원산항 실업 노동자들도 스스로 '자유노동조합'을 만들고

【그림 4】 1929년 『조선일보』에 실린 원산 노동자 사진[8]

원산노동연합회에 가입해 파업에 참여하기도 했다.

【그림 4】에서 보는 것처럼 한 공간에서 자신의 흥에 맞춰 각자 움직이면서도 무질서해 보이기보다는 서로 어우러지는 경험, 그것이 원산총파업에서 보여 주었던 또 다른 세계가 아닌가 싶다.

8 『조선일보』, 「단결의 위력을 보이는 원산노동연합회원」, 1929.2.1.

高尾新右衞門, 『元山發展史』, 1915.

古川昭, 『元山開港史 : 元山開港と日本人』, ふるかわ海事事務所, 2004.

양상호, 「원산거류지(元山居留地)의 도시공간(都市空間)의 형성과정(形成過程)에 관한 고찰 (考察)」, 『건축역사연구』 3-2, 한국건축역사학회, 1994.

전우용, 「원산에서의 식민지 수탈체제의 구축과 노동자계급의 성장」, 『역사와 현실』 2, 한국역사연구회, 1989.

朝鮮總督府農商工部, 『元山方面商工業調査』, 1911.

『덕원항보첩』, 규장각 원문검색서비스. https://kyudb.snu.ac.kr/

『소장』, 규장각 원문검색서비스. https://kyudb.snu.ac.kr/

『通商彙纂: 韓國篇』, 驪江出版社, 1987.

『해외사료총서 12권: 러시아국립해군성문서I (1854~1894)』, 국사편찬위원회 한국사데이 터베이스 db.history.go.kr/

외국 석유회사의
조선인 노동자

현명호
연세대학교 근대한국학연구소 연구교수

1920년대에 세계 석유 산업계의 변화는 식민지 조선의 석유 시장에도 영향을 미쳤다. 이 변화는 아메리카 대륙에서 새로운 유전이 발견되고 원유가 수요를 초과하여 생산되면서 시작되었다. 과잉 생산된 원유를 이윤을 남기고 팔기 위해 석유회사들은 다양한 석유 상품을 개발하고 세계적 유통망을 개척하는 데 힘썼다. 이러한 세계 석유 경제의 추세에 발맞춰 영국과 네덜란드 자본에 의해 성립된 로열 더치 셸(Royal Dutch Shell) 석유회사는 자회사인 라이징선 석유회사(Rising Sun Petroleum Company)를 통해 1928년 함경도 문평에 제유소를 건설했다. 석유 제품을 담는 용기를 제작하고 석유 제품의 유통 기지가 되며 선박에 중유를 주유할 수 있는 조선 최초의 석유 시설이었다.

하지만 이곳에 일하러 온 조선인 노동자들은 임금도 낮고 약속받은 목욕 시설이 관리자급 직원들에게만 제공된 데다가 무엇보다 자신들이 임시로 고용된 사실을 알았다. 공급 초과라는 시장의 상태가 주는 비용 절감의 압박과 노동 보호가 부재한 식민지라는 특수한 상황이 이들의 열악한 근무 조건을 낳았던 것이다.

이 글에서는 세계 석유사의 전환점이 된 1920년대 과잉 생산 문제,

1928년에 셸이 조선에 제유소를 세운 의미, 그리고 비정규직 공장 노동자의 초기 사례인 문평 석유 노동자들의 투쟁에 관해 이야기하려 한다.

1. 1920년대 석유 산업의 과잉 생산과 상품 다변화

앞서 언급했지만, 1920년대 세계 석유 산업의 초과 생산 문제는 아메리카 대륙에서 새로운 유전이 발견되면서 시작되었다. 특히 베네수엘라에서 유전이 발견되면서 석유의 시장 공급량이 치솟았다. 1923년부터 1929년 사이 석유 수출량이 무려 6,450배가 증가한 베네수엘라는 세계 최대의 석유 수출국이 되었다. 또한 1920년대 후반 미국 오클라호마주의 세미놀(Seminole)과 텍사스주의 예이츠(Yates)에서 거대한 유전이 발견되어 당시 세계 최대의 원유 생산국이던 미국의 생산량을 더 끌어올렸다.

하지만 석유 제품 수요량은 늘어난 공급량에 미치지 못했고, 그 결과 전 세계적으로 석유 제품의 가격은 하락하게 된다. 가격 하락 문제가 1927년 절정에 이르러, 석유회사는 그동안 생산 증가로 얻은 이익을 잃는 상태가 되었다.

셸의 최고경영자 헨리 데터르딩(Henri Deterding)은 미국의 원유 과잉 생산을 비난했다. 오클라호마주 세미놀 유전에서 미국 석유회사들이 처리할 수 있는 양보다 더 많은 원유를 뽑아내고 있었기 때문이다. 하지만 베네수엘라 유전의 주요 개발자였던 셸도 시장에 원유를 쏟아내고 있었다.

과잉 생산은 어느 한 석유회사의 문제라기보단 석유 업계 전체의 문제였다.

원유 과잉 생산 문제는 등유 시장이 축소하면서 더욱 악화되었다. 석유산업사에서 등유는 초기에 가장 많이 팔린 제품이었으나 전기를 이용하는 전등이 등장함에 따라 수요가 줄었다. 일본의 예를 보면, 1920년에 전등을 이용하는 가정이 60%였고 4년 만에 10%가 더 증가했는데, 이에 따라 1921년에 시장의 점유율이 35.6%였던 등유가 1926년에는 19.1%밖에 되지 않았다.

원유 생산은 증가하는데 등유 시장이 축소되자 석유회사들은 상품 다변화에 나섰다. 당시 떠오르던 대안 상품은 초기에는 그냥 버려졌던 휘발유였다. 포드사가 개발한 모델 T가 자동차의 대중화를 이끌면서 휘발유 소비가 증가했기 때문이다. 정유소들은 특히 원유에서 휘발유를 더 많이 추출할 수 있는 기술을 선보이기도 했다. 1919년부터 1925년 사이 미국의 휘발유 생산량은 39억 5천만 갤런에서 89억 6천만 갤런으로 두 배가 넘게 증가했고 수출량도 3억 8천2백만 갤런에서 12억 9천만 갤런으로 4배 증가했다. 마찬가지로 일본에서도 관동대지진 이후 재건 과정에서 포장도로가 늘어남에 따라 트럭 수가 매년 20%씩 증가하면서 휘발유 소비를 촉진했다.

중유나 경유 등의 오일 연료 시장도 쇠락해 가는 등유 시장의 대안으로 떠올랐다. 석탄을 태운 증기선의 시대가 저물고 기름을 연료로 하는 내연기관을 동력으로 하는 선박이 등장했기 때문이다. 이 변화를 이끈 것은 각국의 근대 해군이었다. 1913년에 영국 해군은 이미 내연기관 선박으로 전환을 마쳤고, 1910년 후반에 미국 해군은 6백만 배럴의 오일 연료를 소비하고 있었으며, 1920년대에 들어와서 일본 해군도 3백만 톤의 중유를 전쟁 비축분으로 둔다는 방침을 세웠다.

동시에 상업용 선박에도 변화가 시작되었는데, 1914년과 1922년 사이에 내연기관 선박이 13배가 증가했다. 이에 따라 미국의 오일 연료 생산량은 1920년대 전반에 두 배 가까이 올랐고, 비슷한 맥락에서 일본의 오일 연료 소비량도 같은 기간 두 배가 증가해 일본 석유 시장에서 최대의 점유율을 차지하게 되었다.

석유 업계의 시장 재편과 상품 다변화 속에서 유일하게 세계적인 유통망을 갖추는 데 성공한 석유회사는 셸이었다. 셸과 경쟁 관계에 있던 스탠다드 석유회사는 수에즈와 싱가포르 사이에 선박용 주유소라고 할 수 있는 벙커링 스테이션(bunkering station)을 갖추지 못하고 있었다. 또한 셸은 지역적 주문을 런던 본사에서 처리하기도 했지만, 각지에 자회사를 두고 사업을 넓혔다. 이런 맥락에서 볼 때, 셸이 자회사인 라이징선을 통해 당시 세계에서 가장 낙후한 국가 중 하나인 식민지 조선까지 영업을 확대한 것은 우연이 아니었다.

2. 라이징선의 제유소

라이징선이 함경남도 문평에 제유소를 건설할 의도를 보인 것은 1926년 여름이었다. 문평역에서 불과 1마일밖에 떨어지지 않고 해안가에 있는 최적의 입지였다. 제유소 부지는 크게 세 개 구역으로 나뉘어 공사가 진행되었다. 빨간 벽돌 구역이라 부를 수 있는 곳에는 직원 식당과 휘발유 창고, 포장 작업장, 양철통 저장소, 그리고 해원(seamen) 식당이, 철근 구역이라 부를 수 있는 곳에는 셸의 로고인 조개표가 벽에 찍힌 석유 창고 두 동과 또 다른 양철통 창고가, 그리고 마지막 구역에서는 나무판자 및 양철판 창고와 양철통 공장이 있었다.

이 세 구역 옆에는 펌프장과 보일러실이 있고 사무실 건물이 있는 파이프 교체 야드가 있었다. 제유소에는 총 8개의 기름탱크가 있었는데, 2,500톤짜리 2개, 4,000톤짜리 2개, 그리고 벌크 석유를 저장하던 120톤 탱크 4개였다.

백만 엔의 예산이 들어가며 당시 큰 규모를 자랑했던 공사는 1927년 4월에 시작했는데, 그해 9월부터 제유소는 부분적으로 영업을 시작할 수 있었다. 문평 제유소의 사업은 크게 두 가지로 볼 수 있다. 하나는 파이프로 선박에 연료를 주입하는 것과 석유 용기인 5갤런들이 양철통과 그런 양철통이 2개 들어가는 나무 상자를 제작하는 것이었다.

라이징선의 두 사업은 한 제유소에서 이루어졌지만, 세계 석유 산업의 추세에 비추어 봤을 때, 선박 주유 사업은 성장 산업, 석유 용기 제작 사업은 사양 산업에 가까웠다. 이러한 모순은 식민지 석유 시장의 현실을 반영하는 것이기도 했다.

일단 선박 주유 사업부터 살펴보자. 라이징선은 석유 마케팅 회사로 셸의 동아시아 사업체에 근원을 두고 있었다. 1902년에 네덜란드 로얄 더치 석유회사가 요코하마에 근거를 둔 영국 해운회사인 셸 운송 무역회사와 손잡고 아시아 석유회사(Asiatic Petroleum Company)를 설립했다. 로얄 더치 석유회사는 동남아시아에 유전을 가지고 있었고 셸 운송 무역회사는 수에즈 운하를 통과한 첫 유조선을 운영하고 있었는데, 이 두 이점을 합쳐 미국 스탠다드 석유회사가 지배하고 있던 동아시아 석유 시장에 진출했고, 이후 1907년 두 회사가 합병하여 로열 더치 셸이 탄생했다.

특히 아시아 석유회사는 일본과 한국 시장 맞춤용 마케팅을 위해 자회사인 라이징선을 발족했다. 아시아 석유회사가 운영하던 동남아시아 유전은 정유를 거치지 않고도 오일 연료로 사용할 수 있었기 때문에, 라이징선은 오일 연료 마케팅에 유리한 위치를 점하고 있었다. 실제로 라이징선은 1920년대 전반 일본에서 오일 연료의 주요 공급자로 부상했다. 일본 해군과 장기 공급 계약을 맺고, 경쟁자인 스탠다드보다 벙커링 스테이션을 두 곳이나 더 운영하고 있었다.

한편 같은 시기 식민지 조선에서는 아직 오일 연료 시장이 거의 형성되지 않고 있었다. 1922년에 오일 연료 시장은 2.4%에 불과했고, 이듬해 2.6%로 조금 확장하긴 했지만 1925년에는 1% 미만으로 축소되었다. 원인은 식민지에서 내연기관을 이용하는 선박의 도입이 더뎠기 때문이었다. 당시 조선의 어선 중 발동기선은 2%에 지나지 않았다. 조선의 경제에서 어업이 차지하는 큰 비중을 잘 알고 있었던 조선총독부는 1923년 어업 박람회나 지역 어업조합과의 협력을 통해 발동기선 도입에 나섰지만, 성과는 바로 나타나지 않았다. 식민지가 별도의 해군을 보유하고 있지 않았던 것도 조선에서 오일 연료 수요가 낮았던 이유 중 하나라고 할 수 있을 것이다.

흥미로운 사실은 라이징선이 조선에서 오일 연료 수요가 오르기를 기다리지 않았다는 점이다. 오히려 이 외국 석유회사는 조선에 오일 연료 시장을 창출해 냈다. 1926년에 라이징선은 일본에서 100곳이 넘는 특약점에 오일 연료 수요 조사를 요청했는데, 이 조사 요청은 아직 오일 연료 시장이 형성되지 않는 조선 특약점도 포함되었다. 동시에 라이징선은 조선에 공격적으로 오일 연료를 들여오기 시작했다. 같은 해 라이징선의 오일 연료 수입량은 전년보다 무려 244배 많은 85만 갤런이었다.

그 이후로 조선의 오일 연료 수입은 매년 상승해, 1927년 383만 갤런, 1928년 615만 갤런, 1929년에는 745만 갤런을 기록했다. 이러한 수입 증가에는 라이징선의 역할이 가장 컸는데, 이 회사가 취급하는 네덜란드 동인도산 오일 연료가 미국 오일 연료보다 13배, 일본 오일 연료보다 8배나 많이 수입되었기 때문이다. 또한 라이징선은 1928년에 조선어업협회와 반값에 오일 연료를 공급하기로 계약을 맺었는데, 대행사인 다테이시 상점을 통하지 않은 조선에서의 최초의 직접 계약이었다.

라이징선이 문평에 제유소를 세우고 벙커링 스테이션을 설치한 것도 오일 연료 시장 개척의 일환

【그림 1】 1928년 아시아 석유회사 광고[1]

으로 볼 수 있다. 문평 제유소에는 길이 500피트 두께 8인치의 부유형 파이프라인이 설치되어 주유 작업에 드는 시간을 크게 절약할 수 있었다. 내연기관이 장착한 대형 선박에 시간당 150톤의 속도로 오일 연료를 공급할 수 있었고, 화물선의 경우 오일 연료 주입과 화물의 하역 작업을 동시에 진행할 수 있었으며, 유조선으로부터 직접 제유소에 위치한 기름 탱크에 주유할 수 있었기 때문이다. 문평 제유소는 소형 발동기선에 오일 연료를 공급할 수 있는 유조 바지선도 갖추고 있었다. 무엇보다 한반도 동북 해안에 벙커링 스테이션을 설치함으로써 셸의 전 세계적 오일 연료 유통망은 완성되었다.

【그림 1】을 보면 조선의 범표(Bumpyo)라는 지역이 나오는데, 문평의 일본식 음차이다. 아시아 석유회사의 런던 본사, 즉 셸의 런던 본사에 전화를 해서 주문을 넣으면 이 광고지에 나와 있는 벙커링 스테이션 어디에서나 오일 연료를 주유할 수 있었다. 이런 의미에서 문평 제유소의 오일 연료 취급은 조선 석유 시장 시계를 세계 석유 업계 기준으로 맞추는 데 최전선에 선 사업이었다고 할 수 있다.

3. 석유 용기의 생산

벙커링 스테이션 이외에 문평 제유소의 주요 사업은 석유 용기 제작

---

1 *Motorship Manual and Register of Motorvessels*, National trade journals, Incorporated, 1928.

이었다. 양철통 공장과 나무상자 작업장에서 한 달에 5갤런들이 양철통 10만 개와 10갤런들이 나무상자 5만 개를 생산했다.

이런 석유 용기를 가장 필요로 했던 것은 석유 산업 초기의 주요 제품 인 등유였다. 그리고 서구 국가나 일본과는 달리 조선은 1920년대에 여 전히 등유의 수요가 컸다. 1922년에 전체 석유 제품 소비량의 64%가 등 유였고, 1920년대 중반에는 75%, 그리고 44%로 떨어진 1929년에도 등유 는 여전히 가장 많이 소비되는 석유 제품이었다. 조선에는 여전히 전등 이 들어오지 않아 등유 램프를 사용하는 가정이 많았고 농업용 등유를 사용하는 발전기가 막 들어왔기 때문이다.

이러한 시장 조건을 알고 있던 라이징선은 등유 마케팅을 소홀히 하지 않았다. 1922년에 새로운 등유 제품인 '런던표'를 선보였을 때, 맥주병에 값싼 샘플을 담아 보급했고 빨간 깃발로 치장한 트럭을 촌으로 보내 선 전하기도 했다. 이러한 노력으로 라이징선은 스탠다드에 이어 조선 등유 시장 점유율 2위를 차지했다. 따라서 라이징선 회사에 등유를 소매로 유 통할 용기 제작은 꼭 필요한 사업이었다고 할 수 있다.

게다가 라이징선은 조선에서 오일 연료의 일부를 소매 용기에 담아 판 매하는 전략을 취하기도 했다. 이미 대행사인 다테이시 상점을 통해 경 상도 지역에서 해안에 기름탱크를 짓고 유조 바지선을 도입했지만, 작은 규모의 항구에 오일 연료를 유통하기 위해서나 함경도의 함흥전기회사 에 중유를 운송하기 위해서는 여전히 소규모 용기가 필요했다. 문평 제 유소는 기차역과 가까운 거리에 있었지만, 식민지 조선에 아직 유조화차 가 도입되지 않아서 철도로 대량으로 보낼 수 없었기 때문이다.

조선에서 펼친 라이징선의 휘발유 유통 사업도 여전히 소매 용기를 필요로 했다. 당시 조선 석유 시장에서 휘발유의 점유율은 점점 커지고 있었는데, 자동차 도로도 1919년 총 2,570마일에서 1923년 6,260마일로 길어졌고, 자동차 수도 1924년 1,400대로 증가해서다. 특히 1920년대 말에 이르러 전국 곳곳에 버스가 다니기 시작했다. 따라서 조선의 휘발유 수입도 1922년과 1925년 사이에 두 배, 1926년에서 1929년 사이에는 20~30% 증가했다. 1913년 선보인 '빨간 조개표'에 이어 1925년 '검은 조개표'(1925년 초)를 출시하는 등, 라이징선은 조선의 휘발유 시장에서도 활약을 보여 주었다. 1925년과 1929년 사이에 네덜란드 동인도산 휘발유의 수입을 1만 4천 배럴에서 4만 2천 배럴로 3배 올렸는데, 같은 기간 스탠다드의 조선으로의 휘발유 수입량이 2만 2천 배럴에서 정체되어 있던 것과 비교가 된다. 자동차용 석유 공급에 있어서는 거의 독점적인 모습을 보여 주기도 했다. 증가하고 있던 휘발유 시장임에도 불구하고, 이 석유 상품은 조선에서 여전히 소매 용기에 담겨 팔렸다. 시장의 성장이 아직 벌크 수송을 도입할 정도에 미치지 못해서이다.

일본과 비교해 보면, 1928년이라는 시점에 라이징선이 조선에서 석유 용기 사업을 시작한 것의 시대적 차이를 알 수 있다. 당시 일본에서는 등유 시장이 저물고 있었고 휘발유와 오일 연료는 벌크 수송이 필요해졌으며, 일본 국립철도는 이미 1900년부터 유조화차를 제작하기 시작했다. 라이징선도 일본에서 1920년대에 영국으로부터 들여온 탱크로리를 선보였고 전국에 주유소를 짓기 시작해 소매 용기 없는 휘발유 판매에 박차를 가했다. 특히 1920년 후반부터 산업 합리화의 기치를 걸고 고

베와 요코하마의 제유소에서 생산직 노동자의 인원 감축을 꾀했다. 이는 1928년과 1933년 사이에 생산직 노동자가 153명에서 149명으로 큰 차이 없이 감소한 조선 문평 제유소의 상황과 대조된다.

요약하자면 1920년대 후반에 세계 석유 산업에서 석유 용기 생산 시설에 투자하는 것은 예외가 되어 가고 있었다. 문평 제유소에 양철통 생산 공장과 나무상자 작업장이 들어온 것은 시대를 역행했다고도 볼 수 있다.

다만 라이징선인 문평 유조소의 생산 시설을 장기간 유지할 의도였는지는 불확실하다. 당시 세계 시장의 추세를 알고 있던 이는 누구나 벌크 수송이 소매 유통을 대체할 것이라 예견했다. 일례로 당시 조선 주재 영국 영사는 '(조선) 도시에서 머지않은 장래에 벌크 공급이 도입될 것에 의심이 없다'고 보고서에 기록하고 있다. 1929년 초에 문평 제유소의 조선인 생산직 노동자가 파업에 돌입했을 때, 라이징선은 제유소 사업 전체가 아니라 용기 생산 부분만을 닫고 관련 용기를 일본에서 수입해서 쓸 수 있음을 보여 주었다. 문평 제유소의 석유 용기 생산 사업은 필요하긴 했지만 임시적이었다고 할 수 있다.

이 양가성은 문평 제유소가 생산 시설은 유지하면서 생산직 노동자는 언제나 해고할 수 있는 형태로 고용하는 모습에서도 드러났다. 조선이 식민지 상황에 놓여 있었던 것이 이 모순적 고용 형태를 가능하게 하기도 했다.

4. 라이징선의 유연 고용 행태와
문평 제유소 노동자의 1928년 9월 파업

　1928년에는 문평이 있던 함경남도에서 노동 시장의 공급 과잉 상태로 인해 자본에 대한 노동 측의 교섭력이 약했다. 그해 심한 가뭄으로 인해 삼남지방 농민들은 일찍 농사를 접고 일본으로 일자리를 찾아 나섰는데, 일본에서도 일자리를 찾지 못해 절반 가까이 되돌아왔다. 부산항에서는 도항자 단속도 심해져 취업 증명서와 어느 정도의 현금을 지참하지 않으면 배를 탈 수 없었다. 일본에 대한 대안으로 식민 정부는 대규모 수력발전소와 화학공업단지가 건설되고 있던 함경남도로 이주 노동자를 유인했다. 일본 노동 시장을 보호하기 위해 함경남도의 노동 시장을 이용한 것이다.

　또한 이 지방에는 중국인 이주 노동자들도 몰려들고 있었다. 같은 해 2월에서 9월 사이에 2만 8천여 명의 중국인이 산둥반도에서 인천을 통해 조선으로 들어왔는데, 전해보다 1만 명이나 증가한 숫자였다. 특히 조선의 공사 현장에서 중국인 노동자는 일을 잘한다고 소문이 나 있어서 조선인을 제치고 일자리를 차지했다. 따라서 조선인 이주 노동자들은 일자리가 나길 기다리는 산업예비군 상태로 남아 있었다.

　함경남도 노동 시장의 공급 과잉을 배경으로 라이징선은 임금을 적게 주고 해고하기 쉬운 형태로 노동자를 고용할 수 있었다. 생산직 노동자 150명을 하루 10시간 근무에 1시간 30분 휴식, 주말에도 쉬지 않는 조건으로 고용했던 것이다. 임금은 하루에 70전으로 당시 식민지 조선의 낮은 임금 수준을 기준으로 잡아도 적은 금액이었고, 생산직 노동자의 10%를 차지하는 여성 노동자에게는 30전이나 더 적은 금액을 주었다. 일본에 있는 같은 회사 제유소 일본인 노동자 임금과 비교하면 문평 제유소 조선인 노동자의 임금은 거의 절반밖에 되지 않았다.

무엇보다 이 외국계 회사는 조선인 노동자들은 하루 단위로 고용하는 모습을 보였다. 노동자들은 출근부의 자기 이름 옆에 찍힌 '임시'라는 글자를 보았는데, 채용 당시에는 듣지 못했던 일이었다. "대량 해고가 곧 있을 것이다", "회사가 노동자들이 제 발로 걸어 나가기를 기다리고 있다"는 소문도 돌았다.

노동자들의 고용 불안감은 1928년 9월에 한 달에 걸친 파업으로 나타났다. 일본인 관리직 직원이 조선인 노동자를 멸시하고 모욕적 언사를 퍼부은 것이 이 사건을 촉발하는 계기가 되었다. 하지만 이 민족적 반감은 문평 제유소에서 정규직인 관리직 직원과 비정규직인 생산직 노동자 사이에 존재한 갈등 중 하나에 지나지 않았다. 조선인 노동자에게는 조선인 현장 감독 역시 똑같이 일본인에게 아첨이나 하는 관리직 직원에 불과했다. 라이징선 회사는 문제를 일으킨 일본인 직원을 처벌하는 데는 동의했으나 노동자의 요구처럼 해고하지 않고 전근을 보냈다. 문평 제유소가 관리직 직원의 고용 상태를 보장해 주는 모습을 보인 것이다.

또한 관리직 직원에게만 제유소 부지에 있는 회사의 숙사를 배정하기도 했다. 생산직 노동자들에게 기숙사는커녕 채용 당시 언급되었던 목욕탕을 이용하는 권리도 주어지지 않았다. 파업이 진행되면서 관리직과 생산직 사이의 갈등은 더욱 깊어졌다.

라이징선의 경영 방침에 대한 환상이 깨졌다며 자진 퇴사한 조선인 직원 세 명을 빼고, 모든 관리직 직원이 파업이 낳은 공백을 메꾸기 위해 대체 노동에 투입되었다. 양철통에 기름을 채우고 나무 상자에 넣어 손수레와 지게, 목도 등을 이용해 철도역으로 나르는 일이었다. 양철통 생산 공장도 가동했지만, 속도는 이전의 1/10 수준밖에 못 미쳤다.

이 모습을 지켜보던 파업 노동자들은 의외로 '통쾌'해 했다. 보통 파업 현장에서 대체 노동은 파업을 무효로 하므로 파업 노동자들의 공분을 사지만, 이 경우에는 관리직 직원도 생산직 노동의 고됨을 알아야 한다며 반대 반응을 보인 것이다. 그들을 서럽게 했던 관리자와 노동자 사이의 위계가 당연하지 않다는 사실이 드러나는 순간이었다.

불안정한 고용이 가지고 오는 모순을 해결하기 위해 파업 노동자들은 노동조합의 허가를 요구했다. 문평에서 두 정거장 떨어진 원산에서 활동하는 강력한 노동단체인 원산노동연합회에 일원으로 가입하겠다는 것이었다. 파업의 계기가 된 일본인 관리자의 해고보다 우선순위의 요구였다.

라이징선 회사는 3자 개입은 절대로 불가하다고 맞섰고 이 사안의 논의를 위한 면담이나 서신 교환 전부 거절했다. 문평 제유소의 서양인 관리자는 노자협상이라는 절차가 식민지 조선인들에게는 '너무 이르다'는 인종주의적 생각을 드러내기도 했다.

일본과 비교했을 때, 조선에서는 노동자를 보호하는 법적 장치가 부재했다. 1926년에 일본에서는 노동쟁의조정법이 통과되었는데, 노동자의 단체교섭권을 암묵적으로 보장한 법안으로 평가된다. 일례로 1927년 라이징선의 한 일본 제유소에서 파업이 발생했을 때, 사측은 노동조합의 교섭 요구를 응하고 지방 당국의 중재 역할을 받아들여야 했다.

하지만 식민지 조선에는 같은 법안이 적용되지 않았고, 사적 법인에 노동자와 교섭을 의무화할 제도적 장치는 없었다. 대신 라이징선은 대체 노동자를 찾는 방식으로 파업에 대응했다. 앞서 말한 과잉 공급된 노동 시장은 사측에 우호적 조건이었다. 또한 파업 시기가 늦가을로 접어들면서 추수를 끝낸 현지 농민들도 대체 노동자 고용의 대상이 될 수 있었다.

파업 노동자의 눈을 피해 대체 노동자를 고용하고 현장으로 데리고 오기 위해 라이징선은 여러 가지 방법을 시도했다. 원산 일본인 거류지로 고용 중개인을 보내기도 하고, 문평 현지의 마을 촌장들에게 협력을 요청하기도 했다.

하지만 사측의 시도는 파업 노동자의 편에 서서 이들을 지원해 주고 있던 원산노동연합회의 개입으로 무산되었다. 이 지역에서 영향력이 크던 원산노동연합회였던 만큼, 이미 고용된 일본인 노동자를 다시 설득하거나, 교통 요지에 감시조를 파견하거나, 문평 제유소로 가는 화물 운송을 지연시킬 수 있었다.

파업이 장기화되자 원산경찰서가 중재에 나섰다. 쇼와 천황의 즉위식이 다가오자 자신의 관할 구역에서 소요가 지속되는 것을 보고 있을 수 없었기 때문이었다. 파업 시작부터 경찰에 신변 보호를 받고 있던 라이징선의 서양인 관리자는 중재에 협조적이었고, 문제의 일본인 관리자 처벌이나, 파업 노동자의 재고용과 파업 중 임금 지급 등의 요구를 받아들여 파업을 일단 중지시켰다.

다만 원산노동연합회가 문평 석유 노동자를 대표한다는 요구는 끝까지 받아들여지지 않았고 3개월 후 재개하기로 한 교섭에서도 원산노동연합회의 개입을 거절했다. 문평의 생산직 노동자들은 다시 파업에 나섰지만, 이미 원산의 자본가들과 협력해서 대체 노동자를 고용한 라이징선 회사에 의해 해고를 당했다. 언제 없어질지 모르는 석유 용기 생산 사업처럼, 그들도 언제든 해고될 수 있는 과도기적 고용 상태에 놓여 있었음이 이로써 증명된 것이다.

5. 결론

1920년대 석유 업계는 과잉 생산이라는 위기를 겪었고 이를 해결하기 위해 전 세계적 유통망을 구축하고 상품 다변화에 나섰다. 이러한 추세에 발맞춰 로얄 더치 셸은 일본과 조선의 마케팅을 담당한 자회사인 라이징선을 통해 조선 문평에 제유소를 건설했다.

문평 제유소의 주요 사업은 조선에 오일 연료 시장을 개척하는 것과 소매에 이용되는 석유 용기를 제작하는 것이었다. 벌크 운송이 부상하는 시점에 소매용 석유 용기 생산은 시대착오적 사업이라고도 할 수 있지만, 식민지 석유 시장의 특수성에 부합하기도 했다. 하지만 라이징선 회사에도 석유 용기 사업은 과도기적이었고, 따라서 임시직을 고용해 임금 부담을 낮추는 등 비용을 최소화하기 위해 노력했다.

열악한 고용 조건에 반발해 생산직 노동자는 파업을 일으켰고, 상대적으로 안정된 고용 상태에 있던 관리직 직원과의 갈등이 표면에 드러났다. 불안한 고용 상태를 보완하기 위해 노동조합을 세우려 했지만, 사측은 이를 끝까지 거부하고 결국 그들을 해고했다.

식민지 조선에서 발생한 이 사건은 현재와 무관하다고 할 수 없다. 우리도 세계 경제의 변화가 삶에 직접적 영향을 미치는 시대에 살고 있고, 노동자를 단순히 비용으로 여기고 쉽게 해고할 수 있는 고용 형태를 고안해 내는 경영자들이 아직 건재하기 때문이다.

참고자료

Ansley, Everett B., Brown, Walter Duval, Galloway William A., *International Trade in Petroleum and Its Products*, United States Government Printing Office, 1930.

Coumbe, Albert Thompson, United States Bureau of Foreign and Domestic Commerce, *Petroleum in Japan*, United States Government Printing Office, 1924.

Deterding, Henri Wilhelm August, Royal Dutch-Shell Group, *A PetroleumHandbook*, The Asiatic Petroleum Company, 1933.

Hendrix, Paul, Deterding, Henri Wilhelm August, *Royal Dutch-Shell: Changing Control of World Oil, 1900-1940*, Bristol Academic, 2002.

JACAR (Japan Center for Asian Historical Records) Ref.B10074050000, 7. Miscellanea (Living-in-This Country) / 5) Rising Sun Oil Company (3-3-2-23_2_002, Diplomatic Archives of the Ministry of Foreign Affairs, 1926).

Jarman, Robert L. (ed.), *Japan: Political & Economic Reports*, 1906-1970, vols. 14, Archive Editions, 2002.

Jarman, Robert L., *Korea: Political & Economic Reports 1882-1970*, vols. 14, Archive Editions, 2005.

Labban, Mazen, *Space, Oil and Capital*, Routledge, 2010.

Showa Shieru Sekiyu kabushiki gaisha, Nihon no Shieru 100 nen no ayumi (The Centenary of Shell in Japan), Shōwa Sheru Sekiyu, 2001.

United States Bureau of Foreign and Domestic Commerce and United States Shipping Board, *Foreign Bunkering Stations, Foreign Port Series*, United States Government Printing Office, 1929.

일제,
식민지,
근대 한국